John Locke and the Restoration Church of England

ジョン・ロックの教会論

山田 園子
YAMADA, Sonoko

渓水社

【大扉写真】モンペリエの植物園。加辺昭彦撮影。

目　次

凡　例　3

序　章　本書の課題と構成　7

第1章　復古体制危機と国教会　11
　1　本章のねらい　11
　2　復古体制危機　13
　3　イングランド教会の旋回　16
　4　ロックの神授権主教制批判　19
　5　ロックにつき付けられた課題　28

第2章　ロックのフランス旅行　31
　1　本章のねらい　31
　2　ロックのフランス旅行に関する研究史　32
　3　フランス旅行の概要と課題　37
　4　ロックのフランス観察　39
　5　ロックの反聖職者支配　54

第3章　エドワード・スティリングフリートの教会論　59
　1　本章のねらい　59
　2　研究史上のスティリングフリート　61
　3　分離の災い　64
　4　分離の不当性　71
　5　スティリングフリートが残したもの　86

第4章　ロックの教会論　90
　　1　本章のねらい　90
　　2　ロックとスティリングフリート　—研究史—　91
　　3　スティリングフリートの教会論概要　96
　　4　ロックのスティリングフリート論　98
　　5　結論と課題　112

結　章　『統治二論』へ　115

資料編　MS Locke c.34「ジョン・ロックの教会論稿」
　　　　抜粋日本語版　121
　　1　資料編の概要　123
　　2　手稿の概要　124
　　3　手稿活字化の歴史　125
　　4　編集方針と凡例　127
　　5　抜粋日本語版　129

あとがき　221

索　引　225

凡　例

一、本書が依拠する資料、MS Locke c.34（本書ではタイトルとして「ジョン・ロックの教会論稿」と表記する）については、本書末の資料編をご覧いただきたい。
　「ジョン・ロックの教会論稿」抜粋日本語版は、山田が試みた英語版校訂から作成した。この英語版校訂については、以下のホームページを参照されたい。このホームページは、英語版校訂に対応した全文の日本語版も掲載する。
http://www.hiroshima-u.ac.jp/law/kyouin/seiji/yamada/p_324d58.html
本書刊行後も、ホームページの更新を行う。

二、「ジョン・ロックの教会論稿」抜粋日本語版への参照注記は、本書のページではなく、MS Locke c.34, fol.2　のように手稿紙葉（フォリオ）番号を記載した。

三、本書本文における引用文中の〔　〕は、山田が入れた補足である。また引用文中の（　）は、引用された文献上のものである。訳語の原語を挿入する際には、つづりは引用、参照した文献にしたがった。

四、17世紀イングランドでは、3月25日を起点とする暦が使われた。本書では、出版年等について、1667／8年のように、旧暦と新暦の年号を併記した場合がある。ただし、現代の出版物、及び1月1日の起点を前提とする場合については、この併記を適用しない。

五、聖書の訳文や聖書上の固有名詞の表記については、ことわりがない限り、旧・新約とも日本聖書協会『聖書　新共同訳』に依拠した。引用文中における印、漢字、送りがな等については、新共同訳での記載をそのまま採用したが、ふりがなは省略した。

六、本書に登場するすべての事項及び人物の略歴等については、以下の事（辞）

典に参照している。本文脚注ではこれら以外に参照したものだけを記す。

① *Dictionary of National Biography*, CD-ROM Version 1.0, Oxford University Press Software, 1995.及び*Oxford Dictionary of National Biography*, 61vols., Oxford University Press, 2004.
② F.L.Cross and E.A.Livingstone(eds.): *The Oxford Dictionary of the Christian Church*, Oxford, Second Edition 1974 (First Published 1957).
③ R.L.Greaves and R.Zaller(eds.): *Biographical Dictionary of British Radicals in the Seventeenth Century*, 3vols., Brighton, 1982-1984.
④ Ronald H.Fritze and William B.Robinson(eds.): *Historical Dictionary of Stuart England, 1603-1689*, London, 1996.
⑤ 日本基督教協議会文書事業部・キリスト教大事典編集委員会（企画・編集）『キリスト教大事典』教文館、改訂新版 1982 年（初版 1963 年）。
⑥ 田中英夫（編集代表）『英米法大辞典』東京大学出版会、1992 年。
⑦ 日本イギリス哲学会編『イギリス哲学・思想事典』研究社、2007 年。

七、人物名、固有名詞等の日本語表記については、日本での慣例等と判断されるものにできるだけしたがったが、使用した文献等に登場する英語表記の読みに近付けた場合もある。

ジョン・ロックの教会論

序　章　　本書の課題と構成

　本書の課題は、オランダへ亡命する1683年以前の、ジョン・ロック（John Locke 1632 – 1704年）の教会論を明らかにすることにある。その際、典拠となる資料は、オクスフォードのボードリアン・ライブラリーが所蔵するラヴレース・コレクションの内、MS Locke c.34 の所蔵番号をもち、かつ無タイトルの手稿（草稿）である。本書ではこの資料を「ジョン・ロックの教会論稿」と表記し、議論の過程では、単に教会論稿と略記することもある。

　ロックについては多様な側面から、実に多くの研究書や論文が公刊されている。だが、彼の教会論と取り組んだ作業、そして MS Locke c.34 全体の解読に挑んだ研究は、世界的に見ても皆無である。こうした資料的制約から、ロックの宗教政策面の主張としては、従来、寛容思想と非国教徒支持が強調されることが多く、彼自身を非国教徒とみなす見解も少なくなかった。

　これに対して本書が提示するのは、国教会制度を決して否定しないロックである。彼は教会を個人の自発的結社ととらえながらも、非国教徒の一部の言動に批判的であり、しかも、できるだけ多くの非国教徒を取り込むよう、国教会の「包容（comprehension）」の義務を強調する。ただし彼は、フランス滞在中における「教皇主義者」つまりローマ・カトリック教徒の行動観察をもとに、聖職者による教会統治外の世俗支配、すなわち聖職者支配を断固として拒否した。

　本書が MS Locke c.34 を土台にしてロックの教会論を研究対象としたきっかけは、Ｊ・Ｇ・Ａ・ポーコックによる以下の謎めいた言にある。

ロックがティレルのショットオーバーの家に滞在中、ティレルは『家父長は君主ならず』を書き、またロックも一緒になって、エドワード・スティリングフリートの『新しい分離の不当性』に対する回答〔MS Locke c.34〕を書いた。ロックの『統治論』第一論文は、第二論文がそうではないとしても、おそらくその頃〔1680 – 83 年〕に書かれた。ロックが 1690 年に刊行した『統治二論』は「統治に関する論考の最初と最後の部分」だったが、スティリングフリートへの回答は、ロックの言う「その中間を埋めてしかるべき、そして他の二論文よりも大部だったその文書」を構成しているのではないか。これは立証できないのだが、白状すると、私はその思いをずっと持ち続けている。[1]

　ポーコックの謎かけは『統治三論』の可能性を示唆する。これを立証できないとしても、スティリングフリート批判つまりロックの教会論稿（MS Locke c.34）が、オランダ亡命前に『統治二論』とほぼ同時に執筆されたという事実は見逃せない。教会論と『統治二論』の構想が、ロックにおいて同時並行で進行していたならば、教会論稿の解読は、『統治二論』にも通底する問題意識を明確にして、その読解に新たな視点と解釈を提供するだろうし、逆にロックにおける教会問題の位置付けを、『統治二論』から測定することも可能になる。教会論も統治論もいずれも、どのように王政復古体制の危機を乗り超え、将来のイングランド国教会や君主制を再構築するか、という課題に答えるものだからである。1690 年という『統治二論』の公刊時期と、1680 年代初頭という実際の執筆時期とのずれを考慮すれば、公刊されなかった教会論稿を加えて『統治三論』を読み込むことは、いわゆる「名誉革命」体制の思想家という以上の評価を、ロックに与える可能性がある。

---

[1] J.G.A.Pocock: *The Ancient Constitution and the Feudal Law*, Cambridge, 1987 A Reissue with a Retrospect, First Published 1957, p.347.

序　章　本書の課題と構成

　本書がロックの教会論を論じることには二つの意義がある。
　第一に、オランダ亡命以前の、ロックの宗教政策論を明らかにする。そのことは、1675年まで執筆が続けられた『寛容論』以後の、宗教政策上の議論の進展を追跡し、『寛容論』においてロックが自己に付した課題への解答を示すことになる。この意味で、本書は山田の『ジョン・ロック「寛容論」の研究』の続編である。[2]
　第二に、『統治二論』執筆に至るまでの歴史的背景、論争点、ロックの問題意識、及び課題を明らかにする。とくに「排斥危機」という言葉に象徴される、復古体制が直面する危機的諸問題として、ロックが受けとめた課題、及びそれへの解答を明らかにする。
　本書の構成は以下である。第1章と第2章は、ロックの教会論の背景となる当時の状況、及び教会論稿を執筆させた動機等を探る。とくに第1章は、イングランドの復古体制が直面する危機的諸問題の内、ロックが何を自分の課題としたのかを示す。第2章は、1675-79年のロックのフランス旅行に注目し、その体験から、彼がイングランドの危機として何を看取したのかを検討する。
　第3章では、ロックが直面した教会論に関わる論争に注目し、彼が最も重視したエドワード・スティリングフリートの教会論を分析する。当時の国教会の主要人物の教会論が明確になる。第4章では、スティリングフリート批判であるロックの教会論稿をもとに、彼自身の教会論を明らかにする。
　結章では、本書の議論を二点に注意して整理する。一つは、ロックの『寛容論』との関連を明らかにすること。もう一つは、『統治二論』の再検討に向けて、今後の検討課題等を提示することである。
　本書末尾の資料編は、典拠資料 MS Locke c.34 に関する説明、及び抜粋日本語版を掲載した。本書の紙幅の相当部分を占めるが、ロックの教会論を知る上で不可欠の文書である。日本語版は抜粋とはいえ、これほどの分

---

[2] 山田園子『ジョン・ロック「寛容論」の研究』溪水社、2006年。

量の紹介は過去の研究にはなかった。資料の概要等は「資料編」で詳述する。

第 1 章　復古体制危機と国教会

1　本章のねらい

　本章のねらいは、1680年代初頭におけるロックの教会論の歴史的背景を理解するために、復古体制危機時（the Restoration Crisis　1678－83年）における国教会（イングランド教会）の存続をめぐって、どのような状況や課題が存在したのかを明らかにすることにある。
　ロックの教会論稿は、非国教徒批判を展開したエドワード・スティリングフリート（Edward Stillingfleet　1635－99年）への、反論として書かれた。ロック－スティリングフリート論争と言えば、1697年以降の神学や哲学に関わる論争の方が研究者によく知られている。[3] スティリングフリートは、ウースター主教在任中の1697年にロックの『人間知性論』への批判を開始し、自身が没するまでロックとの間で応酬が続いた。
　だが、彼とロックとの間にはもう一つの論争があった。スティリングフリートは、1680年5月に、ギルドホール礼拝堂において市長の前で説教を行い、それを同年、『分離の災い』として公刊、さらに翌年、説教の内容を拡充した『分離の不当性』を公刊する。[4] スティリングフリートは1660年代初頭の『イレニクム』出版等をもとに、一般にリベラルなアングリカンまたは広教主義者（Latitudinarians）の一人とされる。だが『分

---

[3] スティリングフリートによるロック批判を収録したリプリントとして、Edward Stillingfleet : *Three Criticisms of Locke*, Georg Olms Verlag, 1987.

[4] Edward Stillingfleet: *The Mischief of Separation*, London, 1680. ditto: *The Unreasonableness of Separation*, London, 1681.

離の災い』等では、イングランド教会の歴史的正当性を強調し、教会から分離する非国教徒を非難した。彼の主張には、非国教徒はもとより、国教会制度自体を必ずしも否定しなかったリチャード・バクスター、そしてバクスターから高評価されたジョン・ハンフリーのような「中道」派からも批判が寄せられる。[5] 公刊はされなかったが、ロックも1681年にスティリングフリートに反論を試みた。それが、本書の資料編で紹介する手稿、MS Locke c.34 である。

　この手稿は、1667年に執筆が開始された『寛容論』から、1689年に公刊された『寛容書簡』（第一）に至るまでの経過点に位置し、国教会と非国教徒との対立を視野に入れたロックの宗教政策論の展開を考える上で、貴重な文書である。本章は、1680年代初頭のロック－スティリングフリート論争を検討する準備作業として、イングランド教会再編における教会統治論の闘いという視点から、当時の背景を明らかにする。[6] この作業をつうじて、ロックが当時の教会体制上の課題として受けとめたものを明確にしたい。

　以下の「2　復古体制危機」では、復古体制危機という語に注意しながら、当時の状況を概観する。「3　イングランド教会の旋回」では、復古体制危機時において、国教会にとって問題となっていた点を概略的に明らかにする。この問題提示をふまえて「4　ロックの神授権主教制批判」では、ロックが自身の課題として看取したものを、『貴顕の士からの手紙』（1675年）を中心に検討する。「5　ロックにつき付けられた課題」では、以上の議論をふまえて、ロックとスティリングフリートが復古体制危機時に争い合わねばならなかった、教会制度をめぐる課題を整理したい。

---

[5] 非国教徒に対して、バクスターやハンフリーらが主張する「包容・寛容策」については、山田『ジョン・ロック「寛容論」の研究』、131－149ページ参照。

[6] この視点について、J.A.I.Champion: 'Religion after the Restoration' (Review), *The Historical Journal*, Vol.36, No.2, 1993, p.427.

2　復古体制危機（the Restoration Crisis）

　復古体制危機という語は、ジョナサン・スコットが『アルジャノン・シドニーと復古体制危機、1677‒1683年』において使い始めたものである。この書の冒頭は以下のように言う。「1678年から1683年までの復古体制危機は、教皇主義及び恣意的統治をめぐる17世紀イングランドの三つの危機の内、第二のものだった。」[7]

　旧来、1678年以降の危機は「排斥危機」（the Exclusion Crisis）と呼ばれてきた。[8] 教皇主義者による国王（チャールズ二世）暗殺計画の陰謀なるものが1678年に暴露されると、この陰謀の加担者の一人として、王弟で王位継承者のヨーク公が指摘された。ヨーク公はローマ・カトリック教を公然と支持していたため、反教皇主義感情の高揚とともに、彼を王位継承から排斥する法案が1679年5月に庶民院に提出された。国王は法案の庶民院通過を憂慮し、議会休会宣言や解散措置によって審議妨害にかかった。1680年10月に召集された新議会で再び類似の法案が提出されると、庶民院はそれを通過させたものの、貴族院が否決したまま、国王は1681年1月に議会を解散した。3月に、オクスフォードで議会が新たに開会され、三度目の法案が提出されたが、国王は一週間で議会を解散する。その後、議会の開会がないまま、1685年にチャールズ二世は死去し、ヨーク公がジェイムズ二世として即位した。

　しかし、排斥危機時には、ヨーク公排斥だけが問題ではなかった。排斥問題、すなわち王位継承者を誰にするかという問題は、スコットによれば、1678‒83年の危機の一つの現れ、そしてこの危機時に登場した多くの副次的問題の一つにすぎない。「排斥危機」は当時の主要問題を誤解さ

---

[7] Jonathan Scott: *Algernon Sidney and the Restoration Crisis, 1677-1683*, Cambridge, 1991, p.3.
[8] 他に、「排斥法危機」、「王位継承排斥危機」、「排除危機」等の呼称がある。浜林正夫『イギリス名誉革命史』上、未来社、1981年、第二章。青柳かおり『イングランド国教会』彩流社、2008年、第三章第一節。

せる名称だった。[9] そのため、スコットは1678–83年の危機を「復古体制危機」と呼ぶ。排斥問題にとどまらないこの危機の特徴は四点にある。

　第一に、復古体制危機は、ステュアート朝における教皇主義と恣意的統治をめぐる、第二の危機であり、1638–42年の第一の危機と同様の問題をかかえる。

　第二に、その問題は議会、宗教及び対外政策に関わり、教皇主義と恣意的統治をめぐる第一の危機時における恐怖、分裂、危機の様相が、第二期に復活した。

　第三に、排斥問題は、これらの深刻かつ長期的な政治的、宗教的危機の一つの現れにすぎない。排斥危機という名称に妥当するのは、むしろ、1688–9年の第三の危機である。

　第四に、復古体制危機は、より具体的には、チャールズ二世が海外の宗教的敵であるカトリック教国との連携を拒否せず、彼の統治自体がイングランドにとって脅威となったこと、そしてそれに対して、議会とプロテスタンティズムが生き残りをかけて対決した事態である。

　スコットによれば、復古体制危機において、第一の危機つまり「先の反乱」の記憶がよみがえった。例えばロバート・フィルマーの『家父長制論』の手稿が1680年に公刊され、こうした出版にロックは危機の復活と本質を見た。[10] 復古体制危機時には、現在では古典として読まれるような重要な政治文書があいついで公刊される。[11] フィルマー批判を含むロックの『統治二論』も、その執筆は復古体制危機時だった。ジョン・ダンは『統治二

---

[9] J. Scott: *op.cit*, p.xiii.
[10] 複数の手稿にまたがるフィルマーの『家父長制論』がいつ書かれたかは確定されていない。ジョアン・サマヴィルは、その最初の二章は1620年代に、第三章は1630年頃に書かれたと推測する。Johann P.Sommerville(ed.): *Sir Robert Filmer Patriarcha and Other Writings*, Cambridge, 1991, pp.xxxii-xxxiv.
[11] *Ibid*., pp.7-25.「先の反乱」の記憶のよみがえりとして、トマス・ホッブズの『ビヒモス』がある。『ビヒモス』が非合法であれ公刊され始めたのは1679年であり、合法版初版は1682年だった。この点について、山田「ホッブズとイギリス革命」、『思想』、996号、2007年4月、参照。

論』を排斥問題と結び付けることに疑問をもつが、『統治二論』は、誰が国王になるべきかという排斥や継承を問題とするのではなく、イングランド政体における君主制のあり様自体と取り組んだのである。[12]

むろん、従来の研究文献において「排斥危機」といった語が使われた場合でも、王位継承問題だけを念頭に置いていたわけではない。「復古体制危機」という語を使用しないものの、王政復古期を1640年代以降の内戦期との連続性でとらえる見方に注目する文献が、近年になって日本でも現れるようになった。王政復古期は、内戦期において未解決のまま残された問題、つまり教皇主義と専制政治への恐怖が再噴出した時期であり、宗教政策と政体は、依然、国政を左右する重大問題であり続けた。[13]

本章以降では、1678年以後の危機を「復古体制危機」と呼ぶ。その理由は、ロックに即せば、彼はこの時期に、王位継承という一時事を超えた憲政的文書として『統治二論』を書き、かつそれとほぼ並行して自己の教会論の展開を試みたからである。[14]『統治二論』においては、「第一論」の冒頭から専制政治に対する嫌悪と恐怖が明らかにされ、他方、スティリングフリート批判となる教会論稿においては、教皇主義の脅威を背景に、国教会と非国教徒の両方を視野に入れた教会体制を考えようとする。ロックの業績に即しても、1678年以降はイングランド政体とイングランド教会が、つまり王政復古体制自体が議論の対象となるほどの、深刻な危機の時代だった。そこでは、内戦期に登場し、かつ決着を見なかった政治的及び宗教的な問題が再燃したのである。

---

[12] John Dunn: *The Political Thought of John Locke*, Cambridge, Paperback edition 1982, First published 1969, p.53.
[13] 山本範子「王政復古と名誉革命体制」、岩井淳・指昭博編『イギリス史の新潮流』彩流社、2000年。山田による本書への書評は、『歴史評論』2001年5月号、参照。
[14] 『統治二論』の主要部分の執筆時期を1979-80年としたのは、Peter Laslett(ed.): *Two Treatises of Government*, Cambridge, Second reprinted paperback edition 1999, First published 1960, 'Introduction', p.35. これには異論もある。例えばJohn Marshall: *John Locke, Toleration and Early Enlightenment Culture*, Cambridge, 2006, p.50は1682-1683年とする。

3　イングランド教会の旋回

　本節では、1680年代初頭のロック－スティリングフリート論争の検討のために、復古体制危機時において、教会論上、何が問題となっていたかを明らかにする。

　1660年の王政復古の際に主教制国教会が復活した。この主教制国教会は、1662年の統一法以降、クラレンドン法典と呼ばれる一連の非国教徒弾圧立法によって支えられる体制だった。これに対して、国王チャールズ二世は1662年と1672年に、弾圧立法の適用を大権行使によって免除及び猶予する信仰許容宣言を出したが、両方とも議会の抵抗に遭って撤回された。議会や教会側が国王の宣言に危惧したことは二つある。第一に、これらの宣言は、議会制定法に手をかけて教会問題に介入する、国王による議会無視及び教会侵略であること、第二に、信仰許容宣言はプロテスタント系非国教徒だけでなく、カトリック教徒の信仰をも許容すること、である。信仰許容宣言への反動として、1673年にはダンビ伯の指揮下、審査法が成立する。この法は、カトリック教徒とプロテスタント系非国教徒を官職から排除するために、イングランド教会で礼典を受ける義務を官職保有者に課すものだった。[15]

　しかし、弾圧を主とする非国教徒対策には、議会や国教会の中でさえ、疑問の目を向ける人々が出てくるようになる。ジョン・スパーによれば「1662年の宗教体制によって奉られた理念は、1670年代までには時代遅れとなった」のである。スパーによれば、1670年代は国教会徒にとって、教会論上、以下の三つの意味で転換点となった。

　第一に、迫害の有効性に疑問が出され、そのことが世俗為政者の宗教上の役割に根本的な疑義を提起した。

---

[15] 1670年代前半までの宗教政策をめぐる背景の詳細については、山田『ジョン・ロック「寛容論」の研究』、37－52ページ、参照。

第二に、国教会やプロテスタントの脅威として、プロテスタント系非国教徒ではなく、むしろ教皇主義者が一層強調されるようになった。

第三に、国教会の聖なる象徴として国王ではなく、主教が強調されるようになった。[16]

第一点について、この種の問題提起はロックの『寛容論』にすでに明らかである。[17] 現実的な動きとしては、1673年には、いわゆる「緩和法案」が庶民院で議論されるに至った。審査法がプロテスタント系非国教徒をも官職から排除したことを背景に、緩和法案は彼らに対する一種の妥協を探る。それは包容（comprehension 包括とも訳す）、つまりイングランド教会が非国教徒の取り込みに可能な限り努力し、同時に、寛容（toleration）、つまり世俗為政者は国教会外にとどまる非国教徒に刑罰法を適用しないという、二策のセットだった。むろん、非国教徒の包容を恐れる国教会主教も多く、緩和法案は貴族院内の厳格な国教徒の反対により廃案となる。だが、緩和法案は、カトリック教徒と峻別して、プロテスタント系非国教徒の救済を議会で議論した最初の事例であった。[18]

第二点について、国王の信仰許容宣言、親フランス政策、そしてとくに1678年の教皇主義陰謀の暴露を契機に、カトリック教徒への恐怖が反教皇主義としてヒステリックなまでに強調されるようになる。強硬な国教徒から徹底した非国教徒に至るまで皆、反教皇主義感情を抱き、プロテスタント系非国教徒とカトリック教徒とが峻別されて、プロテスタントの連帯の必要性が語られる。だが、その具体的内容はそれぞれ異なる。スティリングフリートのような国教会聖職者は、国教会から分離する非国教徒を寛容すれば、それは教皇主義を増長させると恐れた。他方、非国教徒は、宗教統一を強制して彼らに信仰の自由を認めないことこそ、福音の拡大と

---

[16] John Spurr: *The Restoration Church of England 1646-1689*, New Haven, 1991, p.106. ditto: *England in the 1670s*, Oxford, 2000, p.214.
[17] 『寛容論』は1667年に執筆が開始され、1675年まで修正・加筆が続けられた。山田『ジョン・ロック「寛容論」の研究』、218－222ページ。
[18] 青柳、前掲書、46－54ページ。

プロテスタントの連帯を妨害し、教皇主義という共通の敵と闘うことを不能にすると主張した。[19] 教皇主義の言辞を互いに叩き付け合いながら、両者は対立を先鋭化していく。

　第三点について、国教会の聖なる象徴の問題は、教会を教会たらしめるものが何かという問題になる。聖なる象徴として、使徒以来按手をつうじて聖性を継承したとされる主教が国王にとってかわる。主教制や使徒継承については教会内でも多様な意見があるが、極端な場合、主教は神から特別な聖性を受け取ったとする神授権主教制が説かれ、神の恩恵は使徒からの継承によって、主教によってのみ伝授されると主張されるようになる。

　スパーは、国教会の聖なる象徴として主教が強調されるようになる時点を、空位期つまり君主制がいったん廃止された1650年代に求める。[20] だが、八代崇によれば、イングランドの宗教改革以降、イングランド教会の主教制は「当時の神学者達がそのように理解しなかったにせよ、神権的主教制であって、君権的主教制ではなかった」。というのも、『聖職者任命令』（1534年）により主教の選任権は国王のものとなったが、選任された人物を主教として聖別することは、国王の権限ではなかったからである。内戦・空位期にイングランド教会が国教会としての地位を奪われても、使徒を継承する主教が存在して聖職を執行する限り「教会性を失」なわず、王政復古により主教制国教会が復活した。[21] この主教重視は以下の二点において国教会の理念や運営に影響を及ぼす。

　第一に、国教会制においては本来、教会と国家は不分離のはずだが、イングランド教会をイングランド教会たらしめるものが何かという疑問が出る。具体的には、人がイングランド教会員としてのアイデンティティを得られるのは、聖なる君主にしたがうことによるのか、聖職者がほどこす教会礼典によってなのか、という問題となる。

　第二に、イングランド教会が、君主が主体となる一種の御領教会である

---

[19] 山田『ジョン・ロック「寛容論」の研究』、125 – 127 ページ。
[20] J. Spurr: *The Restoration Church of England 1646-1689*, p.119.
[21] 八代崇『イギリス宗教改革史研究』創文社、1979年、180、279 – 280 ページ。

ならば、国教会（the national church）として存在するのはもっともだが、主教が主体となる教会であるならば、イングランドという領域に制約される必要はなくなる。[22]

どちらの問題もイングランド教会を、主教を主体とする独立した権威を伴う自律的な存在としてとらえる志向に由来する。[23] こうした主教重視は二つの含みをもつ。一つは、主教重視は、教皇が頂点に立つローマ・カトリック教会と、国教会主教の権威を否定する非国教徒の両者への対抗を意識すること。もう一つは、御領教会のあり様が対外進出や植民活動の進展によって崩壊しつつある現実の中で、自身の明確なアイデンティを伴う教会の発展的存続の可能性を確保することである。[24]

4 ロックの神授権主教制批判

ロックは、主教重視の議論とくに神授権主教制を、政治権力を握ろうとする教会人の企みと理解し、教皇主義と大差ないと非難した。彼が神授権主教制に明確に対峙し、主教制に反感をあらわにするのは 1675 年である。この対峙は、一つは『寛容論』への追加として 1675 年に書かれたと推測される手稿上で、もう一つはダンビ伯が提案した 1675 年 4 月のいわゆる「ダンビ審査」法案に対抗して、ロックがシャフツベリ伯の下で口述筆記したとされる『貴顕の士からの手紙』において明らかである。[25]

『寛容論』への加筆は、現存する四本の『寛容論』手稿の内、Adversaria 1661 に書かれた本文に加えられたものであり、ジョン・R・ミルトンら

---

[22] J. Spurr: *The Restoration Church of England 1646-1689*, pp.106, 109, 119, 135.

[23] Donald A.Spaeth: *The Church in an Age of Danger*, Cambridge, 2000, p.16.

[24] Mark Goldie:'The Search for Religious Liberty 1640-1690', in J.Morrill(ed.), *The Oxford Illustrated History of Tudor and Stuart Britain*, Oxford, 1996, p.299. 「イングランド国教会の普遍主義に基づいた拡張主義の傾向」を高教会派の対外政策に指摘するのは、西川杉子「イングランド国教会はカトリックである——七・一八世紀のプロテスタント・インタナショナルと寛容問題」、深沢克己・高山博編『信仰と他者　寛容と不寛容のヨーロッパ宗教社会史』東京大学出版会、2006 年、167 ページ。

の推測では1675年に、ロックがフランスへ発つ前に書かれた。『寛容論』本文では世俗為政者と宗教との関係が問題となるが、加筆部分では、聖職叙任権が神授権として行使されることが、世俗支配権にまで影響する危険性を語気鋭く指摘する。「司祭に始まるあの叙任権は、放置しておけば、絶対的支配権へと確実に成長するであろう。そしてこの世の王国はもたないとキリスト自身が言明するにも関わらず、彼の継承者達は（権力をともかく掌握できる時はいつでも）大きな執行権限と、厳密には世俗的なあの支配権を獲得する。」この危険性においては「教皇」も「長老派」も同罪だった。[26]

　この神授権説批判は、『貴顕の士からの手紙』（以下『手紙』と略す）にも共通するテーマだった。『手紙』は貴族院での発言を参照する形で以下のように書く。「もし監督制（Episcopacy 主教制とも訳す）が神授の準則によるとして受容されるべきものであるならば、国王の至高性は放擲されることになる」[27]。

---

[25] 山田『ジョン・ロック「寛容論」の研究』、228−234ページ。M・ゴルディ編、山田園子・吉村伸夫訳『ロック政治論集』、法政大学出版局、「12 寛容A」及び「補遺2 貴顕の士からの手紙」、116−123、344−351ページ参照。（原書は Mark Goldie(ed.): *Locke Political Essays*, Cambridge, 1997. 以下『ロック政治論集』と略し、翻訳本の文書番号、タイトルまたはページを記載する。）「12 寛容A」は『寛容論』の加筆部分に相当する。ここでは『ロック政治論集』の編集者M・ゴルディによる手稿の読み方にしたがった。『貴顕の士からの手紙』には、倉島隆の抄訳もある（『法学紀要』、日本大学法学部法学研究所、第32巻、1990年所収）。

[26] 山田『ジョン・ロック「寛容論」の研究』、234ページ。『寛容論』は Episcopacy や bishop という語を使わず、聖職者を総称する clergy という語を用いる。しかし、clergy 批判の具体的な内容は、特別な権限や資質の持ち主とみなされてきた主教及び主教制への批判である。次注も参照。

[27] J.R.Milton and Philip Milton(eds.): *John Locke An Essay concerning Toleration and Other Writings on Law and Politics, 1667-1683*, The Clarendon Edition of the Works of John Locke, Oxford, 2006, p.366. 監督制（Episcopacy）は主教（bishop）職を中心として組織された教会体制つまり主教制を指す。bishop はギリシア語の $επιςκοπος$ に相当する。本書は引用箇所以外では主教または主教制の語を用いる。主教は他の priest（牧師）等の聖職者とは異なり、聖職叙任等の特別な権限を有し、その権限が使徒から継承されたものと信じる。ただし、使徒継承（継紹とも書く）についての理解は教会内でも多様である。

第1章　復古体制危機と国教会

　ロックが『手紙』の著者であることの明言はなく、執筆や内容に対する彼の関与も不明である。ミルトンやマーク・ゴルディが指摘するように、ロックは主人シャフツベリ伯の下で手紙の執筆に巻き込まれ、彼の役割は文書の口述筆記と整理という二次的なものだったろう。ロック自身の見解の表明として『手紙』を見ることはできない。[28] しかし、『寛容論』加筆部分と『手紙』の両者に見られる激しい神授権主教制批判という共通項から推測すると、『手紙』の一部については、ロック自身の見解も反映するもの、少なくともその内容に彼の異存はなかったものと考えられる。実際、『手紙』が公刊されるや否や、貴族院は絞頸吏による焼却命令と執筆者等の探索を命じたが、その命令直後の1675年11月12日に、ロックは逃げるようにフランスへ去る。彼が帰国したのは1679年だった。[29]

　『手紙』は、そしておそらく『寛容論』加筆部分も、直接には「ダンビ審査」法案に対峙するものである。だが、神授権主教制批判に始まる教会と国家の関係の問い直しは、1678年以降の「復古体制危機」の課題を先取りする。『手紙』等が問題視したことは、神授権を主張する主教が、教皇主義と恣意的統治をあおり立てることだった。ロックが王政復古体制から何を課題として看取したのか、以下で『手紙』の検討を進める。[30]

　『手紙』は「ダンビ審査」法案、すなわち「政府に不満をもつ人々から生じうる危険を回避する法」案通過の挫折を背景に、この法案の問題を指

---

[28] J.R.Milton and P.Milton(eds.): *op.cit.*, pp.8, 44, 97-118. J.R.Milton: 'The Unscholastic Statesman: Locke and the Earl of Shaftesbury', in John Spurr(ed.), *Anthony Ashley Cooper, First Earl of Shaftesbury 1621-1683*, Ashgate, 2011, pp.165-166. 『ロック政治論集』、「12　寛容Ａ」及び「補遺2　貴顕の士からの手紙」のゴルディの解説部分、116、344ページ。この件について、第三代シャフツベリ伯によれば、祖父〔初代シャフツベリ伯〕は「ロックを信頼して内密の相談事をし、彼のペンの援けを利用した」。(Rex A. Barrell(ed.): *Anthony Ashley Cooper Earl of Shaftesbury (1671-1713) and 'Le Refuge Francais'* — *Correspondence, Studies in British History*, Vol.15, The Edwin Mellen Press, 1989, p.86.)

[29] *Journal of the House of Lords*, Vol.13, pp.12-13, 8 November 1675, downloaded from http://www.british-history.ac.uk/report.aspx?compid=11405.

[30] 『手紙』のテキストはミルトンの編著にある校訂 'A Letter from a Person of Quality, to His Friend in the Country', in J.R.Milton and P.Milton(eds.), *op.cit.* を使用し、ページ参照は『手紙』自体ではなく、編著を通した帖付けにしたがう。

21

摘する。法案の内容は、官職保有者や議員に対し、以下の宣言と宣誓を行わせるものである。「私ことＡ・Ｂは、いかなる名目であれ国王に抗して武器を取ることは合法的ではないこと、並びに国王の身柄に抗して、又は国王の委任の遂行において委任を受けた人々に抗して、国王の権威にもとづいて武器を取るというあの反逆的な見地を拒否することを宣言し、及びいかなる時であれ、教会又は国家の統治の変更を企てないと誓います。」[31]

ダンビ伯（初代、トマス・オズボーン、1694年に初代リーズ公爵）は1673年に大蔵大臣に就任して以降、議会の多数派工作により、いわゆる「宮廷派」を形成した。それに対抗してシャフツベリ伯の周辺に集まってきた人々が、いわゆる「地方派」と呼ばれ野党的な存在となる。こうした与野党の対立は、「ダンビ審査」法案や王位継承等をめぐる政争の過程で、トーリーとホイッグの党派形成に至るとされる。野党・ホイッグにとって、『手紙』は議会外の人々に訴える一種のプロパガンダ文書であり、「ダンビ審査」法案を契機に、シャフツベリ伯の存在が目立つようになる。[32]

『手紙』が問題とする事項はクラレンドン法典をはじめ多岐にわたり、「ダンビ審査」法案自体をめぐっては審議過程を紹介しながら多彩な議論を展開する。その内容は国王の至上性、国王への抵抗権、大権行使、議会の権利と自由、貴族の特権、宣誓の意義等にまで及ぶ。庶民院議員のアンドルー・マーヴェルの書簡によれば、法案をめぐる審議は、貴族院におけるシャフツベリ伯らによる法案への前例のない抗議、庶民院での激しい対立、深夜にまで及ぶ議論、マナー無視の発言等、過熱した様相を呈した。[33]

この『手紙』に、ダンビ伯率いる宮廷派とシャフツベリ伯率いる地方派との対抗を投影し、「ダンビ審査」法案における宣誓等の制定法化の試みを、宮廷・国王の専制対地方・議会の自由という政治的対立の激化要因と

---

[31] 'Appendix VI The Test Bill' in J.R.Milton and P.Milton(eds.), *op.cit.*, p.417.
[32] K.H.D.Haley: *The First Earl of Shaftesbury*, Oxford, 1968, pp.377-380, 390. David Ogg: *England in the Reign of Charles II*, Vol.II, Oxford, Second paperbacks reprinted 1963, First published 1934,'ⅩⅤ. Danby and the Parliamentary Opposition'.
[33] 吉村伸夫（訳・著）『マーヴェル書簡集』松柏社、1995年、658－661ページ。

見ることもできる。だが、ミルトンが指摘するように、「ダンビ審査」法案で求められた宣誓等の内容自体は新奇なものではなく、ロック自身がカレッジのテューターになる際には、この種の宣誓は当然求められた。宣誓等の制定法化と政治的対立の激化との関連を否定することはむろんできないが、復古体制危機との関連で『手紙』を読めば、「ダンビ審査」法案の問題として、宣誓強制の背後にあるダンビ伯のねらいを見逃せない。それは、ゲリィ・ドゥ・クレイによれば「1670年代の復古体制につき付けられた最重要の国内問題」である教会体制の将来に関わるものであり、政治党派を超える教会論の闘いを引き起こしたのである。[34]

ダンビ伯のねらいはドゥ・クレイが引用する以下の言葉に集約される。「議会を支え、昔ながらの王党派と教会派を盛り立て、そして教皇主義者と長老派を血祭りにあげる」。[35] 彼には危機意識があった。この頃には復古当初の議員の半数が交代した上、信仰許容宣言、第三次英蘭戦争、ローマ・カトリック教徒の王弟の存在等、国王の政策や身辺には問題が絶えなかった。さらに悩ましいことには、ヨーク公排斥に反対して国教会を支持する、いわばトーリー的な議員の中にも非国教徒に妥協的な人々がいた。例えばダニエル・フィンチ（第二代ノッティンガム伯）は1674年頭には、非国教徒支持の立場から「至上宣誓」の変更を求める議会演説を用意していた。[36]

1674年2月に議会が休会に入って後、ダンビ伯は主だった国教会聖職者や廷臣数人と協議を重ね、次の会期の対策を練る。彼らの中には緩和法案廃案を喜んだウィンチェスター主教ジョージ・モーリーや、カンタベリー大主教ギルバート・シェルドンがいた。そこで問題とされたのは、

---

[34] Gary S. De Krey: *London and the Restoration 1659-1683*, Cambridge, 2005, p.116.
[35] Gary S. De Krey: *Restoration and Revolution in Britain*, Basingstoke, 2007, p.124.
[36] Henry Horwitz: *Revolution Politicks The Career of Daniel Finch Second Earl of Nottingham, 1647-1730*, Cambridge, 1968, pp.8-9, 17 (Appendix C2.) 至上宣誓とは、国王至上法（The Act of Supremacy 首長令とも訳される）にもとづき、君主をイングランド教会の長とする宣誓を、議員や大学構成員に課すこと。

「ローマの迷信と偶像崇拝的実践と抑圧」及び「さまざまなセクトの邪悪かつ破壊的な新奇性」であった。彼らは、イングランドのプロテスタントは教皇主義者と非国教徒によって脅かされていると考え、「ダンビ審査」の制定法化によって、復古体制の信仰告白的な排他性を強化しようとする。そこで実際に目されたのは、『寛容論』の加筆部分や『手紙』が明らかにするように、当時の教会内における主教重視の志向を強化することだった。それは、教会と国家における「二重の専制」、しかも神授権説を利用して、実質的に教会が国王の上に立つ専制だった。ダンビ伯や強硬な国教会主教らは、神授権説によって教会の至上性を唱え、さらに「君主制は神授権によるものだ」とおだてて、国王を教会の手先に使うことで、非国教徒を完全に排除する教会国家体制を作ろうとしたのである。[37]

「ダンビ審査」がねらう教会国家体制にシャフツベリ伯やロックが見る問題を、『手紙』と『寛容論』の加筆部分をもとに、以下の五点に整理しておきたい。

第一に、教会統治は不変のものだと宣誓させる点に、神授権主教制の主張を見る。それによれば、主教は「天に直接由来する力」や「生涯消えざる印」をもち、主教による以外のどんな聖職叙任もありえない。主教による教会統治は神の命令として受け取られるべきものであり、いかなる変更も許されない。[38]

第二に、神授権主教制は、人間の手による教会上の変更を一切拒否するので、エドワード六世やエリザベス以来の、君主が長となる国教会のあり方を一変させる。「ダンビ審査」は「主教冠を王冠の上に置き」、「国王の至上性を放擲」する。[39]

---

[37] Herschel Baker: *The Wars of Truth*, Harvard University Press, 1953, pp.158-159. J.R.Milton and P.Milton(eds.), *op.cit.*, 'General Introduction', pp.76-82. G.S. De Krey: *London and the Restoration 1659-1683*, pp.116-117. 青柳、前掲書、52−53ページ。山田『ジョン・ロック「寛容論」の研究』、233ページ。

[38] 'A Letter from a Person of Quality, to His Friend in the Country', in J.R.Milton and P.Milton(eds.), *op.cit.*, pp.337, 363, 366, 367. 山田『ジョン・ロック「寛容論」の研究』、232ページ。

[39] *Ibid.*, pp.366, 367.

第三に、国王が至上性を放擲したことへの見返りとして王権神授説が語られ、国王への人々の忠誠が強いられる。神授権説は人定法による権力の制約を不能にするので、絶対君主制や恣意的統治を生み、教会はその絶対権力を利用して、国王と並んで神のように崇められるべきものとなる。議会は宮廷と教会の意のままになる「集金かつ法律通過機関」と化し、法案に反対する者は「反君主」思想の持ち主や叛逆者と疑われることになる。[40]

　第四に、イングランド教会が「厳格、盲目的かつ異論の余地のない信従」を徹底すれば、それは「われわれの教会が教皇主義に陥る」ことである。「ダンビ審査」法案審議において、「主教は反教皇という彼らの情熱を完全に脇に置いた」。そこで敵とされるのは、主教が「狂信派」と呼ぶ、イングランド教会に信従しないプロテスタント系非国教徒だった。[41]

　第五に、こうしたプロテスタント系非国教徒の敵視は、「プロテスタント教」(the Protestant Religion)がそもそも何かという問題となる。ウィンチェスター主教らは議会において、「プロテスタント教」は三九箇条、祈祷書、教理問答書、公定説教集と教会法の五文書に含まれると主張した。これに対して、『手紙』はシャフツベリ伯の以下の発言を紹介する。三九箇条の教義とは異なる見解が教会内で現に支持されており、祈祷書は人間の作であって「神聖なもの」ではなく、教理問答書等については改訂の余地がある。[42]

　これらの問題を集約すれば、「時、緊急事態、人事の変化に関わらず、変更を決して企てないと私が宣誓せねばならぬ、教会と国家の統治とは何か？」という疑問に至る。[43]

　『手紙』は 1673 年の緩和法案を好意的に回顧する。その法案では、教皇主義に対峙して「プロテスタントの利益」を図るために、主教の一部さえ

---

[40] Ibid., pp.337-8, 348, 357, 359, 375. 山田『ジョン・ロック「寛容論」の研究』、233 ページ。
[41] Ibid., pp.342, 345, 347.
[42] Ibid., pp.362-363.
[43] Ibid., p.367.

イングランド教会とプロテスタント非国教徒の連帯を求めていた。[44]「ダンビ審査」法案は教会内のそうした思惑をも踏みにじり、復古体制を神授権説に立つ「恣意的統治」へとつき落とすものだった。ダンビ伯らは信仰告白的な教会国家体制をねらい、議会内反対派、その支持者、及び非国教徒の「狂信派」がそれを拒否することを、教皇主義の一環とみなした。他方、「ダンビ審査」法案に反対する人々は、神授権主教制に立つ教会国家体制は「恣意的統治」の導入に至り、それこそが教皇主義陰謀だという恐怖感をもった。反教皇主義感情は、国内外のローマ・カトリック教会への反感と無縁ではないが、少なくとも「ダンビ審査」法案以降、国内の政治的、宗教的対立の激化を促す。教皇主義のレッテルを互いに貼り付け合いながら、相互不信、恐怖と不安を募らせた結果が、1678年の教皇主義陰謀暴露、それに続く陰謀者なるものの告発、そしていわゆる排斥危機だった。[45]

したがって、反教皇主義の高揚と排斥危機のさなかに、上の五つの問題、とりわけ教会統治と取り組んだ議論が次々と現れたのは不思議ではない。とくに議会での動きに注目すると、「『第二排斥議会』の召集が許され次第、王政復古宗教体制の構造がもう一度問題とされるに至ることが、1680年夏には明確となった。」[46] その結果、排斥法案の審議とともに、1680年11月以降、庶民院で「包容法案」の起草、審議が進められ、同時並行的に「寛容法案」も審議された。包容法案は、長老派によって叙任された者にも、イングランド教会における聖職禄を認め、統一法等で要求された宣言や宣誓を不要とする他、洗礼や聖餐時の儀式規定を緩めるなど、プロテスタント系非国教徒をできるだけ多くイングランド教会に取り込む（包容する）ものである。寛容法案は、それでもなお教会からの分離を主張するプロテスタント系非国教徒に、一定の制約下で集会の自由を認め、集会法

---

[44] *Ibid.*, pp.344-345.
[45] Tim Harris: *Politics under the Later Stuarts*, London, 1993, p.73.
[46] H.Horwitz: 'Protestant Reconciliation in the Exclusion Crisis', *Journal of Ecclesiastical History*, 15, 1964, p.203.

等の世俗的な刑罰法規の適用を免除するものだった。[47]

　両法案は1681年頭の国王による議会解散に伴い廃案となるが、両法案が起草、審議されたことは、「ダンビ審査」法案やその後の事態への反感や恐怖が、神授権主教制に立つ教会国家体制とは異なる、広範なプロテスタント体制の要求を復活させたことを明らかにする。だが、こうした動きに反発して、非国教徒の分離を認めず、国教会としてのイングランド教会の強化を図る議論も登場する。スティリングフリートは、すでに1680年5月に市長の前でこの種の説教を行った。それを『分離の災い』として同年に公刊し、さらに庶民院で提案された包容法案と寛容法案に同調できないまま、翌年、彼は説教の内容を拡充して『分離の不当性』を公刊した。これらの説教や文書は、スティリングフリートと、他方非国教徒やその支持者との間で激しい応酬を引き起こすことになる。[48] ロックの教会論稿MS Locke c.34はその応酬の一片だった。

　スティリングフリートは非国教徒の分離を非難したが、それは非国教徒への単なる反感の表明でも、またその弾圧を目的とするものでもない。彼はイングランド教会の存立根拠、プロテスタンティズムの概念、主教制の歴史や内容、教区教会の意義等、教会の本質に関わる議論を展開し、非国教徒の分離はその一環として問題とされた。彼の文書は復古体制危機における国教会としてのイングランド教会再編論ともいうべきものであり、彼を批判する側もそれに応じた議論を出さなければならなかった。

　ロックの手稿は、スティリングフリート批判を契機に、上にあげた五つの問題の内、とくに教会統治に関連するものへの回答となる。ロックは1679年にフランスから帰国して後、スティリングフリートの議論を検討

---

[47] 複数の議事録等をふまえた両法案の審議の検討は、青柳、前掲書、第三章。法案原稿の一つとして、'Dering's draft of a bill for the ease of dissenting Protestants, November 1680', in Maurice F.Bond(ed.), *The Diaries and Papers of Sir Edward Dering Second Baronet 1644-1684*, House of Lords Record Office Occasional Publications No.1, London, 1976, pp.194-196.

[48] H.Horwitz: 'Protestant Reconciliation in the Exclusion Crisis', pp.214-215.

する。それとほぼ並行して、フィルマーの王権神授説への批判を第一書とする、将来『統治二論』として公刊される文書も執筆する。ロックは、復古体制における教会と国家の再編という課題に、その両者の観点から取り組んだのである。

5　ロックにつき付けられた課題

　ここで、上の議論を整理した上で、ロックが何を当時の教会問題における課題と受けとめていたのかを確認したい。
　本章ではスコットの語を用い、排斥危機と通称されてきた1678年以降の危機を、「復古体制危機」と呼ぶ。『統治二論』やスティリングフリート批判といったロックの業績に即して考えても、1678年以降は、君主制と教会制度自体が議論の対象とされるほどに、深刻な危機の時代だったと考えられるからである。
　復古体制危機においてとくに問題となるのは、国王ではなく主教を聖なる象徴とする、主教重視の姿勢がイングランド教会内で顕著になったことである。主教重視は極端な場合、神授権主教制、つまり主教の権限は神に直接由来し、使徒継承によって伝授されるという考え方に至る。ロックはこの神授権主教制を、1675年に書かれたと考えられる『寛容論』の加筆部分で非難した。さらに同年公刊された『手紙』は、1678年以降の復古体制危機時の議論を先取りして、教皇主義と恣意的統治を問題視し、しかも神授権を主張する主教がそれらの問題を増幅していることを指摘する。「ダンビ審査」法案は当時の教会内における主教重視の志向を強化し、それが教会と国家における、しかも実質的に教会が国王の上に立つ、「二重の専制」を正当化するからである。
　その後、主教重視の信仰告白的教会国家体制を支持する人々と、それを「恣意的統治」の導入として反対する人々との対立が、互いを教皇主義だと非難しあう中でヒステリックな反教皇主義的言動に高じたのが、1678年の教皇主義陰謀暴露、そしていわゆる排斥危機である。ここで国教会と

非国教徒との葛藤という復古教会体制の問題が再燃する。1680年秋に開会された議会は、広範な基盤に立つ新たなプロテスタント教会体制を求めて、包容法と寛容法の導入により、国教会と非国教徒との対立を緩和しようとする。だが、これらの法案は廃案となった上、頑固な国教会派は国教会から分離した非国教徒を認めなかった。こうした中で、スティリングフリートは主教制国教会擁護に立つ、教会統治の根幹に関わる議論を展開した。非国教徒やロックはそれを受けて立つことになる。

ロックにつき付けられた課題は、簡潔に言えば、国家と教会のあり方そして両者の関係に関わる。より具体的には、以下の五点の課題を考えることができる。

第一に、教会統治は誰がどういう根拠かつ権限で行うものか。とくに主教職をどう位置付けるのか。

第二に、教会統治において「教会の長である国王」の役割は何か。主教と国王の関係はどうあるべきか。

第三に、王権の根拠と権限は何か。

第四に、国内の対立が教皇主義の言辞に収斂され、その言辞の使用が有効と判断される、相互の反感や恐怖に通底する敵意の本質は何か。

第五に、教皇主義に対し連帯して守らねばならぬと考えられた「プロテスタント教」とは何か。イングランド教会と非国教徒は、プロテスタントとして相容れない存在か。

ゴルディは『統治二論』の「教会論的かつ反聖職者的文脈」を重視し、以下のように言う。「この点から見れば、『統治二論』は国王に関しては相当曖昧に思えるだろう。ロックや仲間の急進派が最も一貫した教条的な抑圧だと宣告したのは、復古王政ではなく復古教会だったのだから。」[49]

国王に関する議論が「相当曖昧」なのかは議論を要するが、ゴルディの見解は『統治二論』の新たな読解のための一つの視点を提示している。つまり、ロックのスティリングフリート批判を、そしてロックの教会論を、

---

[49] M.Goldie: 'John Locke and Anglican Royalism', *Political Studies*, XXXI, 1983, pp.61-62.

上の課題をふまえて検討することである。『統治二論』は一般に、社会契約説や抵抗権論等に象徴される王権掣肘の議論として理解されているが、ロックの危機意識と教会論に即せば、新たな教会体制の上に立つべき「長である国王」を模索する論考だったかもしれないのである。

第2章　ロックのフランス旅行

1　本章のねらい

　本章のねらいは、ロックの教会論分析の準備として、彼のフランス旅行の意義を明らかにすることにある。彼は、前章で確認した課題をかかえて、1675年11年12月にフランスへ渡り、パリとモンペリエに計四年近く滞在した。彼は教皇主義国フランスにおいて、国家と教会の合体による強制的国家・宗教統一を目の当たりにし、かつその害悪の根本を聖職者支配（clericalism）に見る。本章は、ロックの思想形成に対するフランス旅行の影響を測定し、彼が1670年代後半に受け取った課題を、危機認識として具体化する経緯とその内容を検討する。

　時間的な経過に触れると、ロックは1667年に『寛容論』を執筆し、その後、残された四本の写本に修正を加え続け、1675年頃には一写本に大幅な加筆を行った。その年末にロックはフランスへ渡り、1679年に帰国する。彼がスティリングフリートを批判する教会論稿 MS Locke c.34 を書いたのは、1681年である。『寛容論』と教会論稿の間にあるのが、フランス旅行だった。さらに、執筆年代の特定にはなお問題は残るが、教会論稿とほぼ同時に『統治二論』の執筆が開始された。その後、1683年にロックはオランダへ亡命し、亡命の間に『寛容書簡』（第一）の草稿を執筆する。彼は1689年2月、いわゆる名誉革命のさなかにイギリスへ戻り、『寛容書簡』や『統治二論』を公刊した。[50]

　本章は以下の順で議論を進める。「2　ロックのフランス旅行に関する研究史」では、過去の研究における本章の主題に関連した議論を洗い出

し、研究史上の検討課題を明らかにする。「３　フランス旅行の概要と課題」では、ロックのフランス旅行の背景と概要、そしてその際、彼自身が認識していたと考えられる課題を示す。「４　ロックのフランス観察」では、フランス滞在中の日誌や論考に集中し、本章のねらいに即して、彼がフランスで見聞したことを整理する。「５　ロックの反聖職者支配」では、本章の議論を整理し、復古体制危機時のロックの危機認識とその克服の方向性を明らかにする。

２　ロックのフランス旅行に関する研究史

　ロックのフランス旅行中の日誌や論考は、ブリティッシュ・ライブラリーとボードリアン・ライブラリーに保存され、その一部が活字化・公刊されている。19世紀には、キング卿やフォックス・ボーンがこれらの書付の一部を公刊した。[51] ジョン・ラフの『ロックのフランス旅行1675-1679年』は日誌の抜粋編集ではあるが、滞在期間すべてを対象とする。これと並行してラフは「フランス滞在中のロックの読書」を発表し、ロックの読書歴を明らかにするとともに、刊行した日誌内容を補充した。[52] フランス語では、ギー・ボワソンの編集とマリー・リヴェの翻訳により、モンペリエ滞在期の日誌の一部が出版されている。[53] 旅行中の書簡はＥ・Ｓ・ドゥ・ビ

---

[50] J.R.Milton: 'Locke's life and times', in Vere Chappell(ed.): *The Cambridge Companion to Locke*, Cambridge, 1994, pp.14-15. 『統治二論』の初版タイトルページには1690年とあるが、出版許可は1689年8月23日とある。 [John Locke:] *Two Treatises of Government*, London, 1690.

[51] Lord King: *The Life of John Locke*, 2vols, Vol.I, London, New edition 1830, pp.86-222. H.R.Fox Bourne: *The Life of John Locke*, 2vols., Vol.I, London, 1876, Chapter VII.

[52] John Lough (ed.): *Locke's Travels in France 1675-1679*, Cambridge, 1953. （以下 J.Lough (ed.): *Locke's Travels in France* と略す。） ditto: 'Locke's Reading during his Stay in France (1675-79)', *The Library*, Transactions of the Bibliographical Society, Fifth Series, Vol.VIII, No.4, December 1953.

[53] Guy Boisson(ed.) et Marie Rivet(tr.): *John Locke Carnet de voyage à Montpellier et dans le sud de la France 1676-1679*, Montpellier, 2005. （以下 G.Boisson et M.Rivet: *Carnet de voyage à Montpellier* と略す。）

ア編集の書簡集に収められる。哲学に関する旅行中の論考はリチャード・I・アーロンとジョスリン・ギブ、及びW・フォン・ライデンにより、さらに医学に関する論考はケネス・デュハーストにより編集・公刊されている。[54] ゴルディ編集の『ロック政治論集』は、多岐のテーマにわたるフランス滞在中の書付二八本を収録する。[55] イアン・ハリスはジョン・コヴェルの情報をもとにロックが書いた「信従」の記事を復元した。その他に、シャルル・バスティードやS・ミルーズによる断片的な記事紹介がある。[56]

　これらの他に、ロック研究の一端としてフランス旅行にふれた研究書は多く、ことに2007年に刊行されたロジャー・ウールハウスの伝記は、ロックのフランス旅行に一章を割いて全行程を紹介する。だが、フランス滞在が彼の教会論等の展開においてどのような意義をもったのか、という視点からフランス旅行中の文書を検討した研究はきわめて少ない。フランス旅行をロックの生涯における「最重要の時期」の一つとみなす研究者はいるが、どういう意味で「最重要」なのかは具体的に語らない。「ルイ十四世のカトリック絶対主義」に対するロックの憎悪を指摘するダンさえ、フランス旅行中の彼は「自身の独創的著述と取り組んでいたようには見えない」と言う。[57]

---

[54] E.S. De Beer(ed.): *The Correspondence of John Locke*, Clarendon Edition of the Works of John Locke, 8vols., 1976-1989, Vols.1&2. Richard.I.Aaron and Jocelyn Gibb(eds.): *An Early Draft of Locke's Essay together with Excerpts from His Journals*, Oxford, 1936. W. Von Leyden: *Essays on the Law of Nature: ... Together with Transcripts of Locke's Shorthand in his Journal for 1676*, Oxford, 1954. （以下 W.von Leyden: *Essays on the Law of Nature* と略す。）Kenneth Dewhurst: *John Locke (1632-1704), Physician and Philosopher:... with an Edition of the Medical Notes in his Journals*, London, Welcome Historical Medical Library, 1963.

[55] 『ロック政治論集』、短編 13～39 と補遺 3。

[56] Ian Harris: *The Mind of John Locke*, Cambridge, 1994, p.365, n.55, 'Conformitas'. Charles Bastide: 'Locke et les Protestants du Languedoc (1676-1677)', *Bulletin de la Société de l'Histoire du Protestantisme Français*, LVIII, 1909. Mme S.Mirouze(trad.): 'John Locke à Montpellier Notes médicales tirées de son journal (1676-1678) par Kenneth Dewhurst', *Monspelliensis Hippocrates*, été 1967.

[57] Roger Woolhouse: *Locke A Biography*, Cambridge, 2007, Chapter 4. R.I.Aaron and Jocelyn Gibb(eds.): *op.cit.*, p.xxiv. John Dunn: *John Locke*, Oxford, 1984, pp.8, 12.

フランス旅行とロックの思想形成との関連について、集中的な研究はフランスと日本での研究に目立つ。フランスでは、1955 年にガブリエル・ボノが『フランスとのロックの思想的関係』を、2005 年にジャック・プルーストが「フランス・プロテスタンティスムの状況をめぐるジョン・ロックの証言」を発表した。さらに同年に刊行された日誌のフランス語版には、編集者ボワソンが解説を書いている。[58] それらは、教皇主義すなわちローマ・カトリック教に対するロックの一貫した敵対感情、及びフランス・プロテスタントの境遇への強い関心を指摘する。ボノによれば、ロックは「イギリスでの宗教状況が提起した諸問題に着想を得て、教会と国家の関係を実際的な方法で調整することを模索し」、プルーストによれば、フランス滞在は宗教と政治の文脈における「彼の思想の成熟」に貢献した。[59] だが、ロックにおける教会と国家の関係の「調整」、あるいは宗教と政治に関する思想の「成熟」が指摘されても、その具体的な内容は明らかではない。他方、ボワソンはロックの日誌に「今日で言う≪教会と国家の分離≫あるいはライシテ」の主張を見出すが、同時に、ロックがカトリック教徒と無神論者には不寛容だったこと、そしてフランス・プロテスタントに同情的だったものの、「改革派の暮らしは教皇主義者と大差ない」という冷めた記述に注意を促す。[60]

　他方、日本では井上公正、倉島隆、そして鵜飼健史の研究がある。倉島はフランス滞在全般に目配りを行い、とくにロックのアメリカ、アジア、アフリカに対する関心に着目し、『統治二論』につながる比較政治学的視

---

[58] Gabriel Bonno: *Les Relations Intellectuelles de Locke avec la France*, University of California Publlications in Modern Philology, Vol.38 No.2, 1955. Jacques Proust: 'Le témoignage de John Locke sur la situation du protestantisme français : à la veille de la Revocation (1676-1679)', *Bulletin de la Société de l'Histoire du Protestantisme Français*, 151, 2005. G.Boisson et M.Rivet: *Carnet de voyage à Montpellier*, pp.13-24.

[59] G.Bonno: *op.cit.*, pp.53-55, 62, 69-71, 211, 215.　J.Proust: *op.cit.*, pp.94, 100-101.

[60] G.Boisson et M.Rivet: *Carnet de voyage à Montpellier*, p.199. 引用部分は現地のプロテスタント牧師R・ベルトーの発言をロックが記録したもので、J. *Lough (ed.): Locke's Travels in France*, p.94 にある。

点の形成を強調する。鵜飼は、ロックがフランス滞在中に書いたユートピア論「アトランティス」を分析し、この作品における「統治の技量」論に注目する。[61]

　本書の課題に直接関わる論文としては、井上の「ロックにおける寛容思想の展開」（1980年）が、ロックの寛容論の展開とフランス旅行との関係を議論する。井上の論文以降、リチャード・アシュクラフトが1986年に、ジョン・マーシャルが1994年に、それぞれのモノグラフ上で、フランス旅行中に得た寛容論や包容論の展開に関わる見聞や見解に言及する。

　井上は、旅行中にロックが「人間の認識の限界」に気づいたことが、「絶対的真理の不可知性」の主張に至らせ、「寛容」を明確に主張する論拠になったと考える。ロックはこの論拠にもとづき、スティリングフリート批判や『寛容書簡』上で、個人の自由な判断による教会選択を唱え、さらに国家や為政者は個人の信仰に干渉できないという「政教分離」つまり「世俗権力と教会権力との完全分離」を明確にした。ただし井上は、国教会から独立した非国教徒の教会を組織する「分離主義」の主張をロックは支持するものの、彼自身は国教徒であり分離主義者そのものではなかった、と断っている。[62]

　非国教徒とロックとの関係について井上の言は慎重だが、アシュクラフトはロックが非国教徒集会に出席した可能性を言い、「ついにはオウエンと非国教徒を味方するに至った」と両者の距離を縮める。この点に関わるフランス旅行中の書付けとしてアシュクラフトが重視するのは、刑罰法

---

[61] 倉島隆「ロックのフランス滞在期の政治思想史的意義」『法学紀要』（日本大学法学部法学研究所）、第27巻、1985年。同「壮年ロックにおける政治思想形成―フランス滞在期を中心に―」、『法学紀要』、第29巻、1988年。鵜飼健史「ジョン・ロックのユートピア：「アトランティス」草稿と政治理論」、『一橋大学社会科学古典資料センター年報』、第29号、2009年。「アトランティス」自体については、「21　アトランティス」（『ロック政治論集』所収、1676－9年執筆）参照。
[62] 井上公正「ロックにおける寛容思想の展開」、田中正司・平野耿編集『ジョン・ロック研究』御茶の水書房、1980年、141－145ページ。「人間の認識の限界」の考究について、井上の念頭にある記事は、注記から推測すると、「補遺3　研究」（『ロック政治論集』所収、1677年3－5月執筆）に相当する。

の議論である。そこでロックは「宗教と政治の各"職分"」を峻別し、刑罰は世俗法であり宗教問題で服従を確保する適正な手段ではない、と明言した。[63]

ロックを「寛容の擁護」の闘士とするアシュクラフトに対し、マーシャルは「ロックは非国教の思想家」ではないとし、「包容をつうじた寛容」をロックに見る。マーシャルも刑罰法の議論に注目するが、フランス滞在の末期には、コヴェルの情報をもとに、非信従者を「信従へ戻す」策を考えていたことを強調する。さらに、フランス滞在はカトリック教徒や絶対君主についてロックが抱くイメージに血肉を与える。とくに「異端者との約束は守らなくてもよい」というカトリックの教えは彼を戦慄させた。この教えにしたがうなら、カトリックの王はプロテスタントとの約束を守るとは限らず、カトリック王の下ではイングランドのプロテスタントの財産権は到底保護されない、とロックは痛感する。[64]

これらの研究からうかがえるのは、フランス旅行中のロックは、カトリック王の絶対支配とプロテスタントの苦境を目の当たりにして、国家と教会のそれぞれの性格や権限、両者の関係に敏感にならざるをえなかったことである。このことは、第一に、イングランドの教会制度について、第二に、国家・政治権力の淵源、目的、形態等について、彼の議論を迫ることになる。帰国後、第一はスティリングフリートへの批判として展開され、第二は『統治二論』として後に公刊される論文の執筆につながったと考えられる。

本章は第一の問題に集中する。ロックのスティリングフリート批判は非国教徒対策にとどまらず、イングランド国教会の再編に関わり、国教会再編は国家と教会のあり方及び両者の関係の見直しに至らざるをえない。た

---

[63] Richard Ashcraft: *Revolutionary Politics & Locke's Two Treatises of Government*, Princeton, 1986, pp.123-127. 刑罰法の問題について、アシュクラフトが依拠する記事は、「13 刑罰法の強制力」と「16　寛容B」(『ロック政治論集』所収)。
[64] John Marshall: *John Locke Resistance, Religion and Responsibility*, Cambridge, 1994, pp.78-81, 90-91, 94.

だ、非国教徒への対応や国教会制度に関するロックの見解については、上記の研究者の間で評価の相違があり、この相違は、その後のロックの著作や行動の評価にも波及する。本章は、研究史上のこうした相違を考慮し、国家と教会のあり方及び両者の関係という視点から、フランス旅行中のロックの見聞を日誌、書簡、他の論考にわたって検討する。

3 フランス旅行の概要と課題

　ロックは生涯において二回フランスへ旅行した。初回は1672年秋で、パリへの三週間ほどの旅行である。二回目の旅行が本章の対象となるもので、1675年11月から1679年5月までの三年半の滞在である。ロックは特命大使ジョン・バークリーに同行し、まずパリに十日間ほど滞在、その後南下し、モンペリエに十五ヶ月滞在した。滞在先は、まずジャック・プエシュ宅、1676年10月以降はアンリ・ヴェルシャン宅であり、両方ともプロテスタントの薬剤師だった。モンペリエは人口の三分の一をプロテスタントが占める温暖なリゾート地だった。

　当初はモンペリエ滞在で終わるはずだったが、1677年3月にフランス滞在の延長を決める。日誌等から明確な理由は、ジョン・バンクス卿の息子カレブの旅行に付添うためで、カレブが逗留するパリへ、ロックは1677年6月に戻った。パリに一年滞在し知識人との交流を深めた後、1678年7月にカレブとともに南下した。この時はイタリア旅行が目的だったが、積雪等の事情で実現せず、パリへ戻り五ヶ月滞在した後、帰国する。[65]

　ロックの主人初代シャフツベリ伯（アンソニ・アシュリ・クーパー）の孫である第三代シャフツベリ伯は、ロックのフランス旅行は病気を口実とした一種の亡命旅行だ、とほのめかす。亡命と考えられるのは、前章で触れたように、1675年11月に『手紙』が無記名で公刊されるや否や、貴族

---

[65] J. Lough (ed.): *Locke's Travels in France*, pp.xv, 247 n.1.　E.S. De Beer(ed.): *The Correspondence of John Locke*, Vol.1, Nos.331, 415, 429.（書簡番号を記す）

院は絞頸吏による文書焚刑処分と執筆者の探索を命じ、その命令直後の11月12日にロックはフランスへ旅立ったからである。とはいえ、クライスト・チャーチ・カレッジの学寮長ジョン・フェルは11月8日にロックのフランス旅行に挨拶を送っており、フランス旅行自体は、早くから公然と準備、企画されていたと考えられる。[66]

ロックのフランス行きは、亡命や療養という消極的な目的ばかりでなく、第三代シャフツベリ伯が「初代はロックを信頼して内密の相談ごとをしていた」と言うように、フランスという当時の教皇主義・カトリック大国を実地検分して、イングランドの対仏、対カトリック政策に資する情報をシャフツベリ伯に与える目的もあったと考えられる。帰国後、ロックはフランス旅行の成果を活かした覚書「ワインとオリーヴの栽培に関する考察、及び絹の製造、果実の保存」をシャフツベリ伯に献呈した。当然シャフツベリ伯あての政治的報告書もあったと推測される。ロックは常にイギリスから最新の政治情報を入手し、また伯から請われてフランスの詳細な地方地図を彼に送った。また、フランス軍組織、運河建設、軍港建築等に対するロックの強い関心も、日誌や書簡から明確である。[67]

旅行の背景をふまえれば、ロックはフランスの宗教政策、すなわち国家と教会のあり方及び両者の関係に無関心ではいられなかった。それどころか、すでに1660年代後半において、この種のロックの関心は明瞭となっており、『寛容論』はその末尾で自身に三つの検討課題を課した。それは、第一にキリスト教世界における騒乱の原因、及び暴力使用の問題点、第二に統治の安定における包容策と寛容策の実効性、第三に真の宗教や教説なるものを主張して強制することの問題点である。1670年代半ばになると、

---

[66] E.S. De Beer(ed.): *The Correspondence of John Locke*, Vol.1, No.303.
[67] Rex A. Barrell(ed.): *Anthony Ashley Cooper Earl of Shaftesbury (1671-1713) and 'Le Refuge Francais'* ― *Correspondence, Studies in British History*, Vol.15, The Edwin Mellen Press, 1989, p.86. 'Observations upon the Growth and Culture of Vines and Olives: the Production of Silk: the Preservation of Fruits', in *The Works of John Locke*, 10vols., Vol.X, London, 1823. E.S. De Beer(ed.): *The Correspondence of John Locke*, Vol.1, No.351(16 Augsut 1677, Thomas Stringer to Locke). J. Lough (ed.): *Locke's Travels in France*, p.174.

前章で指摘したように、ロックは、神授権主教制とからんで教会統治及び教皇主義の問題と直面せざるをえなくなる。

　ここで、ロックの日誌等の検討に入る前に、日誌の概括的特徴を指摘しておきたい。ロックはカトリック教会を、終始プロテスタントに好意的な見地から観察し、その評価はほとんど常に敵対的、そうでなければ軽蔑的である。ロックは高位聖職者の不品行・無知、偶像崇拝的な聖母・聖遺物崇拝や奇蹟信仰を嘲笑した。それに対して、プロテスタント教会の破壊・閉鎖、等族会議等の公職からの排除、プロテスタントの慈善施設の没収等、プロテスタントへの迫害を記して、ロックは彼らに同情を示すとともに、彼らが抵抗はしないが決して信仰は曲げない点に注目する。ロックは、教会権力と政治権力が合体してカトリック信仰を暴力的に強制することが、人々に貧困といつわりの信仰しかもたらさないと痛感する。モンペリエで「年間をつうじて最も厳粛」なはずの、知事やアンタンダンも連なるカトリックの祝祭パレードを見て、彼は以下の皮肉な観察を残した。「沿道の職人の服装、そして大半は毛布かベッドカバーの垂れ幕から判断すると、足りないのは人々の金か信心かどちらかと思ってしまう。」[68]

　この記述に象徴されるフランス観察が、ロックが自身の課題としたものへの回答にどのようにつながるか、以下では、地方等族会議の実態、カトリック教会とプロテスタント、カトリック教会に対する恐怖と非難、プロテスタントの教会活動、政治と宗教、そしてロックの教会観という項目順で議論を進める。

4　ロックのフランス観察

(1)　地方等族会議の実態

　モンペリエ滞在中の早くからロックが指摘したのは、絶対王政を支える地方等族会議の実態である。吉原秋や中木康夫等の研究によれば、中世フ

---

[68] J. Lough (ed.): *Locke's Travels in France*, pp.98-99.

ランスでは、自然発生的な州・地方という結合体が王権と対抗する面があったが、近世以降、王権・中央が司法や徴税面で地方の直接掌握へと乗り出す。この掌握の進行は地方によって異なり、ロックが滞在した南仏のラングドック地方では中央支配の進行が早く、アンタンダンが設置される。アンタンダンは王直轄の新しい行政機構である。地方には旧来、聖職者、貴族と都市代表から成る地方等族会議（the Provincial Estates 地方三部会とも言う、以下等族会議と略す）があり、在地貴族中心の分権的地方利害の拠点となって、中央政府と対抗することもあった。だが、コルベール期の17世紀後半つまりロック滞在期間には、アンタンダンの導入による中央直轄支配が完成し、等族会議は無力化した。等族会議は税評価や徴収において、従来は一種の自治を享受していたが、ロック滞在期間には彼自身が記載するように、等族会議は王の要求するままに軍事や運河建設等の負担を引き受けるという事態に陥る。[69]

しかし、アンタンダンの支配以前に、ロックは等族会議での聖職者支配に注目する。ラングドックの等族会議は、ロックの勘定では、管区司教、貴族、そして都市代表の総計80〜90名の議員から構成されるが、会議からプロテスタントは完全に排除された。また、カトリック教会内での異論者も排除され、十年間議員だったアレの司教ニコラ・パヴィヨンは、ヤンセニスト（ジャンセニスト）支持のために勅命により議員を辞任させられた。[70]

等族会議の長には、ナルボンヌの大司教かつ枢機卿であるピエール・ドゥ・ボンジがついた。1685年にラモワニョン・ドゥ・バスヴィユがアンタンダンとしてラングドックに赴任するまでは、ドゥ・ボンジは極度の

---

[69] 吉原秋「フランス絶対王制の官僚制 ——一七世紀アンタンダン制を手掛かりにして—」『法学』（東北大学法学会）、第56巻第4号、1992年。中木康夫『フランス絶対王政の構造』未来社、1963年。岡本明『ナポレオン体制への道』ミネルヴァ書房、1992年。
[70] J. Lough (ed.): *Locke's Travels in France*, pp.19, 22-23, 30-31, 119, 131-132. William Beik: *Absolutism and Society in Seventeenth-Century France State Power and Provincial Assembly in Languedoc*, Cambridge, 1985, pp.44, 46, 121.

不品行にも関わらず地方の最有力者となり、「地方と中央政府の仲介者」として振舞った。当時モンペリエの知事は17歳のジャン・F・ドゥ・クロワだったが、その実権はおじのドゥ・ボンジが握った。モンペリエ近郊のセルヌーヴでは、ドゥ・ボンジがぶどうの収穫に許可を出し、その十分の一は彼のものとなった。[71]

アンタンダンと等族会議は王の要求に応じた税や献金負担を遂行するために、当該納税区や管区において教区単位で査定や徴収を行う。農民は教区単位でタイユ税（taille）を支払う義務を負い、教会は聖職者会議と政府が協定した額で王に献金（Don gratuit）を行う。この他、王が地方役人に強制貸付を命じることも度々だった。プロテスタントや宗教的異論者を排除した等族会議がアンタンダンとともに、教区という教会の末端組織を利用しながら絶対王政を支える集金機構と化した事実を、ロックは見逃さなかった。[72]

むろん、税や献金負担はプロテスタントも免れない。それどころか、プロテスタントは迫害の手段としての兵士の無償宿泊に苦しめられる。これはドラゴナード（竜騎兵の襲撃）と呼ばれ、王の竜騎兵がプロテスタント信徒の家を故意にねらって無償宿泊し、蛮行に及んで改宗を強いるものである。この実施開始を木崎喜代治は1677年のニオールに見るが、ロックは9月1日付の日誌にそのことを記している。[73]

(2) カトリック教会とプロテスタント

当時のフランスではカトリック教が国教であり、しかも、フランスは教皇に対し国家の自立を言う「ガリカニスム」を採用した。ロック自身、フ

---

[71] J. Lough (ed.): *Locke's Travels in France*, pp.19 n., 64, 108.

[72] Ibid., pp.104, 110, 116, 118, 206. Julian Dent: *Crisis in Finance Crown, Financiers and Society in Seventeenth Century France*, Newton Abbot, 1973, pp.34-35, 39-40.

[73] J. Lough (ed.): *Locke's Travels in France*, pp.104, 110, 116, 137, 229-230. 木崎喜代治『信仰の運命　フランス・プロテスタントの歴史』岩波書店、1997年、109－112ページ。ロックの記載によれば、1200人の兵士の世話を2人〔2世帯のことか〕のプロテスタントが負った。

ランス教会を「フランス・ガリカンのローマ教会」と呼ぶ。1679年3月21日の日誌によれば、イエズス会士（ジェズイット）のミシェル・ラバルドーは1641年にシャルル・エルザンの書に反論し、フランス王権は教皇支配から免れていると主張した。教皇はフランスの世俗事項に権力をもたず、フランス王は実質的に高位聖職者の指名や任命を行った。[74]

　等族会議に関するロックの記載が明らかにするように、教会は公役務を担いつつ絶対王政の行政機構に組み込まれ、「民衆に最も近い末端」でそれを支えた。1598年の「ナント勅令（王令）」はプロテスタントの承認というよりも、木崎によれば「悪の放置」だった。したがって可能な限り「悪」を絶滅することが教会の使命となり、ドラゴナードのような迫害行為に至る。ロックはドラゴナードの他、公職追放、ギルド構成員資格の制約、礼拝施設であるタンプル（Temple）や他施設の使用禁止及び破壊、職業や居住の制限、牧師の活動制限等を、迫害の事例として列挙する。他方、ロックはカトリック教会について、ドゥ・ボンジの不品行の他、修道士や聖職者の無知・傲慢、偶像崇拝、司教同士の争い、教皇無謬の主張、修道会内及び修道会間の内紛等を、軽蔑をこめた筆致で書いた。[75]

　ロックにとってカトリック教会は蔑視の対象だけでなく、絶対王政を維持する暴力・イデオロギー装置だった。その暴力の源泉は王権と教会の結合にある。ロックが慨嘆するように、王は教会機構を利用して民衆を貧困のどん底へつき落とす収奪を繰り返し、他方、教会は王権・世俗権力に依

---

[74] J. Lough (ed.): *Locke's Travels in France*, pp.46, 264. 小泉洋一『政教分離と宗教的自由—フランスのライシテ—』法律文化社、1998年3‐4ページ。

[75] ナント勅令（王令）についての研究動向の整理は、深沢克己「近世フランス史における宗教的寛容と不寛容」、深沢克己・高山博編『信仰と他者　寛容と不寛容のヨーロッパ宗教社会史』、序章、参照。二宮宏之「フランス絶対王政の統治機構」、吉岡昭彦・成瀬治編、『近代国家形成の諸問題』木鐸社、1997年、208‐209、212ページ。谷川稔『十字架と三色旗』山川出版社、1997年、21ページ。木崎、前掲書、37‐45ページ。J. Lough (ed.): *Locke's Travels in France*, pp.15, 23, 27-28, 30, 48, 85, 87, 113, 128, 138-139, 154, 257, 262, 265-266, 274. フランス滞在中に書かれたロックの偶像崇拝論は W. von Leyden: *Essays on the Law of Nature*, pp.259-263 参照。

存してカトリック教を維持・拡大しようとする。ヤンセニスト支持の司教を等族会議から王が排除したように、王は教義問題へ介入し、残忍なアンタンダンを指名し、多数の反プロテスタント法令を発して彼らを迫害した。[76]

フランスでのカトリック教会とプロテスタントの実情を観察して、ロックは世俗権力と教会の合体が、暴力行使による宗教強制と民衆の窮乏をもたらし、勤労意欲自体の喪失を招いていると指摘した。アヴィニヨンからタラスコンへ向かう小旅行の途上で、不毛でもないのに十分耕作されていない土地を見て、ロックは以下のように記す。「教皇の臣民を一層勤勉にするのは穏当な税、そして無償宿泊からの解放だと思われる。」[77]

(3) カトリック教会に対する恐怖と非難

カトリック教会について、ロックは詳細を記さないものの、それが大司教区、司教区、教区と階層的に構成され、さらに多数の修道会をかかえることを指摘する。カトリック教会の実情でロックが注目したのは、カトリック教会が宗教統一を敷くように見えて、実はすでに一枚岩ではなく、内部において対立つまり多様性が存在することだった。その一つの現れが多数の修道会の存在とその対立、もう一つはヤンセニストの存在だった。

ロックは修道会について、パリのドミニコ修道会における修道院長の厳格な規律に反抗する暴力沙汰、17世紀初頭にベリーの司教だったジャン・ピエール・カミュがカプチン会と対立した逸話、そしてロック自身とカルトジオ会修道士との会話を紹介している。ここで注目したいのは、ベリーの司教の発言、及びロックと修道士との会話である。

ベリーの司教カミュはカプチン会との対立と和解を繰り返した。仲裁に入ったリシュリュー卿は彼に、ゲ・ドゥ・バルザックがルイ十三世を讃えた『君主論』を読ませ、王の前で意見を言わせた。彼の答えは「君主はた

---

[76] J. Lough (ed.): *Locke's Travels in France*, pp.88, 127, 147, 207, 229, 235. 反プロテスタントの立法措置について、木崎、前掲書、83-100ページにある1661-1685年の当該法令を参照。

[77] J. Lough (ed.): *Locke's Travels in France*, p.86.

いしたものではなく、廷臣には何の値うちもありません」だった。ロックはこれに何の評注も加えないが、この発言はカトリック教の高位聖職者が世俗為政者にもつ侮蔑を明らかにする。[78]

　イングランドとの関係で、ロックが衝撃を受けたのは、1676年4月のタラスコンにおけるカルトジオ会修道士との以下の会話である。

　「彼〔修道士〕はイングランドにおける彼らの家屋や土地のことを尋ね、我々〔イングランド人〕が教皇主義者になれば、それらは再び彼らのものになるのかどうか質問した。私は、むろんそうなるだろう、補償なしに和解はありえないから、と答えた。」

　タラスコンの修道会の礼拝堂には、ヘンリ八世時にイングランドで処刑された修道会士の処刑図が飾られていた。ロックはこの会話や処刑図に評注を加えないが、この修道会や修道士の言動から、彼らが宗教改革に対する一種の報復として、カトリック教とその財産の復活をイングランドで企図、期待していることを読み取っただろう。さらに、ベリーの司教の発言にあるように、カトリック聖職者は世俗為政者を軽蔑し、加えてカトリック教会には「ユグノーをだます教説」つまり「異端者との約束は守らなくてもよい」という教えがあった。[79] これらのことから推測すると、ロックには以下のような恐怖があったと思われる。いったんイングランドでカトリック教の復活を許し、無知、放埓、傲慢、貪欲な聖職者や多数の修道会がイングランドに根を下ろせば、イングランド王は蔑ろにされて、ルイ十四世が行う以上の収奪がくり広げられ、プロテスタントの財産保障どころか、ロックがフランス農村で遭遇した窮状にイングランドはつき落とされることになる。

　ヤンセニストへのロックの言及は、コルネリウス・ヤンセンの著『アウグスティヌス』（1640年）に始まる。ヤンセンはベラルミーノ、スアレスや複数のイエズス会士を、ペラギウス派や半ペラギウス派と非難した。ヤ

---

[78] *Ibid.*, p.265.
[79] *Ibid.*, pp.20, 86.

ンセンの非難は教会聖職者やイエズス会を怒らせ、彼らは教皇に通報する。その結果、王と教皇は教会人すべてに対して、ヤンセニストの主張を断罪する文書を承認し、それに宣誓・署名するよう命じた。ロックはその後の事態については、1668〔9〕年の王の介入によるヤンセニストとイエズス会との和解、いわゆる「教会の平和」のみを簡略に記している。[80]

ロックはヤンセニストのピエール・ニコルの『道徳論集』を 1676 年に翻案した。『道徳論集』は 1671 年に第一・二巻が、1675 年に第三巻、1678 年に第四巻が出版された。ロックは 1676 年 9 月に購入記録を付けている。翻案はシャフツベリ伯夫人に献呈されたが、公刊は 19 世紀のことである。ロックは忠実な翻訳ではなく、抜粋翻案を行い、とくにニコルが「新しい異端」つまりプロテスタント批判として記述する箇所を、カトリック教会批判に書きかえるという大胆な変更を加えた。ただ、ニコルの趣旨とロックのそれとは共通するものがある。それは自分の見解を真とし聖とするという、人間の弱さを強調することである。

ニコルによれば、「新しい異端の作者達」は彼らの幻想や先入観を聖なるものとし、彼らの主張が真理であることを主張して大勢の人々を説得しつつ、他がつき付ける疑いを単なる反論や厄介事として片付けた。彼らは宗教上の論争を判断する権利が自分達にあると考え、その権利を「ローマ教会」が不当に奪うと苦情を言う。ニコルにとってプロテスタントこそ、幻想や先入観を真とし聖とする人間の弱さをかかえる異端者だった。他方、ロックの翻案ではニコル同様、異端者とはローマ教会から反逆者とみなされるプロテスタントであるが、ロックにとって彼らはカトリック教会の抑圧から逃れようとする被害者であり、カトリック教会こそ人間の弱さを、しかも暴力的に体現する。[81]

ニコルは、ヤンセニストを断罪した教皇文書に判断を保留し、ナント勅

---

[80] *Ibid.*, p.262. ロックは宣誓・署名等の義務付けを 65 年頃とする。断罪の内容自体はすでに 53 年に教皇が明らかにしたが、フランスで実際に教会人に宣誓・署名が義務付けられたのは 61 年だった。ロックが 68 年と記載した和解は、新暦では 69 年 1 月のことである。宣誓・署名へのヤンセニストの対応は一様ではなかった。

令廃止を支持して、ヤンセニズムをプロテスタントから峻別し、教会と円滑な関係を作ろうとする。[82] 少なくとも上記の被変更部分では、ニコルはカトリック教会の真理性を疑わない。だがロックにとって、カトリック教会はプロテスタントを異端者呼ばわりして脅し付け、自分達の「誤りを正当化し、異なる意見をもつ人間の疑いを黙らせ」、「人間の良心を支配する秘訣を見出した」。様々なキリスト教会を「真理と明証という基盤に立つ一つの教えに統一」させることに、そもそもロックは疑念を抱いたのである。[83]

(4) プロテスタントの教会活動

　統一を強いるカトリック教会の下で、ロックの関心はプロテスタント教会の組織や規律に向かう。金銭的な誘惑に負けた者以外、大半のプロテスタントは改宗を拒否した。それどころか、この二・三十年間プロテスタントは増え続けているとロックは聞かされ、ボルドーのベグルではプロテスタントの一大教会と会衆を見た。だが、プロテスタント全国宗務会議は1659年を最後に開催されず、ロックの記載によれば、ラングドック地方宗務会議は毎年開催されるものの、開催には王の許可を要した。ラングドック地方宗務会議は五十名の牧師、かつそれと同数の執事または長老から成り立ち、地方向けの教会法を制定する他、素行の悪い牧師の譴責や排

---

[81] Pierre Nicole: *Essais de Morale*, edited and annoted by Laurent Thirouin, Paris, 1999, Introduction, and pp.48-49. *Discourses*: translated from Nicole's Essays, by John Locke, with important variations from the original French., London, 1828 (1991 Thoemmes Antiquarian Books Ltd.), pp.64-68. 'Discourse of the Weaknesse of Man', in Jean S.Yolton(ed.), *John Locke as a translator Three of the Essais of Pierre Nicole in French and English*, Voltaire Foundation, Oxford, 2000, p.85. J. Lough (ed.): *Locke's Travels in France*, p.111.

[82] Antoine Arnauld and Pierre Nicole: *Logic or the Art of Thinking*, edited by Jill Vance Buroker, Introduction, pp.xvii-xix. 　ニコルの政治的態度等については、Nannerl O. Keohane: 'Nonconformist Absolutism in Louis XIV's France: Pierre Nicole and Denis Veiras', *Journal of the History of Idea*s, Vol.XXXV No.4, 1974 参照。

[83] *Discourses*: translated from Nicole's Essays, by John Locke, p.65.

除を行う。

　地方宗務会議の下で、教会規律の実質的な権限は長老会議（Consistory）に託された。モンペリエの長老会議は四牧師と二四執事から成り、彼らはアンシアン（Anciens、長老）と呼ばれる。とくに牧師叙任に際しては、信徒や長老会議の意志が重視された。牧師叙任に至る手続きは以下である。モンペリエ内の教会牧師職に欠員が出た場合、候補者は長老会議に応募し、長老会議が最善と思う者に会衆に向けて説教させる。会衆が彼の説教を認めれば、彼は次の地方宗務会議において、学識、信仰、素行等について四牧師から口頭審査を受ける。さらに彼は、審査牧師の前でフランス語とラテン語で説教を行い、それらが合格すれば自分の会衆となるべき人々の前で三週連続で日曜日に説教を行う。説教終了後、彼を叙任するために任命された二名の牧師が、牧師の義務の説教等を行った後、祈祷し按手して叙任を宣言する。この牧師の収入は長老会議の決定に委ねられる。[84]

　長老会議は教会財産や信徒の譴責等についても指図する。信徒の間で法的な不和や論争が生じれば、当該の町のプロテスタントである誠実な「ジェントリ」や法律家に問題を委ね、さらに六人の助言者等も付く。譴責は以下の手続きで進められる。素行不良の者が出た場合、まず個人的にいましめ、それでも改められなければ、長老会議で査問される。これで改められないと、査問は会衆において公然と行われ、それでも改善が認められなければ聖餐から排除される。長老会議は査問時の証人に宣誓を課す権限を本来はもつが、ロックの指摘によれば、王はこの権限を長老会議から剥奪してきた。

　とはいえ、長老会議による公的譴責はめったに起こらないとロックは言い、その近年の事例を二つだけ紹介する。一つは、聖餐式の日に教会内で暴行を働いた者で、彼は聖餐から排除された。もう一つは、娘を教皇主義

---

[84] J. Lough (ed.): *Locke's Travels in France*, pp.15, 28, 39, 40, 41. 長老会議等、訳語については、木崎、前掲書、18–20ページにしたがったが、人数や内容の記載はロックの記録のままにしてある。

者と結婚させた者で、彼は半年間の破門となった。ロックが強調するのは、彼らの罰は教会自体や説教からの永久的排除ではなかったことである。聖餐からの排除が「彼らの権力の最大限度だ」とロックは記している。またプロテスタントの礼拝施設であるタンプルでは、そのコミュニオン〔聖餐式、霊的交わり〕に所属しない者でも日常的に礼拝できた。

だが、もし「彼らの信仰箇条」に反した主張をもつ者が出たら、王がその者を罰することになる。フランスでは、人はカトリックかプロテスタントかどちらかの教会員でなければならない。ロックによれば、かつてアリウス的な教えに傾いたと疑われる者が出た際、地方総督が王に苦情を申し立て、その者はトゥールーズへ送られて査問された。ロックはこの事態を紹介した日誌の部分に「寛容」という小見出しを付けている。「彼らの信仰箇条」は、日誌の文脈では、プロテスタントのそれであり、自身が被迫害者の立場にあったプロテスタントさえ、アリウス派とされる異端者が世俗為政者の手で審問、処罰されることを了解していたことになる。[85]

フランス・プロテスタントの教会活動を通じてロックが学んだことは以下の五点にある。

第一に、プロテスタントに対する暴力的迫害は効を奏さない。プロテスタントは迫害に際する王権の暴力的行使に逆らわないものの、それに屈せず改宗しない。

第二に、王が聖職者の任命・指名権をもつカトリック教会と異なり、プロテスタント教会の牧師人事には会衆と長老会議の意志が重視され、各会衆が教会牧師を雇用する。

第三に、規律面でもプロテスタント教会は自律し、譴責は長老会議と会衆によって手順を踏んで行われる。長老会議の譴責の最たるものは、聖餐からの排除にすぎない。

第四に、王という為政者がプロテスタントの宗務会議開催権をもち、か

---

[85] *Ibid*., pp.40, 41-43, 45, 66. 異端審問へのロックの関心について、M.A.E.Nickson: 'Locke and the Inquisition of Toulouse', *British Museum Quarterly*, No.26, 1971-2 参照。

つ地方の為政者とも協力して個人の信仰に介入し、信仰の相違を理由とする処罰権をもつ。

第五に、プロテスタントは、「彼らの信仰箇条」に合致する者であれば、自分達のコミュニオンに所属しない者にも自分達の礼拝施設で礼拝を許す。だが、異端者と判断されると、プロテスタントは為政者の手を借りて審問・処罰させることをためらわない。

（5）　政治と宗教

フランス旅行中、政治思想との関連では「アトランティス」と題されたユートピア論的な論考はあるが、鵜飼が指摘するように、それは統治の術とも言える政策学的な志向をもち、「十家組」という近隣監視体制と家族制度の安定を強調する。それ以上の、王を含めた政治権力の起源、根拠、目的や役割について、『統治二論』で展開されるような原理的議論はなく、滞仏中のロックには、契約や信託という人間の能動的・自覚的行動として政治共同体を制作するという発想は見られない。1678年末のデニス・グレンヴィルあての書簡では「我々はコモンウェルスの構成員に生まれてきた」と書く。政治権力の原理的な考究は帰国後に、何らかのきっかけで突如始まったとしか考えられない。[86]

フランス王について、ロックの観察や見解は、以下の三点に整理できる。

第一に、アンタンダンの設置に象徴されるように、王は地方を直接支配し、聖職者も含め全役職の認可を行う。かつて自治を誇った等族会議は王の集金機構と化し、王の奢侈や戦費等をまかなう巨額の負担を負った。その他、タイユ税、教会献金、地方献金といった様々な仕組みが絶対王政の財政を支える。[87]

第二に、王は教会人事の他、異端弾圧、プロテスタント弾圧、異宗教者

---

[86] 『ロック政治論集』、「26　法律」、「35　政体」。*The Correspondence of John Locke*, Vol.1, No.426.

[87] J. Lough (ed.): *Locke's Travels in France*, pp.116, 118, 132, 140, 157.

との婚姻禁止法制定のように、個人の信仰に介入してカトリック教による統一を進め、その際、ドラゴナードや教会破壊等の暴力行使に及ぶ。[88]

　第三に、ロックも、そして彼の日誌から見る限り現地のプロテスタントも、王に対して抵抗を主張しない。それどころか、1677年3月6日には、「王の廃位」という見出しで彼は以下の記事を引用する。

「王を廃位するという唾棄すべき説を教え支持する書物を書いたイエズス会士は三十人以上いる。」

　ボノによればこの記事は、イエズス会批判のために1631年にジュネーヴで出版された『メルキュール・ジェズイット』からの引用であり、王の廃位を言うイエズス会士への抗議として書かれた。[89] ロックの非難の矛先に直接立つのは王ではなく、ドゥ・ボンジのような高位聖職者、カトリック教会、イエズス会や修道院だった。

　フランス王についてロックが恐れたのは、王権自体の絶対性よりも、それとカトリック教会との合体である。教会自体が、モンペリエにおけるドゥ・ボンジの支配に見られるように、一支配機構と化し、しかもベリーの司教や王の廃位を論じるイエズス会士のように、教会側には世俗為政者を見下す傾向が見られた。王が教会聖職者を指名・任命するが、教会は宗教統一のために王権を利用した。異端者処罰に見られるように、教会は王の制定法を通じて個人の信仰や教義内容に介入する暴力的迫害に及び、その見返りのように教会は王の乱費を賄う集金装置となった。王という世俗為政者と教会とがともになって宗教統一による国家統一を進め、絶対王政の財政、支配、イデオロギー機構を築いた。

　この王と教会の二重支配の犠牲者となるのが農民だった。彼らは王と教会の両者から収奪され、カトリック教を強制されて、盲信や迷信で満足させられた。王と教会の二重支配は貧困といつわりの信仰しか生まず、国土

---

[88] *Ibid.*, pp.40, 47.
[89] G.Bonno: *op.cit.*, p.54. J.Lough: 'Locke's Reading during his Stay in France (1675-79)', p.236.

の荒廃と人々の勤労意欲の喪失につながることをロックは見抜いた。この事態に対して彼は、世俗為政者が制定する法律の限界を明らかにする。1676年2月の「刑罰法の強制力」という論考は、人間の法律は良心を強いる力をもたず、「世俗の法律は世俗の行為のみに関係する」と明言する。人間は世俗社会の目的である世俗の平和や統治の保全以上の義務をこの世では負わず、人間の法は逸脱者にこの世での罰を科するだけである。人は統治を危険にさらしたり乱したりしない程度に為政者に服従すれば、そのことで、統治に関わる神法を遵守していることになるのだった。[90]

　世俗の法律の領域を「世俗の行為」に限定することで、ロックは、王と教会の合体による二重支配を、まず王の側から断ち切ろうとする。王という世俗為政者の権限は世俗の平和と統治の保全に関わるだけである。そうした目的や内容をもつ法を王が制定し、それに人々が服従しさえすれば、神の教えに十分に沿っていることになる。このことは、むろん王権に対する制約を意味するが、同時に、聖職者が世俗政治権力をしたがえて、王に異端者を処罰させるといった聖職者支配、すなわち世俗政治権力の領域に対する聖職者の侵出を阻止することになる。

（6）　ロックの教会観

　カトリック教会は王と並ぶ国家のもう一つの支配者だった。カトリック教会自体には、ロックは軽蔑的かつ反発のコメントを主とし、建設的な改革提言の類はまったく言わない。ニコルの『道徳論集』の翻案に見られるように、そもそもキリスト教会の統一という企図にロックは疑問をもち、教会統一という企図の根底には、自己の見解を真とし聖とみなして、他人の良心を支配しようとする人間の弱さがあると指摘した。自己の無謬や絶対真理を主張する力は何人にもないのに、そうしようとする弱さが人間にある。このことはプロテスタントも例外ではない。彼らもアリウス派とみなした人物を世俗為政者の手で処分してもらおうとした。1677年の論考

---

[90] 『ロック政治論集』、「13　刑罰法の強制力」。

「研究」では、ロックは「ローマ派」の無謬概念と並んで、「内なる光」の主張にも苦言を呈する。[91]

　ロックが積極的な関心を寄せたのはプロテスタント教会であり、それにイングランドの非国教徒を重ね合わせて観察していたと思われる。プロテスタントは日常生活に及ぶ迫害にも関わらず、王やカトリック教会にあからさまな抵抗をせず、平和裡に市民生活をまっとうする。彼らの教会・タンプルでは長老会議が牧師叙任や教会規律を担い、長老・アンシアンの指導の下で会衆の自律が保たれる。しかも、各タンプルは自分達の会衆ではない人々の礼拝を日常的に受け入れた。さらに、長老会議の懲罰権限の最たるものは被懲罰者を聖餐から排除するにとどまり、懲罰は人々の世俗生活に及ばないという抑制をもつ。

　ロックは 1676 年 8 月の寛容に関する論考で、非国教徒が誤謬に陥り正気を失っているという見解を撤回し、非国教徒が団結して敵になるとすれば、それは彼らを苛酷に扱う場合に限ると断言する。この寛容論考でロックは、宗教的な見解の多様性がすでに広まっているところで平和を維持するためには、「宗教と統治」という二つの事項、世俗為政者と聖職者という二種類の役人が完全に弁別される必要があると主張する。世俗為政者は「町の治安と安全」に、聖職者は「魂の救済」にだけ関わればよく、聖職者が説教で法律の制定や中身を論じることを、ロックは強くいましめた。フランスで現に暴力的統一を企てても、プロテスタントは改宗せず、逆に彼らを敵にまわす危険を生む恐れがあるように、世俗為政者と聖職者が合体して宗教統一を図っても、国家統一には貢献しないと彼は考える。

　教会論についてロックが旅行中に得たと考えられる見解は、以下の四点に整理できる。

　第一に、彼はフランスでの国教の存在の是非を議論しないが、聖職者が政治権力の領域に侵出して宗教統一を図ることには強く反対した。カトリックであれプロテスタントであれ、聖職者が法律といった世俗の事項を

---

[91] 同、「第 3 部　補遺 3　研究」、359 ページ。

第 2 章　ロックのフランス旅行

説教で議論することをいましめ、「宗教と統治」つまり教会・聖職者と王・世俗為政者の職務領域の弁別を厳格に求めた。「これをやらないことが、おそらくは混乱の最大要因である」とロックは言う。[92]

　第二に、国教が存在するフランスで、プロテスタント教会は平和に自律的に活動する。彼らが団結一致して敵になるとすれば、それは彼らを苛酷に扱う時だけだと言うロックにとって、国教会外のプロテスタント教会の活動には寛容が、つまり迫害はもとより制約を加えずに放置した方が、望ましいと考えられただろう。

　第三に、カトリックにもプロテスタントにも、自己の真理や正当性を主張して他人の良心を支配することをロックは認めない。1678 年 4 月の寛容論考では、ユダヤ人会衆を例にして、「誰かを無理に会衆に入れる律法はなかった」とする。[93]

　第四に、国教会のあり方について、ロックは包容策を主張する。これにはジョン・コヴェル（John Covel 1638 – 1722 年）の影響があった。コヴェルはコンスタンティノープル（現イスタンブール）のレヴァント会社の説教師で、1678 年末にトルコからイギリスへ帰国途上、パリでロックと会った。その際ロックは彼からの聞書きとして、コンスタンティノープル在住のフランス人も含める多様なプロテスタントの礼拝の様子を記録した。コヴェルが当地のイングランド大使の礼拝堂で、イングランド教会の規律にしたがって礼典を執行しようとした際、イングランド教会員以外のプロテスタントは自分達のやり方で、つまり跪座をせずに礼典を受けた。コヴェルはこのことに注文を付けず、すべてに聖餐を付与した。彼の寛大な行動は、跪座は聖餐や礼拝の本質的または必須の部分ではない、という考えの表明と理解され、寛大な措置に感銘を受けた人々は、その後は自発的に跪座で聖餐を受けた。ロックは、このやり方こそ人々を信従へと向ける最も効果的な方法だとする。[94]

---

[92] 同、「16　寛容B」、145 ページ。
[93] 同、「25　寛容C」。

53

ロックは国教会外にあるプロテスタントの活動を寛容する他に、教会外の人々をも教会に信従させる包容策の事例を熱心に記録する。包容策の主張の背後には、グレンヴィルにあての書簡に見られる、人間の弱さを哀れむ神の慈悲や猶予という考え方があった。グレンヴィルは国教会聖職者であり、ロックと重なる時期にモンペリエに滞在した。彼は余暇、仕事、交際、勉強、信仰等についてロックに助言を求める長文の書簡を書き、ロックは丁寧に応じた。そこで彼は、神の法が命じも禁じもしない非本質的事項について、神は人間の無知や脆弱な体を憐れみ、度量をまったく許さない狭隘なやり方で人間を拘束することはないと書いた。「神はその無限の慈悲から我々の無知や脆弱を考慮し、我々を大きな自由の中に置いた」。ロックは人間の行動について、常に「不当なもの」と、時と場合に応じて「必要なもの」との間には大きな猶予があり、極端ではない「中庸の状態」が一般的に望ましく、それ自体最善と思われるものでも、あまり厳格にとらえずに自由に行動してよい、とグレンヴィルに書き送った。[95]

5　ロックの反聖職者支配

　ロックのフランス旅行の意義について結論を先に言えば、それは彼が「宗教と統治」つまり教会・聖職者と王・世俗為政者の職務領域の混同の問題を旅行中に体感したことにある。とくに彼は、聖職者が世俗政治権力の領域へと侵出する聖職者支配の恐怖を現実に味わい、それが復古体制危機時の危機認識につながった。
　聖職者支配の恐怖は、すでに1675年の『手紙』や『寛容論』への加筆において、神授権主教制批判として表明されている。『手紙』では、国王に絶対的な権力と暴力を行使させるよう「聖職者がたいそう貢献し」と

---

[94] コヴェルについて、J. Lough (ed.): *Locke's Travels in France*, p.252 及び *The Correspondence of John Locke*, Vol.2, No.471. 'MS Locke, d1, p.5', in I.Harris, *The Mind of John Locke*, p.365 n.55, 'Conformitas'.

[95] *The Correspondence of John Locke*, Vol.1, Nos.326, 327, 328, 357, 374.

非難し、『寛容論』加筆部分では、聖職者の霊的権力を放置すれば「厳密には世俗的なあの支配権を獲得する」と恐れた。その恐怖の現実を彼はフランスで目の当たりにする。[96]

ロックはキリスト教界における騒乱の主因を、教会・聖職者と王・世俗為政者の職務領域の混同に見た。現実に、フランスでは王と教会が合体して二重支配を行う。聖職者が世俗政治権力の場に侵出して暴力を伴う宗教統一を王に行わせ、王は教会機構を絶対王政の収奪機構とする。だが、暴力的宗教統一は人の信仰を変える役にはまったく立たず、いつわりの信仰や盲信を生み、かつ人々を貧困のどん底につき落とす。こうした事態にフランス・プロテスタントはあからさま抵抗をしないものの、彼らへの苛酷な扱いは彼らを敵にする危険をはらみ、宗教統一は国家統一につながらないとロックは認識した。

宗教統一は言いかえれば、教会聖職者が自分達の宗教の正当性、真理性、無謬性を主張して人間の良心を支配することであり、この真理性や無謬性の主張を、それがカトリック教徒の主張であれプロテスタントのそれであれ、ロックは人間の弱さの表れとしてしりぞける。この人間の弱さの認識をもとに、ロックは多様な非国教徒には、その国教会外での活動を寛容し、またコヴェルの情報を手がかりに、国教会側は度量をもって異論者に接し、できる限り多くの人々を国教会内へと包容すべきだと考える。ロックは単に非国教徒の活動を擁護したのではなく、非国教徒の最大限の包容に努力するよう国教会に求めた上で、それでも国教会に信従できない非国教徒には、国教会外での活動を許したのである。この包容・寛容の考え方は、聖職者支配とは真っ向から対立し、イングランド教会と国家における異論者との共存に道を開くことになる。

ロックは王の聖職者指名・任命権限についてはことさらに非難を加えないが、教会・聖職者と王・世俗為政者の職務領域の弁別という主張から考

---

[96] 『ロック政治論集』、「補遺2　貴顕の士からの手紙（抜粋）」、350ページ。山田『ジョン・ロック「寛容論」の研究』、234ページ。

えれば、この王の権限は両者の職務領域の混同である。プロテスタント教会での牧師叙任を紹介する日誌から考えれば、聖職者はあくまで会衆を拠点に指名・任命されるべきだ、と彼は考えたかもしれない。むろん、こうした聖職者が政治的な説教をすることも、ロックは「宗教と統治」の混同だとみなした。聖職者はあくまで「魂の救済」に専念し、教会での懲罰や譴責権力の最たるものは聖餐からの排除にとどまり、世俗生活に及ぶような懲罰に至るべきではない。

　教会機構を利用して絶対王政の頂点に立つ王について、旅行中のロックは王権の原理的考究には未だ及んでいない。政治共同体が人々の自覚的な契約や信託の所産という議論はまったくなく、王権への抵抗も想定されていない。ロックが恐れたのは聖職者支配の下での王権と教会との合体である。ロックはこの合体を断ち切るために、王の権限を「世俗の行為」つまり世俗の平和と統治の保全に限定する。これは王権にとっては制約となるが、王権と並んで一支配機構を形成し、王を見下しさえする聖職者の世俗支配である聖職者支配の阻止にもなる。王権が「世俗の行為」にのみ関与すべきものとなれば、王が教会の判断や意向にしたがって異端者を処罰することはできなくなるからである。

　フランスという教皇主義国においてロックが教皇主義の本質として実感したのは、聖職者のもつ強力な聖職者支配の志向とその実践だった。カトリック聖職者が世俗政治支配に侵出して、絶対王政のイデオロギー的かつ財政的機構を構築し、かつプロテスタントはもとよりカトリック民衆をも踏みにじってまで宗教統一を貫徹しようとする。しかもカトリック教には「異端者との約束は守らなくてもよい」という教えがあった。もしイングランドで教皇主義・カトリック教が復活し、聖職者支配とこの教えが実践されれば、イングランドのプロテスタントはフランス農民と同様の収奪の対象となるだろう。カルトジオ会修道士との会話から、このことはロックにとって現実的な恐怖となった。

　ロックの帰国直前の1678年以降、イングランドでは教皇主義者による国王暗殺陰謀事件とされるものが暴露され、さらにカトリック教徒のヨー

ク公を王位継承から排斥する運動が起きた。それは単なるカトリック教徒への反感や王位継承をめぐる対立ではなく、王政復古以降の国王、議会、教会、対外政策等のあり様が問い正される復古体制危機と呼ぶべきものだった。教皇主義国フランスでの滞在経験をもつロックにとって、教皇主義陰謀やカトリック教徒の王の即位の可能性は、まさに教皇主義に陥らんとするイングランドの危機を意味した。その危機の最中に、イングランド政体の原理的な考究として『統治二論』が書かれ、同時に、スティリングフリートの非国教徒批判を機に、ロックはイングランド教会のあり様を考えようとする。

次章で議論するが、スティリングフリートは、ロックがフランスで問題視した聖職者支配の志向を鮮明にした。スティリングフリートは、カトリック教の復活や導入は拒否するが、その拒否ゆえにこそ、主教という高位聖職者が教会を指揮し、教区教会等の自律を認めない中央集権的な教会再編を、危機克服として考えた。そこでは、国王や議会の世俗権威と教会との関係を故意に曖昧にして、世俗為政者と教会とが一体となる教会体制が構想される。むろん、国教会に異論をもつ非国教徒が国教会から分離することを、彼は強く非難し、彼らの包容や寛容には、ほとんど実現不能なきわめて厳しい条件を付した。

フランスにおいて、聖職者支配という教会と王の合体による二重支配、すなわち「宗教と統治」の混同を体験し、他方で平和裡に自律的な活動を粘り強く継続するプロテスタントを知ったロックにとって、スティリングフリートの議論は危機克服どころか、イングランドにおけるフランスの問題の再現、あるいは「偽装教皇主義」だった。[97]「宗教と統治」の混同に

---

[97] 「フランス病」（de Morbo Gallico）というタイトルの手稿が、帰国後直後から1681年にかけて書かれたとされ、『統治二論』との関連が議論されることもある。P.Laslett (ed.): *Locke Two Treatises of Government,* Cambridge Texts in the History of Political Thought, First Edition 1960, Introduction, pp.62-65. この点について *The Correspondence of John Locke,* Vol.2, No.723 も参照。「偽装教皇主義」（disguised Popery）の語は Marie P. McMahon: *The Radical Whigs, John Trenchard and Thomas Gordon*, University Press of America, 1990, p.140.

立って、非国教徒を排除した主教制による復古教会の再編を主張するスティリングフリートの提言は、ロックが恐れるに、イングランド教会や政体の再編・強化にはつながらない。帰国後、1680年代初頭に、ロックはスティリングフリート批判を契機として教会論、そして『統治二論』につながる政治論を精力的に執筆する。いずれも、反聖職者支配の視点に立って、イングランド教会と政体の将来構想を提示するものだった。

第3章　エドワード・スティリングフリートの教会論

1　本章のねらい

　本章のねらいは、1680年代初頭に公刊されたスティリングフリート（Edward Stillingfleet 1635‐99年）の非国教徒批判を手がかりに、彼の教会論を検討することにある。彼の議論はロックを含め多くの人々から反論された。スティリングフリートの教会論の検討は、ロックの反論、及びロック自身の教会論を考察するための準備作業となる。ロック－スティリングフリート論争については、一般に、ロックの『人間知性論』をめぐる1697年以降の応酬が研究者によく知られている。だが、彼らは1680年代初頭にも教会論をめぐって対立していた。このロック－スティリングフリート論争の歴史的背景の詳細については、第1章を参照されたいが、ここで概略を述べ、教会論等をめぐって彼らが直面していた課題を再確認しておきたい。

　旧来「排斥危機」と呼ばれた1670年代末から80年代初頭の時期は、王位継承のみを問題としたのではなく、ロックの業績に即して見た場合、君主制と教会制度自体が議論の対象とされるほどに、深刻な危機の時代だった。そのため、ジョナサン・スコットのように、1678年以降の危機を「復古体制危機」と呼ぶ研究者が登場する。

　ロック－スティリングフリート論争との関連で復古体制危機の焦点となる問題は、国王ではなく主教を聖なる象徴とする、主教重視の姿勢がイングランド教会内に現れたことである。主教重視が極端に主張されると神授権主教制、つまり主教（監督）の権限は神に直接由来し、使徒継承（継

59

紹）によって伝授されるという考え方に至る。[98] ロックはこの神授権主教制を、1675 年に書かれたと推測される『寛容論』の加筆部分で非難した。この神授権主教制非難は、同年に公刊された『手紙』でも展開される。『手紙』執筆についてロックの直接の関与は断定できないが、『手紙』の内容と『寛容論』加筆部分とは、神授権主教制批判の点で共通性がある。『手紙』は、1675 年 4 月に提出された「ダンビ審査」法案が、神授権主教制に立つ教会国家体制を目指していることを激しく非難し、かつ教皇主義と恣意的統治の導入を恐怖する点で、1678 年以降の復古体制危機時の議論を先取りする。

「ダンビ審査」法案通過は挫折したが、その後、神授権主教制に立つ教会国家体制を支持する人々と、それを恣意的統治の導入として反対する人々との対立は、互いを教皇主義だと非難しあう中で、多数の冤罪者を出すほどの反教皇主義的言動にまで高じた。それが 1678 年の教皇主義陰謀暴露、そしていわゆる排斥危機である。国家的な病的興奮の中で、国教会と非国教徒との葛藤という、王政復古以来くすぶっていた復古教会体制の問題が激化する。1680 年秋に開会された議会は、広範な基盤に立つ新たなプロテスタント教会体制を求めて、包容法と寛容法の導入により国教会と非国教徒との対立を緩和しようとしたが、これらの法案は廃案となり、頑固な国教会派は非国教徒の存在を、つまり国教会からの分離をまったく認めなかった。

スティリングフリートは分離非国教徒を認めない見地に立ち、主教制に立つ国教会制を、教会統治の根幹に立ち返って擁護する。第 1 章の末尾で、復古体制危機がロックにつき付けた課題を五点指摘しておいたが、これらはスティリングフリートにとっても課題となった。彼は教会統治の本質、主教職の位置付け、教会と国王との関係等の問題に対して、自身の見地から真摯に解答し、これらの解答にロックや非国教徒らは反論を迫られ

---

[98] 主教制に相当する語として、監督制（Episcopacy）という語も用いられる。注 27 参照。

第3章　エドワード・スティリングフリートの教会論

ることになる。

　本章は以下の順で議論を進める。「2　研究史上のスティリングフリート」では、スティリングフリートの教会論に関する研究史上の評価を確認する。「3　分離の災い」では、彼の説教にもとづき、非国教徒の分離を否定する彼の問題意識、及び反論者を刺激した論点を提示する。「4　分離の不当性」では、説教だけでは説ききれなかった彼の教会論の全容を明らかにし、「5　スティリングフリートが残したもの」では、スティリングフリートが提起した論争の的となりうる問題点を整理して、ロックによる反論の検討に備えたい。

2　研究史上のスティリングフリート

　王政復古時、スティリングフリートはサットンの牧師だった。彼は1662年に『オリギネス・サクラエ』を出版して、聖書の正しさと神的権威を強調し、ロバート・サンダーソン主教の好評価を得る。その後、1665年にロンドン、ホルボーンのセント・アンドルー教会の牧師となり、そのかたわらカンタベリー大聖堂等での要職に任じられる。彼の説教は1660年代後半には定評を得るようになり、国教会内での昇進を続けた。1670年代にはロンドン大執事やセント・ポール司祭長等を歴任し、1680年代末にはウースターの主教となる。[99]

　1680年5月に彼はセント・ポール司祭長として、ギルドホール礼拝堂においてロンドン市長の前で説教を行い、それを同年『分離の災い』として公表した。さらに翌1681年、反論を考慮して説教の内容を拡充した『分離の不当性』を公刊する。[100] 彼は1660年代初頭の『イレニクム』出

---

[99] Robert Todd Carroll : *The Common-Sense Philosophy of Religion of Bishop Edward Stillingfleet 1635-1699*, Archives Internationales d'Histoire des Idées, No.77, The Hague, 1975, pp.14-18.

[100] Edeward Stillingfleet : *The Mischief of Separation*, London, 1680. ditto : *The Unreasonableness of Separation*, London, 1681.

版等により、リベラルなアングリカンまたは広教主義者の一人とされることがある。[101] だが、『分離の災い』等ではイングランド教会の歴史的正当性を強調し、教会から分離する非国教徒を非難した。

ドゥ・クレイによれば、『分離の災い』等は「公共圏を分裂」させるほどの論争を引き起こし、スティリングフリート自身、重大な問題が「コーヒーハウスでの慰みものになった」と愚痴をこぼしていた。[102] 実際、彼の主張には、非国教徒はもとより、国教会制自体を必ずしも否定しなかったリチャード・バクスター等からも大量に批判が寄せられ、他方スティリングフリートを支持する文書もあいついで発表された。公刊はされなかったが、ロックも 1681 年にスティリングフリート批判を書いた。それが本書資料編が紹介するロックの教会論稿 MS Locke c.34 である。

『分離の災い』と『分離の不当性』に関する研究史上の問題点は、スティリングフリートの教会論の全体像にせまる業績がないことにある。そもそも両文書に言及、またはそれらを検討した研究が少なく、言及や議論があっても、その大半はロックの見解との対比、復古期の教会史の一端、または 1690 年代末の論争の前史として簡略に扱うにとどまる。とはいえ、これらの議論、言及は、彼の見解として以下の四点に注目する。

第一に、彼は非国教徒の迫害にも寛容にも反対し、主教制に立つ国教会制度を唱えた。[103]

第二に、彼が非国教徒の分離を恐れたのは、それが国教会としてのイングランド教会の存在を脅かすからである。[104]

---

[101] J. Marshall : 'The Ecclesiology of the Latitude-men 1660-1689 : Stillingfleet, Tillotson and Hobbism', *Journal of Ecclesiastical History*, Vol.36, No.3, July 1985. G.A.J.Rogers: 'Locke and Religious Toleration', in Antoine Capet et Jean-Paul Pichardie(eds.), *La Naissance de L'Idée de Tolérance (1660-1689)*, 1999, Université de Rouen, p.124.

[102] Gary S. De Krey : *London and the Restoration 1659-1683*, Cambridge, 2005, pp.273-274.

[103] Anthony A. Wood : *Athenae Oxonienses*, A new edition by Philip Bliss, Vol.3, London, 1817, p.578. C. E. Whiting : *Studies in English Puritanism from the Restoration to the Revolution, 1660-1688*, London, New impression 1968, First published 1931, pp.480, 523, 529.

[104] R. T. Carroll : *op. cit.*, p.26.

第三に、彼は主教制を使徒の原始教会にさかのぼって正当化するとともに、教会制度を支える世俗の主権者の権力や制定法上の強制力を擁護した。[105]

　第四に、国家と教会は同延的な広がりをもち、宗教統一は国家統一に必要だと彼は主張する。教会の安全確保は国家のそれであり、異論や分離の抑制は政治的行動である。[106]

　これらの点から考えられることは、スティリングフリートは復古体制危機下において、イングランド教会が国教会として存在することの正当性、及びその明確なアイデンティティを模索したことである。[107]すでに多くの非国教徒が存在し、国教会制度の拒否を表明する中で、彼らの分離や寛容を単に拒否するだけでは、もはや何の説得力もなかった。国教会としてイングランド教会が存在し続けるためには、イングランド教会の起源、教会統治のあり方、主教制の正当性、宗教・教会事項における国王や制定法という世俗権威の役割、といった問題から説き起こさなければならない。これらの議論は、非国教徒への対応のみならず、国教会内における見解の多様性への対応でもあった。国教会の主だった聖職者の中でも、非国教徒に対する処遇をめぐって、あるいは世俗権威と教会との関係について、多様な見解が展開されていたからである。[108]

　スティリングフリートの見解として指摘された上の四点は、先に確認し

---

[105] *Ibid.*, pp.29, 31. J. Marshall : 'The Ecclesiology of the Latitude-men 1660-1689 : Stillingfleet, Tillotson and Hobbism', pp.420. G.A.J.Rogers: 'Locke and Religious Toleration', pp.123-124. Gordon Schochet : 'Samuel Parker, Religious Diversity, and the Ideology of Persecution', in Roger D. Lund (ed.), *The Margins of Orthodoxy*, Cambridge, 1995, p.131.

[106] G. A. J.Rogers : 'Locke, Stillingfleet et la tolérance', *Les fondements philosophiques de la tolérance*, sous la direction de Y. C. Zarka, F. Lessay, J. Rogers, Tome 1, Paris, 2002, pp.102-104. J. Coffey : *Persecution and Toleration in Protestant England 1558-1689*, Harlow, 2000, pp.38-39.

[107] M. Goldie : 'The Search for Religious Liberty 1640-1690', p.299. 塚田理『イングランドの宗教』教文館、2004年、153－156ページ。

[108] J. Spurr : *The Restoration Church of England 1646-1689*, pp.144-157. G. Schochet : *op.cit.*, pp.131-134. M. Goldie : 'The Search for Religious Liberty 1640-1690', p.305.

た復古体制危機の課題を、彼自身が明確に認識していたことを示している。彼は単に非国教徒への反感から、そしてその弾圧を目的として説教を行い、文書を公刊したのではなく、イングランド教会の国教会としての再編・存続論を書き、その一環として非国教徒の分離を議論した。教会体制のあり様を左右するものとして彼の文書が重視されたからこそ、彼が謝意を表するほどに、非国教徒のジョン・オウエンは「礼儀と穏当な言語を伴う」慎重な反論を心がけた。ロックもスティリングフリートを「権力の座にある者の内、彼らがいったん打ち立てた事項に対するほんのわずかな反対にさえ耳を傾けようとし、形式に対する几帳面な厳格さを棄てて調停に向かおうとする、私が出会った最初の人物」と評価する。ロックの反論は、非国教徒迫害を露骨に語るサミュエル・パーカーに対するそれを、はるかに上回る紙幅を割いたものだった。[109]

3 分離の災い

1680年に公刊された『分離の災い』は、同年5月に市長の前で行われた説教とその補足の印刷である。これに対して多くの反論が寄せられ、それらへの応答として翌年『分離の不当性』が公刊された。前者が説教の収録として60ページ弱の比較的短い文書であるのに対して、後者は反論に対応して議論を深め、450ページの書物となっている。教会論に関わる本格的な議論はこの書物によって検討すべきだが、『分離の災い』はその書物につながり、かつ反論を駆り立てたスティリングフリートの問題意識や論点を明確にする。本節では『分離の災い』をもとに、復古体制危機時の彼の具体的な問題意識、及び分離非国教徒をめぐる論点の所在を明らかにしたい。

彼のねらいは、非国教徒の迫害ではなく、それを回避して「われわれ自

---

[109] E. Stillingfleet : *The Unreasonableness of Separation*, The Preface, p.lxix. MS Locke c.34, fol.31. 『ロック政治論集』、「5 サミュエル・パーカー」。

第3章　エドワード・スティリングフリートの教会論

身の間における永続的な連帯の基礎」を見出すことにある。その基礎を彼は以下のことに求めた。「ローマ教会の誤謬と腐敗を拒否することで一致する人々が、われわれの共通の宗教に伴う大きな勤め、すなわち、祈祷、崇拝及び礼典、並びに神礼拝の厳粛な行動すべてに容易に集うことができる」こと、換言すれば「ブリティッシュ・ネイション」ならば、すべての人々は国教会としてのイングランド教会に集え、ということである。[110]

この主張からすれば、彼が非国教徒の分離を否定するのは当然としても、問題となるのは、教会がなぜ、どのように国教会として集われなければならないか、ということである。この問題について、分離とは何か、そして教会とは何か、という二点に注意して、彼が前提とする認識を探りたい。

分離についてスティリングフリートは言う。「人々がつまずいても当然である一部の特定の儀式においてコミュニオンを単に見合わせ、人々が正しいと判断するようにそれを取り扱うことと、他方、彼らが正しいと判断することにおいてさえ、コミュニオンを完全に、あるいはすくなくとも常時控え、公定宗教（the established Religion）が許す以外の他の師の下で、かつ他の準則にしたがって分離会衆の形成へ向かうこととを、私は混同しない。」[111]

彼が「災い」とみなす分離は後者である。国教会の礼拝様式等の一部について、人々がそれにしたがわないこと自体は、スティリングフリートはもはや問題としない。国教会に異論や違和感をもち、例えば跪座聖餐の不執行等、自分達の判断で礼拝様式等を改変して執行しても、それは分離ではなかった。彼は以下のように言う。「人々は、すでに到達した地点を超えて進めと急き立てられるべきでも、また彼らの良心の指令を超えて統一へと強いられるべきでもない。」[112] 彼が分離とみなすのは、異論等を口実

---

[110] E.Stillingfleet : *The Mischief of Separation*, pp.A4, 3-4, 19.
[111] *Ibid.*, p.20.
[112] *Ibid.*, p.36.

にして、国教会に全面的に背を向け、意見を同じくする者達が自分達の師と集会を設立することである。この意味での分離を非難するスティリングフリートの念頭には、分離する人々もプロテスタントであり、「ローマ教会」に対するようには、イングランド教会とのコミュニオンを完全に否定していないという事実があった。

　この事実として彼が指摘するのは、非国教徒集会を構成していながら、一時的に（occasionally）国教会の教区礼拝や活動に参加する者達である。アン・ホワイトマン等によれば、彼らは「部分的信従」（partial conformity）者あるいは「非信従的信従者」（non-conforming conformists）と呼ばれ、1670年代中葉から80年代初頭にかけて、国教会に構造的な問題をつき付けた。彼らは分離集会に加わるものの、迫害の恐怖や集会内の人間関係のもつれから、確固たる分離集会信徒になりきれず、教区教会と分離集会との二股をかける。分離集会の構成員の多くは、教区を完全に見限ることのないまま、その行事等に参加していた。[113] 分離非国教徒と国教会のコミュニオンとの関係について、スティリングフリートは、以下の二点を指摘する。

　第一に、非国教徒は「われわれの教会の教義」自体に欠陥を言わない。それどころか、彼らはイングランド教会の信仰箇条を熱心に支持する。

　第二に、非国教徒の中には、「われわれの教会」とコミュニオンをもつことを「正当」と公言したり、教区教会での聖餐を信徒に義務付ける者がいる。それは、「われわれの教区教会」を「真の教会」と認めている証拠である。[114]

---

[113] *Ibid.*, pp.35, 56. Anne Whiteman (ed.) : *The Compton Sensus of 1676: A Critical Edition*, London, 1986, Introduction, p.xxxvii. M. Goldie and J. Spurr : 'Politics and the Restoration Parish : Edward Fowler and the Struggle for St. Giles Cripplegate', *English Historical Review*, Vol.109, 1994, pp.572-573, 581. こうした信従は occasional conformity（便宜的信従）と呼ばれることもあるが、こちらの語は、1689年のいわゆる寛容法を契機に、主に政治的理由で国教会の礼典を受ける人々を指す。ホワイトマンはそれと区別して、1670年代後半に教区教会と分離集会の二股をかける行為を「部分的信従」と呼んだ。

[114] E. Stillingfleet : *The Mischief of Separation*, pp.21-22.

第3章 エドワード・スティリングフリートの教会論

　スティリングフリートによれば、そもそも非国教徒はイングランド教会の洗礼によって「普遍的な可視的教会」（the Catholick visible Church）の一員となり、そのことを彼らの多くは否定しない。ただし、『分離の災い』の段階では、イングランド教会の「普遍」（Catholick）性に関する説明はない。彼が問うのは、「われわれの教会の教義」に問題を見ず、教区教会での礼典を否定しないなら、なぜイングランド教会から分離するのか、ということである。[115]

　スティリングフリートは、分離が非難されるべきであるなら、そもそもイングランド教会自体が分離の罪を犯している、という反論を想定していた。イングランド教会は宗教改革によってローマ・カトリック教会から分かれたからである。しかし、彼はそのことを分離とは言わない。イングランド教会の成立過程を意識しつつ、そこからの分離が罪となる教会とは何かという点について、彼は議論を進める。

　彼にとって教会とは「全教会」（a whole church）だった。「全教会」とは国家独立の際にそれと一体化して形成された教会である。この起源はローマ帝国の崩壊時に求められ、その際、自分達を統治する権限をもつ人々が、彼らが信じるキリスト教に立って、「同じ共通の絆、及び秩序と統治の準則」の下で一つのキリスト教団体を作った。これが「全教会」である。ここで彼は、元はアテネの市会を意味した「エクレシア」という語に注目し、その語がキリスト教会に入ってきた際には、「国事と同様に、宗教事項を統治し決定する権力をもつ集会」を意味するようになったとする。

　「全教会」についての説明には唐突・強引なものがあるが、スティリングフリートが言いたいのは、ある地域・国家の人々全体が「一つの世俗統治と同一の宗教準則の下」で集会を形成する場合、その集会は当該地域・国家と一体化した「全教会」・国教会となるということである。「真の教会概念とは、キリスト教の準則にしたがい、秩序と統治のために一体となっ

---

[115] *Ibid.*, p.25.

た人々の団体」であり、そのかなめは「同一の統治法と同一の礼拝準則」だった。イングランド教会について彼の定義はこうである。それは「この国において同一の信仰告白、同一の統治法、そして同一の神礼拝準則の下で団結したキリスト者の団体」である。

ただし、「同一の統治法と同一の礼拝準則」は、何者かが強制するものではない。彼は言う。「教会を形成するのは相互の同意と一致だとしよう。ならば、同一の信仰で一致して集まり、同一の統治や規律の下にある国家規模の団体（National Societies）は、信徒集団であると同時に、真にかつ当然に一教会（a Church）をなすのではないか？」この発言には、ある地域・国家の人々が同一の信仰と同一の統治の法に同意・一致して信仰団体を形成すれば、それが「全教会」・国教会である、という彼の考えが見える。

彼の教会概念に照らせば、イングランド教会が宗教改革時にローマ・カトリック教会から分かれたことは分離に相当しない。彼にとって「分離」とは、「互いに全教会であるものが分かれること、または異なったコミュニオンをもつことを言うのではない」。自分達を独立して統治する人々が、その地で同一信仰、礼拝、統治をもつ教会を形成することは、分離ではなく「全教会」の形成であり、「ローマ帝国の崩壊時にブリティッシュ・ネイションが世俗統治に対してもっていたような、われわれの正当な権利を取り戻すにすぎない」。ブリティッシュ・ネイション（the British Nation）について、またその教会が「イングランド」教会とされることについて、彼の説明はまったくないが、イングランド教会は「ブリティッシュ・ネイション」にとっての「全教会」だった。[116]

彼の考えによれば、非国教徒が分離の罪を犯すのは、彼らが教会を礼拝集会としてのみ理解し、統治や規律の機関とは考えないことによる。分離非国教徒の主張として「主キリストは会衆教会のみを、つまり礼拝用にのみ個々の集会を設立した」という説がある。この見解は、スティリングフリートによれば、そもそも使徒の範例や要請に反していた。彼はフィリピ

---

[116] *Ibid.*, pp.16-19.

の信徒への手紙3章16節「わたし達は到達したところにもとづいて、同一準則で歩みましょう」を引用する。[117] スティリングフリートによれば、この句はキリスト者に対して「一つの確定した確実な準則の必要性」を言うものであり、しかもこの準則は「異なった実践の自由を伴う」ものではなく、「実践の様式を制約し決定する」ものだった。[118]

使徒は単なる伝道者ではなく教会統治者であり、信徒に同一準則を守らせて実践上の一致や統一を図り、それによって「教会の繁栄と保護」を実現する。その教会は、使徒が統治者となって、儀式や慣習に一定の準則を付与して守らせる統治機関であり、しかも「一つの世俗統治と同一の宗教準則の下」で「国教会」(one National Church) と呼ばれるべき存在だった。スティリングフリートは使徒の原始教会に、分離会衆ではなく国教会の起源を見た。「同一準則で歩みましょう」という使徒の言を守ればこそ、教会が発展して集会の場所自体は多数となっても、原始教会の「継承」として「一つの教会、一つの祭壇、一つの洗礼、一人の主教、そして彼を助ける多くの長老」という体制を保つことができる。ただし、スティリングフリートの説教とその出版の段階では、主教等の教会役職者の役割、国教会制における世俗為政者の役割、そして世俗為政者と教会役職者との統治上の関係は、何も述べられていない。[119]

スティリングフリートが説教で主張したことは、人々の心を一つにして平和な教会を維持するには、同一準則の下で同一祈祷と礼典に加わる同一行動が必要だということである。教会は礼拝集会のみならず同一準則を伴う統治機関であり、「全教会」・国教会として存在するべきものだった。それへの信従や統一要請は、「同一準則」を言う使徒の原始教会の継承であ

---

[117] *Ibid.*, p.9. スティリングフリートが引用する原文は 'Nevertheless, whereto we have already attained, let us walk by the same Rule.' 新共同訳では「わたしたちは到達したところに基づいて進むべきです」となっているが、ここではスティリングフリートの主張に沿って訳を変えた。欽定訳ではこの後 'let us mind the same thing' が続く。

[118] *Ibid.*, pp.10-12, 24.

[119] *Ibid.*, pp.12, 19, 27.

り、教会の歴史的起源を考えても正当化される実践だった。当然、スティリングフリートは全国民に対して、国教会としてのイングランド教会への信従を求め、そこからの分離を、そして分離非国教徒に対する無制約の寛容を許さない。イングランド教会の平和と保護こそプロテスタント教の平和と保護である、と言う彼によれば、「普遍的寛容はトロイアの木馬」だった。分離非国教徒の「普遍的寛容」は「われわれの敵」を気づかぬまま引き入れて、イングランド教会と国家の解体に至らしめる、と彼は恐れた。[120]

説教時の彼の問題意識を整理すると、ローマ・カトリック教への敵意や恐怖の下で、イングランド教会と国家の完全な政治的宗教的独立を維持、強化したいという願望を看取できる。その背景には、教皇主義陰謀の暴露や排斥法案に象徴される教皇主義へのヒステリックな恐怖、多数の非国教徒が教区教会とのつながりを完全に断ち切っていないという部分的信従の存在、そして国教会内に非国教徒迫害を疑問視する者達が現れたと同時に、イングランド教会の今後のあり方への懸念が存在したこと、を指摘できる。

彼が分離非国教徒に訴え、かつ彼らから反発を買うことになる論点は、イングランド教会は「一つの世俗統治と同一の宗教準則の下」にある国教会として存在すべきだということである。異なる準則を設定したり、別個の師や集会を設立するのでない限り、彼は、個々の教区教会や信徒における礼拝様式等の差異を容認するが、そうした信徒も分離せずに国教会の一員として活動するよう求める。イングランド教会が国教会として存在すべき正当性は、ローマ帝国崩壊後の経緯、エクレシア概念、原始教会における使徒の実践の継承、さらに統治と信仰における人々の「同意」に求められる。だが、そもそも教会が国教会として存在することに耐えられない分離非国教徒は、イングランド教会が国教会として存在することの正当性を問い、かつ自分達の分離の正当性を主張して、スティリングフリートと争

---

[120] *Ibid.*, pp.23, 32, 37, 41, 58.

うことになる。

4　分離の不当性

『分離の災い』への反論は、出版直後からあいついで刊行される。ジョン・オウエン、ヴィンセント・オルソップ、ジョン・ハウ等の非国教徒の他、リチャード・バクスターのような必ずしも国教会制度を否定しない者まで、『分離の災い』を問題視した。彼らが問題としたことは、イングランド教会とは何か、使徒の言う「同一準則」とは何かなど、説教とその出版という形では議論を尽くせないものばかりだった。[121]『分離の災い』自体にも、国教会制下での教会と世俗為政者のそれぞれの役割や両者の関係等、議論の不十分な点も目立つ。そのため、反論への応答と説教内容の拡充として、スティリングフリートは1681年に『分離の不当性』を出版した。

『分離の不当性』の主張の骨子自体は、『分離の災い』のそれと変わらず、「教会の平和と連帯」のために分離を止め、全国民が国教会としてのイングランド教会に集うべきだとするものである。以下では、『分離の不当性』で拡充された複数の論点に集中して議論する。その際、スティリングフリートと反論者の議論を逐一比較するのではなく、復古体制危機がスティリングフリートにつき付けた課題を念頭において検討する。『分離の不当性』で拡充された論点は、第一に、教皇主義の問題点と対策、第二に、主教制に立つイングランド教会、第三に、世俗為政者と教会との関係、第四に、イングランド教会のプロテスタント性の四つである。

---

[121] [John Owen :] *A Brief Vindication of the Non-conformists from the Charge of Schisme*, London, 1680, pp.7-8, 16, 23-28. Vincent Alsop : *The Mischief of Impositions*, London, 1680, pp.14, 27, 29, 89. [John Howe :] *An Answer to Dr. Stillingfleet's Mischief of Separation*, London, 1680, Second Edition, pp.26, 27. Richard Baxter : *Richard Baxters Answer to Dr. Edward Stillingfleet's Charge of Separation*, London, 1680, pp.24, 31, 37.

(1) 教皇主義について

　教皇主義者として彼が名指しするのは「イエズス会士」である。スティリングフリートによれば、プロテスタントの拡大に対抗して極東にまで宣教活動を展開する彼らは、イングランドの宗教改革以降、教皇主義をイングランドへ再導入しようとさまざまな手口を用いてきた。[122] とくに王政復古後の手口として彼が注目かつ恐怖したのが、「繊細な良心」の主張、「信仰許容」(an Indulgence)、さらに「普遍的寛容」(a General Toleration) によって、イングランド教会体制を崩壊させることである。「イエズス会」はイングランド教会から人々を分離させ、人々が分離非国教徒間の絶え間のない争いに疲弊して、教皇権力下で連帯を求めることをねらった。その証拠としてスティリングフリートが指摘することは、1672年の信仰許容宣言後に分離会衆やその指導者が激増したこと、及び1670年代半ばに教皇主義への寛容を支持する文書が出版されたことである。[123]

　しかし、彼が教皇主義者の悪として実際に憂慮するものは、彼ら自体の何かというよりも、むしろ国内プロテスタント系非国教徒の分離であり、それが教皇主義者を利すると恐れていた。この対策として彼が主張するのは、「主教に当然の服従をして教区教会で規律を執行すること」を土台とする教会体制の確立だった。「教会の平和を守る義務は、その平和のために、正当な全政治体制に及ぶ。そうでなければ、世俗の平和に対する義務を欠くことになる。」教会擁護が政治的義務となる国教会制が考えられ、それを否定する者は「国家体制の力と団結」を考慮しない者だった。[124]

　だが、彼は強硬な統一策を支持したのではない。分離非国教徒に無制約の寛容は認めなかったが、『分離の不当性』は国教会の包容と限定的な寛

---

[122] 1580年以降、イングランド再改宗のために、多くのイエズス会宣教師が養成、派遣され、捕らえられて殺された。J・R・H・ムアマン『イギリス教会史』(八代崇、中村茂、佐藤哲典訳) 聖公会出版、1991年、266 - 267ページ。

[123] E. Stillingfleet : *The Unreasonableness of Separation*, London, 1681, pp.xi, xix-xxv, xxvii, xxx.

[124] *Ibid.*, pp.xlvii, liv, xciii.

容について語る。非国教徒の分離の原因とされる跪座聖餐や洗礼時の十字等について、そうした儀式に抵抗を感じない非国教徒もいれば、他方、国教会とは異なる判断や執行状況も現に存在する、と彼は認識していた。彼によれば、教会は時代を下るにつれ儀式を減少する傾向にあり、しかも洗礼十字等は人間相互間での確認の印であって、神の恩恵を媒介する礼拝の本質的部分ではない。彼は、国教会のそれと相違する聖餐や洗礼等の儀式のあり方自体を耐忍するだけでなく、十字等は免除してもよいとさえ考える。だが彼は、人々がそれを理由に国教会から分離することを許さなかった。[125]

分離する人々に対して、彼はまず包容策つまり国教会側の譲歩による彼らの取り込みを言う。バクスターの反論を意識して、「私は、宗教、統治、礼拝の事項において、国王や法や教会法へのいちいちの不服従を、分離の罪として非難するのではない」と再反論するスティリングフリートは、「われわれの教会の国家的体制と宗教改革の栄誉に合致しうるような非国教徒には、何らかの真摯な好意を示す用意がある」として、儀式の免除も教区移動も認める。「われわれとの十全なコミュニオンを享受する自由に対する妨害を除去することは、キリスト教徒の英知の一部であり、かつわれわれの教会におけるへりくだりの行為となろう」。この「へりくだり」の例が十字等の免除であり、さらに教区教会の牧師や儀式に不満があれば、他の教区でコミュニオンに加わればよいとした。[126]

さらに、彼は以下の八つの条件や制約を受け入れる場合に限って、分離非国教徒に寛容を認めた。

第一に、「われわれの教会とのコミュニオン」を不当だと言明しない。

第二に、反教皇主義宣誓を行い、かつ信仰の三六箇条に同意する。

第三に、参加する会衆と自分の名前を、そのために設けられた委員の前で言明する。

---

[125] *Ibid.*, pp.lvi, lxxvi, lxxxii, lxxxv, 347-343, 388.
[126] *Ibid.*, pp.lix, lxxxii-lxxxiii, 145, 148. R. Baxter : op.cit., p.47.

第四に、「われわれの教会」を非難しない。

　第五に、教区教会に法的課金を払い、かつ公職に従事しない。

　第六に、日曜日に教区教会を欠席した際には12ペンスの罰金を支払う。

　第七に、法によって任命された主教が分離会衆の査察を行い、礼拝等の規律を説明する。会衆のメンバーは自分の素性や住所を査察者に知らせる。

　第八に、会衆のメンバーは弟子を取ったり、ジェントルマンの子弟に「大学教育」を授けない。[127]

　この包容・寛容策は、国教会からの分離を望む人々には、とうてい受容できるものではなかった。スティリングフリートの「へりくだり」は、一部の儀式の相違や免除を認めるに過ぎず、国教会のコミュニオンの条件を大幅に緩めるものではなかった。また彼の言う寛容は、分離会衆を主教の監督下に置き、分離する者を監視し、課金・罰金を求め、公職従事や教育に大きな制約を課した。彼が主張する包容・寛容策がきわめて限定的なものになっているのは、正当な教会体制として、あくまで主教制国教会としてのイングランド教会が彼の念頭にあり、そこからの分離は、教会と国家の両方の解体に至ると恐れられたからである。

(2)　主教制国教会

　『分離の不当性』は『分離の災い』と変わらず、教会そして国家の「平和と連帯」の確保のために、主教が統括する主教区主教制（Diocesan Episcopacy）に立つ国教会制を主張する。だが、『分離の不当性』は新たに、イングランド教会が主教制国教会でなければならない根拠について議論を展開する。この議論は、「主教区主教制は不当」であり、「われわれの国教会には根拠がない」、というバクスター等の反論に対する再反論とな

---

[127] *Ibid.*, pp.lxxxv-lxxxviii.　第二点の三六箇条とは、イングランド教会の三九信仰箇条の内、第三四、三五、三六条を除いたものである。それぞれ、教会の儀式制定権、公定説教の表題、主教や聖職の聖別に関わる。この三条の除外は、1689年のいわゆる「寛容法」において採用される。

る。[128]

　イングランド教会が主教制国教会であることの理由や正当性について、スティリングフリートの再反論は二つの要点をもつ。

　第一に、主教区主教制は原始教会以来のものであり、主教は教会統治における使徒の継承者である。

　第二に、イングランド国教会には、「拡散的」（diffusive）なものと「代表的」（representative）なものがあり、「普遍的（Universal）同意が普遍的（Catholick）教会を作るように、国家的（National）同意があれば国教会を作るに十分である」。[129]

　再反論の検討に入る前に、いくつかの用語について説明しておきたい。この論争当時、イングランド教会はヨークとカンタベリーの二つの大主教区（provinces）から成り、さらにヨーク大主教区が四の、カンタベリー大主教区が二二の主教区（dioceses）に分割される。主教区は一人の主教の管轄下に置かれ、各主教区の下に教区（parishes）教会が複数存在した。[130]

　diocese はギリシア語の行政を意味するディオイケシス（διοίκησις）を語源とする。布教開始間もない頃は、キリスト教は主に都市宗教だったため、diocese は主要な都市に限られていた。布教の進展につれて、都市部でない地方にも diocese の管轄が及ぶようになる。4世紀末にはアフリカ教会において、一主教が複数の下位集団を統括する意味で、diocese の語が定着するようになる。キリスト教が広まり出した当初は、キリスト者の地域集団にはエクレシアという語が当てられたが、4世紀末にはパロイキアが当てられようになった。その後、パロイキアとディオイケシスの語が互換的に使用されることもあったが、イングランド教会ではパロイキアの語が parish として、主教に服する教会の基礎単位となる地域

---

[128] *Ibid.*, p.219
[129] *Ibid.*, pp.244, 264, 299, 301-302.
[130] 日本基督教協議会事業部・キリスト教大事典編集委員会『キリスト教大事典』教文館、改訂新版1983年は、province を管区、diocese を教区、parish を教会区と訳すが、本書ではそれぞれ、大主教区、主教区、教区の訳語を当てる。

信徒集団を指すようになる。

　上の説明はF・L・クロス編集の事典（凡例六② diocese の項）によるが、スティリングフリートもほぼ同様の理解をもつ。彼は主教区主教制の正当性を言い、その基盤となる教区教会に加われ、と反論者に求めた。主教区主教制の徹底を言う彼の根拠は三つある。

　第一に、主教区主教制は新種の制度ではない。

　第二に、主教区主教制の実質は原始教会におけるものと同じで、キリストが立てたいかなる制度とも矛盾せず、主教職は使徒職を継承する。

　第三に、主教区主教制下において教区教会には権限上の制約があるが、そのことは教区教会の存在を毀損するものではない。[131]

　スティリングフリートによれば、一人の主教が主教区にいて、その管轄下の教区教会を治めるのは古来の制度であり、古代の実践例はアフリカ教会にあった。キリスト教布教当初の状況は「一都市一主教」であり、一主教の管轄下にある都市つまり主教区には、複数の会衆（Congregations）と祭壇、及び遠隔地が付随した。アフリカ教会として、キプリアヌスのカルタゴ、アウグスティヌスのヒッポ、アタナシウスのアレクサンドリアの教会が例になる。彼らはそれぞれの都市で主教となり、彼らの主教区は、その都市内の各地において、信徒が集い祭壇をもつ教会・会衆を複数かかえ、当該都市から離れた遠隔地の村々の教会も当該主教区に属するものとなる。それらの教会は、それぞれが主教を立てて自治を行うのではなく、主教の統治下、各教会に任じられた長老や牧師が、主教と直接交流できない人々に対応する。スティリングフリートはさらにシリアのキュロスに故事を求め、主教テオドレトスの下、キュロスには八百の教会（Parishes）があり、それらの教会は都市部にとどまらず村々にも存在すると指摘した。主教権力は広範囲の地域における多くの「真の教区教会（true Parochial Churches）」に及ぶとされ、一人の主教を頂点にすえる中央集権的な主教区主教制が強調される。[132]

---

[131] E. Stillingfleet : *The Unreasonableness of Separation*, p.244.

第 3 章　エドワード・スティリングフリートの教会論

　スティリングフリートは、こうした中央集権的な主教区主教制は原始教会以来のものであって、キリストが立てた制度と矛盾せず、主教の権限は「使徒職のもつ統治という通常の職務」の継承であると主張した。マタイによる福音書 28 章 20 節の「あなたがたに命じておいたことをすべて守るように教えなさい。わたしは世の終わりまで、いつもあなたがたと共にいる」を念頭に置き、統治という使徒職が変更、停止されたことはないとして、スティリングフリートは以下のように言う。「使徒に続く時代において、こぞってキリスト教会の同意とされたもの、つまり使徒が継承者に教会の保護と統治を委ねたことは、教会において非常な重要性をもち、かつ困難があればそれを乗り超えるものとなる。」[133]

　彼によれば、使徒の職務は「統治、叙任及び譴責」だった。使徒が教会を直接統治した時代には、主教と長老（Presbyter）の区別は厳格ではなく、両者が教会指導者とされたが、時が移るにつれ「主教」が使徒職を継承するようになる。「われわれの教会」におけるその職務の具体的な内容として、ホイットギフト大主教の見解を引用しつつ、「教会統治、教会査察、牧師の矯正・解任、牧師の監督」を挙げる。[134]

　スティリングフリートによれば、こうした強力な権限をもつ中央集権的な主教制は教区教会の存在を毀損するものではなかった。この主張の背景にはバクスターの反論がある。スティリングフリートは説教において「教会概念は主教区の概念と同一であり、また主教の監督下にある多数のキリスト教徒のことでもある」と語っていた。これをバクスターは、教区教会を真の教会と認めず（unchurch）、その権限を剥奪する議論だとみなし、国教会制であろうとも、教区教会の権限や特権は毀損されるべきではないと主張した。彼にとって教区教会は、牧師や長老が教区民と実際に接して「個人的、対面的にコミュニオン」を行う教会本来の権限を有し、その機

---

[132] *Ibid.*, pp.245-262.
[133] *Ibid.*, p.264.
[134] *Ibid.*, pp.270-271.

能を果たす場所だった。家が集合して村や町となっても各家は存続するように、教区教会が集合して主教区を形成しても、各教区教会はその組織や運営を維持し、教会たることを止めるものではなかった。[135]

　自律的な教区教会の「対等な結合」によって国教会が成立するというのがバクスターの考えであるのに対し、スティリングフリートは主教制あってこその教区教会という見地に立つ。実際に信徒に接し、彼らの魂に配慮するのは牧師や長老だが、牧師や長老にすべての権限が、また教会統治上の最高権限が付与されているのではない。例えば、洗礼、聖餐、堅信、破門等の際に、信徒の資質やそれらの措置の執行可否を判断するのは教区牧師だが、そうした判断とそれに伴う措置については主教に説明しなければならない。彼によれば、そのことは教区教会を毀損するものではなく、牧師や長老に権限を委譲せずに、彼らが主教の統治や規律にしたがうことこそ、使徒以来の教会統治のあり方だと主張する。[136]

　スティリングフリートによる再反論の第二点は、イングランド国教会には、「拡散的」（diffusive）なものと「代表的」（representative）なものがあり、国家の同意が国教会を作るという主張である。これもバクスターの反論を意識した議論である。スティリングフリートはイングランド教会を主教制に立つ国教会として考えたが、主教制と国教会制の結びつきについて、バクスターは以下の問題を提起した。「国教会の組織統治部分（the constitutive Regent part of a National Church）は何か。国王か聖職の長か。」[137]

　この問題は国教会制における世俗為政者と教会との関係を問うものであり、この点についてのスティリングフリートの認識については、次項（３）で議論する。ここでは、国教会成立の根拠に関する彼の理解を検討する。結論を先に言えば、スティリングフリートは教会における「組織統治部分」、すなわち「国教会に必須なものとしての教会の公式的頭」の必要性

---

[135] E. Stillingfleet : *The Mischief of Separation*, p.29. R. Baxter : *op.cit.*, pp.36-37, 75.

[136] E. Stillingfleet : *The Unreasonableness of Separation*, pp.268, 271-284, 310-311.

[137] R. Baxter : *op.cit.*, p.8.

を否定し、国教会を成立させるものは国家的同意だと主張した。この結論へ至るまでに、彼はイングランド国教会を「拡散的」かつ「代表的」なものとして説明する。

拡散的イングランド国教会は「この国におけるキリスト教徒全体であり、牧師と人民から成り立ち、この王国の法によって制定された信仰、統治、及び礼拝で一致しているもの」である。「同意にもとづく一致」がイングランドにおける諸教会を「一教会」にし、かつそれが「一国教会」となるのは、法律と同様「議会における全国民の共通の同意によって、そのように受け入れられたから」である。こうしてイングランド国教会は、教皇主義者や非国教徒からは、容易に区別されるものとなる。

他方、代表的イングランド国教会は「この教会の主教と長老であり、王国の法にしたがって会合し、宗教事項について協議、助言を行う」。具体的には、二つの大主教区の合議体による同意が、代表的イングランド国教会とされる。[138]

この一種スコラ的な国教会分類は、教会の「公式的頭」、「組織統治部分」を特定しないというスティリングフリートのねらいから来る。拡散的にせよ代表的にせよ、イングランド国教会成立の根拠は、「国王か聖職の長」のどちらでもなく、国家的同意や王国の法にしたがうことに求められた。その国家的同意について、彼は以下のように言う。

「国王の令状によって招集される大主教、主教及び長老が、宗教事項における彼らの判断を考えかつ明らかにする。それは国王及び王国の三身分により受け入れられ、許可され、法として制定される。そこに存在するものは、いかなる法にも求められるのと同様の国家的同意である。全主教、聖職者及び人民が一体となって、かく制定された信仰を表明し、かく指定された準則にしたがって神を礼拝する。そのことが、このイングランド国教会を成立させる。」[139]

---

[138] E. Stillingfleet : *The Unreasonableness of Separation*, pp.299-300.
[139] *Ibid.*, p.302.

スティリングフリートは国教会の「組織統治部分」を特定せず、国教会存立の根拠を国王、議会、教会会議による「国家的同意」に求める。彼が、教会の「組織統治部分」を特定することで恐れたことは、それが教皇の存在と教皇独裁下での普遍性（Catholick）の主張に利を与えかねない、ということだった。バクスターのように普遍的教会（the Universal Church）の頭をキリスト自身だと強調しても、各個教会から成立する可視的な教会に対して「可視的な組織統治部分」を具体的に設定すれば、何らかの独裁を引き起こす危険性がある。スティリングフリートによれば、普遍的（Catholick）教会を作るのは普遍的（Universal）同意であるように、国家的（National）同意によって国教会は成立し、国教会における国王や主教の独裁的権威は認められない。「国家的同意」を強調する彼の議論は、イングランド国教会への教皇関与の危険性を封じ、他方、教会の普遍・カトリック（Catholick）性をイングランド教会に引き寄せるものだった。
　彼にとってイングランド教会は、教皇が独裁的に自己の普遍性を主張する以前の教会の姿を保持していた。実際、スティリングフリートは説教で、人はイングランド教会の洗礼によって「普遍的な可視的教会」（the Catholick visible Church）の一員になると語り、加えて『分離の不当性』は以下のように述べる。「イングランドの全会衆がこの一つの教会をどうやって形成するのか、という疑問があるとすれば、私はこう言おう。同意にもとづく結合によって、つまり各個教会のすべてが一つの普遍的（Catholick）教会を形成することによって。」イングランド教会は彼にとって、「国家的同意」によって成り立つ普遍・カトリック教会だった。[140]

（3）　世俗為政者と教会との関係

　国教会の「公式的頭」、「組織統治部分」に関する議論は、当然、イングランド内部での政教関係の問題に関わる。ここで、『分離の不当性』で拡充された論点の一つ、世俗為政者と教会との関係を検討する。この点につ

---

[140] *Ibid.*, pp.299, 301. E. Stillingfleet : *The Mischief of Separation*, p.25.

第 3 章　エドワード・スティリングフリートの教会論

いて、スティリングフリートはチャールズ一世の発言を引用して、原始教会と「われわれの教会」との相違を以下のように強調する。

「主教管轄権の行使には、さまざまな時代における教会の多様な状況に応じて、変化がある。したがって陛下は、コンスタンティヌス帝時代以前の原始時代に主教が行使したほどの大きな管轄権を、キリスト教君主の下にある主教が主教職として自分達に属すと申し立てられるとは考えない。この違いの理由は明らかである。往時の教会は、異教徒の君主の下にあり、それ自体がコモンウェルスとは区別された別個の団体だったので、それ自体の準則と支配者によって統治されていた。したがって当時の主教は人の身柄や財産に何ら外的な強制権をもたなかったが、教会員になったどのキリスト教徒も自身の自発的な行為によって主教の統治下に実際に身を置く限り、主教は霊的な事項において非常に大きな管轄権を行使した。……だが、キリスト教徒君主の下にある教会はコモンウェウルスとの合体を開始し、それによって必然的に、世俗権と教会権の合体が生じた。主教管轄権は（その外的な行使において）至高の世俗権力に従属し、それに制約され、そのことはこの王国の主教によってそう認められてきたし、今日でも同様である。」[141]

キリスト教徒君主をいただく国においては、主教権はあくまで君主に属し君主の制約を受けるというチャールズ一世の発言に、スティリングフリートは賛同する。イングランド教会は統治者の受容、権威と保護によって公的に支えられたものであり、キリスト教徒統治者である国王に反して、国王を無視して教会規律の変更や改革は許されない。さらに、主教任命権や聖職禄与権は国王の大権事項だ、という認識がスティリングフリートにはあり、聖職者や主教の決定には国王以前に「人民」の同意が必要だとするバクスターやオウエンと対立した。[142]

---

[141] E. Stillingfleet : *The Unreasonableness of Separation*, pp.280-281.
[142] *Ibid.*, pp.81, 82, 86, 88, 122, 134, 307, 309-311, 323, 325. R. Baxter : *op.cit.*, p.50. J.Owen : *op.cit.*, p.36.

だが、国王が主教を任命し、主教権の外的行使が国王に従属するとしても、世俗為政者の職務と教会における聖職者の職務とは、明確に異なるとスティリングフリートは言う。

　「キリスト教会の本質的な部分として君主を言うキリスト教徒が世の中にいるとしたら、バクスター氏に反論させよう。私はそういうキリスト教徒では断じてない。というのも、キリスト教会は、キリスト教徒の君主が登場する以前にすでに存在し、現在ではキリスト教徒君主の下に存在し、将来キリスト教徒君主が一人もいなくなっても、そうした教会があるだろうと私は確信するからである。私が確信するに、鍵の権力は世俗為政者の職務とは別物である。」[143]

　「鍵の権力」の語は、マタイによる福音書16章19節「わたしはあなたに天の国の鍵を授ける。あなたが地上でつなぐことは、天上でもつながれる。あなたが地上で解くことは、天上でも解かれる」を念頭に置くものであり、魂の救済に関わる教会の職務を象徴する。スティリングフリートにおいて、世俗為政者と教会聖職者の職務上の差異は一応認識されている。世俗為政者が「鍵の権力」をもつことはなく、教会の判断に反する者には主教の判断による措置が下される。[144]

　この両者の職務の区別は、しかし、世俗為政者による教会統治への関与を妨げるものではない。主教権が国王に従属するのみならず、そもそも国教会が国王、議会、教会会議の同意により形成される以上、世俗為政者の存在は教会にとって不可欠である。国教会存立におけるこうした同意の重要性について、『分離の災い』もすでに以下のように語っていた。

　「教会を形成するのは相互の同意と一致だとしよう。ならば、……同一の統治や規律の下にある国家規模の団体は……真にかつ当然に一教会をなすのではないか？」

　とはいえ『分離の不当性』は、同意の主体となる国王、議会、教会会議

---

[143] E. Stillingfleet : *The Unreasonableness of Separation*, p.197.
[144] *Ibid*., pp.82-83.

のそれぞれの役割や権限関係、同意に至る過程、さらに国教会を形成する際の同意の具体的内容や経緯については明確にしない。オルソップの『強制の災い』はこの問題を突いて、「同一の統治や規律の下にある国家規模の団体」が教会になるならば、「イングランド議会はイングランド教会になるのではないか」という疑問を提起した。[145]

この疑問に対してスティリングフリートは、国教会を形成する「共通の絆または準則」は単なる人間の準則ではなく、「神の準則すなわち聖書」に依拠すると答える。彼にとって、議会や議会制定法自体は教会成立要件にならない。世俗為政者の権力が求められるのは、神の準則・聖書に依拠した「共通の絆または準則」に人々を信従させるためであり、信従しない者への処罰は世俗為政者の義務となる。「われわれの教会は、教会によって指定されるあれらの準則への信従を、神の言葉に合致するものとして求める。さらに、……教会員全体による彼ら自身の教会統治秩序への信従も求め、かつそうした秩序に世俗の権限を付加して、統治者は秩序の破壊者や妨害者に世俗罰を科する。」[146]

教会の「公式的頭」を意図的に語らないスティリングフリートの議論には、教会統治権の所在、そして世俗為政者と教会との関係について曖昧かつ不明な点が残る。それでも、上の議論をもとに、この点に関わる彼の見解を五点に整理しておきたい。

第一に、魂の救済については、世俗為政者は何の権限ももたない。

第二に、キリスト教徒君主をいただく国において、国家は教会と合体し、一国家一教会が教会の真のあり様である。

第三に、イングランド国教会は国王、議会、そして教会会議の同意にもとづく一致により成立する。その「共通の絆」は聖書である。

第四に、国王に主教任命権等があり、主教権の外的行使は国王に属する。

---

[145] E. Stillingfleet : *The Mischief of Separation*, p.18. V. Alsop : *op.cit.*, p.29.
[146] E. Stillingfleet : *The Unreasonableness of Separation*, pp.302-303.

第五に、教会秩序の維持や教会への信従に際して、世俗為政者には世俗的処罰権が認められる。

　スティリングフリートにおいて、原始教会を継承する普遍性をもつ教会体制として、主教制国教会が断固として主張される。この主教制国教会は国王、議会、教会会議の同意にもとづく一致により成立し、世俗為政者である国王が主教任命権を有して、主教権を管轄下に置き、教会統治において世俗的処罰権を行使する。だが、国王は同意を構成する一員であって、教会の「公式的頭」として絶対権をふるうのではない。「鍵の権力」を握るのはあくまで主教であり、世俗的処罰権は教会の秩序や平和維持を目的に、法にしたがって執行される。教会を誰が作るのか、教会権力を誰が担うのか、スティリングフリートは国教会の「組織統治部分」を特定せず、塚田理の言葉を借りれば、教会は「いわば立憲的会議制」にもとづくものとなる。「国王か聖職の長か」という二者択一による独裁の可能性を排し、世俗為政者と教会が一体となって協力関係を保つという考え方は、ヘンリ八世によるイングランド宗教改革以来の伝統であり、また教会統治論上の一種の「中道」と言えるかもしれない。[147]

（4）　イングランド教会のプロテスタント性

　国教会の「組織統治部分」、「公式的頭」を特定せず、「立憲的会議制」的な主教制国教会を主張することは、先に見たように、教皇専制による教会の「普遍的支配」（universal Dominion）を、国家と教会が一体となることで排除するというねらいがあった。スティリングフリートはイングランド教会を教皇主義に対峙するプロテスタント教会と確信するが、彼が念頭におくプロテスタント性とは主教制国教会を確立、維持することであり、プロテスタント性とナショナリティが合体している。これに関する彼の議論は以下の三点に整理できる。

　第一に、イングランド教会はプロテスタント教会として、教会で古来守

---

[147] 塚田理、前掲書、52－53ページ。

られてきた無垢の儀式や実践を継承する。それは、教皇主義の迷信や教義上の大きな誤り、教皇専制による良心の抑圧、そして天使、偶像、聖人崇拝とは無縁である。逆に言えば、そうした教皇主義がかかえる問題以外のことで争って、教会から分離しコミュニオンを絶つべきではない。[148]

第二に、イングランド教会は原始教会以来の使徒継承による主教制を採用する。主教制教会からの分離はわれわれの間での不一致を意味し、分離する者への無制約の寛容は教皇主義を利して、プロテスタント宗教を妨害することになる。主教制教会を強化することは、われわれの国家体制(our National Settlement)に合致し、こうした国家体制の力と団結が教皇主義を締め出す。[149]

第三に、主教制国教会からの分離ではなく、信仰、統治、礼拝の共通の絆で人々がまとまり、教会の平和と連帯を維持することこそ、「真の宗教」の推進となる。[150]

イングランドで主教制教会を確立、維持することで、スティリングフリートは教皇主義、つまりローマ・カトリック教会による改変や歪曲を避けて、原始教会の実践を継承する普遍的な(Catholick)教会を回復できると考える。しかも、それは国家体制と結びついた国教会制をとり、そこに人々が結集することで、「真の宗教」を実現するものと期待されていた。したがって、彼は非国教徒プロテスタント(Dissenting Protestants)という語を使うものの、彼の認識において正確には、国教会から分離する非国教徒はプロテスタントではなかった。こういう語を使用するのは、儀式等の違いが理由でつまずいている彼らが、国教会側の「へりくだり」によって国教会に復帰するという期待が、スティリングフリートにまだ残っているからにすぎない。だが頑固な非国教徒は、主教制国教会を反キリスト的であり「真の教会」ではないとして、スティリングフリートと真向から対立

---

[148] E. Stillingfleet : *The Unreasonableness of Separation*, pp.vii, 16-17, 182, 184-185, 190.
[149] *Ibid.*, pp.vii, xxviii, xliii, lii-liv, lxxxv.
[150] *Ibid.*, pp.292-293.

した。[151]

5　スティリングフリートが残したもの

　本章は、復古体制危機に向けて提起された教会論の一つとして、スティリングフリートの『分離の災い』と『分離の不当性』を検討した。ここでスティリングフリートの教会論を整理し、次章におけるロックの教会論の検討に際して課題となる点を指摘しておきたい。

　1680 年 5 月の説教をもとに同年に刊行された『分離の災い』は、教皇主義陰謀の暴露や排斥法案に象徴される教皇主義へのヒステリックな恐怖の存在を背景にして、一国一教会の原則を強調し、全国民に国教会としてのイングランド教会への信従を求めた。スティリングフリートは、個々の教区教会や信徒における礼拝様式等の差異を容認するが、差異を言う信徒も教区教会から分離せず、国教会の一員として活動するよう求める。非国教徒の分離を寛容してしまえば、それは「トロイアの木馬」のように教皇主義を導入し、イングランド教会と国家の解体に至ると恐れたからである。

　『分離の災い』は、イングランド国教会は主教制に立つ「普遍的な可視的教会」だと主張した。教会は礼拝集会の場のみならず、儀式や慣習に一定の準則を付与して守らせる統治機関であり、そうした教会概念こそ使徒の原始教会を継承するものだった。使徒は単なる伝道者ではなく教会統治者であり、使徒の統治職を継承するのが主教である。だが、『分離の災い』は主教制国教会の具体的内容については明らかにしない。そのため、議論の拡充と、説教に対する反論への再反論として、1681 年に『分離の不当性』を公刊する。そこで明らかになったことは五点ある。

　第一に、教皇主義としてスティリングフリートが恐れたのは、教皇主義者やイエズス会士自体というよりも、国内プロテスタント系非国教徒の分

---

[151] *Ibid*., pp.lxxxi, lxxxiv.

離だった。彼らに対して、彼は包容・寛容策を主張するが、それは国教会のコミュニオン条件を大幅に緩めるものではなく、また寛容策には厳しい条件や制約が付された。

　第二に、イングランド国教会制として主教区主教制を主張する。主教制は原始教会以来の制度であり、主教は使徒職を継承する者とみなされる。一人の主教が自己の主教区にある多くの教区を監督する中央集権的な教会体制が主張される。教区教会、教区牧師や長老の自律は認められない。

　第三に、国教会の「組織統治部分」や「公式的頭」を「国王か聖職の長」のいずれにも特定しない。国教会の存立根拠は、国王、議会、教会会議による同意にもとづき、国王または主教の絶対的独裁的権威を認めない。このことは、存立根拠としては曖昧に見えるが、国家構成員全体が結集することで、教皇権威による教会支配をイングランドから一掃し、教会の普遍・カトリック性をイングランド教会に引き寄せることになる。イングランド教会こそ、教皇の存在以前からある原始教会の姿を保つ、本来の普遍的な教会と想念される。

　第四に、国教会の「組織統治部分」や「公式的頭」が特定されないのと同様に、主教制国教会における世俗為政者と教会との関係には曖昧な点がある。主教制国教会は国王、議会、教会会議の同意にもとづく一致により成立し、世俗為政者である国王が主教任命権をもち、教会統治において世俗的処罰権を行使する。だが、「鍵の権力」を握るのはあくまで主教であり、教会の秩序や平和維持のために、世俗的処罰権が法にしたがって執行される。国教会の「組織統治部分」や「公式的頭」を特定しないまま、誰の独裁もなく、世俗為政者と教会が一体となって協力関係を保つ教会体制が考えられている。

　第五に、イングランド教会のプロテスタント性として、スティリングフリートの念頭にあるものは以下である。第一に、古来の教会実践にしたがい、昔から教会で守られてきた無垢の儀式や実践を継承すること、第二に、原始教会以来の使徒継承による主教制を採用すること、第三に、国教会として信仰、統治、礼拝の共通の絆で人々がまとまること。

彼の教会論はロックによって世俗権力と教会権力の混交として非難されることになる。だがスティリングフリートには、国家構成員全体が信仰、統治、礼拝の共通の絆で団結しなければ、教皇主義に対峙できないという危機意識があった。彼はイングランド国教会への人々の結集を訴え、イングランド教会が主教制国教会として存在する根拠や正当性を、原始教会における使徒の統治と主教による使徒職の継承、アフリカ教会にさかのぼる主教制の歴史的事例、さらに国王、議会、教会会議の同意に求めた。彼にとって、教会は主教の統治機関であり、主教制国教会としてしか存在しえず、主教制教会の平和の擁護は世俗の平和に関わる政治的義務でもあった。彼は、教皇専制はもとより、国王または主教による独裁を拒否し、かつ個々の教区教会や会衆の自律も排して、国家と教会が合体した挙国一致の国教制を唱える。

　彼の主張は、そのままロックが教会論を考える際の課題となる。すでに分離非国教徒が存在し活動していることを考慮すれば、主教制に立つ一国一教会を強調する彼の議論は以下の五点を課題として残す。

　第一に、狭隘な包容策と苛酷な条件付の寛容策は、すでに分離を表明する非国教徒を国教会との連帯に復帰させられるか。分離非国教徒と国教会との連帯をどのように確保できるのか。

　第二に、教会の本質は、準則を付与して一定の儀式や慣習を守らせる、主教の統治機関ということに存するか。主教制の正当性を原始教会や教会史上に求めるスティリングフリートの理解は果たして妥当なものか。

　第三に、一国一教会の正当性はどこに求められるか。一国において他の教会以上に儀式等を規律できる一教会の権限の根拠、さらに国教会の構成員でなければ人を国家構成員にしない、その根拠は何か。スティリングフリートは国教会の存立根拠を国王、議会、教会会議による同意に求めたが、同意の形成や内容に関する詳細は不明なままである。

　第四に、彼の議論にしたがえば、教会においては世俗と教会の二種の統治者が協力して存在する。だが、世俗為政者と教会統治者のそれぞれの権限の根拠や中身は明確ではない。主教が「鍵の権力」をもつとされている

第3章　エドワード・スティリングフリートの教会論

が、国教会への信従強制という個人の良心への介入を、世俗為政者が担うことになる。

　第五に、一国一教会で、かつ主教制国教会でなければプロテスタント性を維持できないのか。一国内に複数の教会が存在する、複数の国々にまたがって一教会が存在する、さらに国家的なものとは別種の自治的な信仰組織が国内に存在する、これらのことをどのような根拠で排除できるのか。

　スティリングフリートを批判する人々の中でも、また国教会聖職者においても、これらの点についての見解は分かれる。復古体制危機におけるスティリングフリートの危機意識に満ちた主教制国教会の強調に対し、分離非国教徒が自己の存在を擁護しようとすれば、上の論点のすべてに応答しなければならない。ロックは分離非国教徒ではなかったが、『統治二論』として将来刊行される原稿において、国王という世俗為政者の権限やその根拠について憲政的議論を展開すると同時に、主教制に立つ復古教会の再編というスティリングフリートの主張に自ら答えを出そうとする。

第4章　ロックの教会論

1　本章のねらい

　本章は、ロックの論稿をもとに、彼の教会論を探ることをねらいとする。彼の論稿は、前章で検討したスティリングフリートの非国教徒分離批判への反論であり、手稿のまま、ラヴレース・コレクション MS Locke c.34 として、オクスフォードのボードリアン・ライブラリーに現存する。手稿は複数の手で書かれ、ジェイムズ・ティレルとの共同執筆が言われたこともあるが、マーシャル、ゴルディ、G・A・J・ロジャーズ、そしてJ・R・ミルトンが言うように、ロックが主たる著者と考えられる。スティリングフリートの論考の読後印象が強い内に書かれ、マーシャル、ゴルディ、ロジャーズは執筆年を 1681 年、ミルトンは 1681 年 5 月から 1682 年春の間と特定する。[152] ロックの文書の一部を、キング卿、H・R・フォックス−ボーン、ヴィクター・ヌオヴォ、そしてゴルディが活字化、公刊した。従来、それらには「非信従の擁護」や「スティリングフリートに関する批判的ノート」等のタイトルが付けられたが、手稿自体にタイトルはない。タイトル問題については次節で触れるが、本章では以下「ジョン・ロックの教会論稿」、またはたんに「教会論稿」とタイトルを一貫する。

　「ジョン・ロックの教会論稿」の詳細と抜粋訳については資料編を、ま

---

[152] J. Marshall: *John Locke Resistance, Religion and Responsibility*, p.97.『ロック政治論集』「補遺 4　スティリングフリートにかんする批判的ノート」、363 ページ。G.A.J.Rogers: 'Locke and Religious Toleration', pp.129-130.　J.R.Milton: 'Locke's life and times', in Vere Chappell(ed.), *The Cambridge Companion to Locke*, p.15.

た判読可能な限りの全手稿復元とその日本語版は山田のホームページをご覧いただきたい（凡例参照）。この復元と日本語版については、今後もホームページ上で修正・加筆を続ける。「ジョン・ロックの教会論稿」に参照する際、'MS Locke c.34, fol.1.'のように、手稿の紙葉（フォリオ）番号を注記する。その番号を手がかりに、本書末の資料編を参照されたい。引用・参照の際、語のつづり、下線、（　）は手稿のままにした。

　本章は以下の順序で議論を進める。「2　ロックとスティリングフリート　―研究史―」では、本章の主題に即した過去の研究を概観し、研究史上の問題を明らかにする。「3　スティリングフリートの教会論概要」では、前章で検討したスティリングフリートの教会論、及び彼がロックにつき付けた課題を確認する。これらの課題と研究史上の問題に注意しながら、「4　ロックのスティリングフリート論」は「ジョン・ロックの教会論稿」におけるロックの教会論を考察する。「5　結論と課題」では、本章の議論を整理し、今後の研究課題を提示したい。

2　ロックとスティリングフリート　―研究史―

「ジョン・ロックの教会論稿」は全体の復元がないため本格的研究はきわめて少ないが、その中でもティモシー・スタントンは2003年の博士論文で手稿全体の復元と検討を行い、その成果の一部を2006年に公刊した。[153] この他に、モノグラフ上の議論や言及、及び手稿の一部を活字化した研究者の解題を集めれば、かなりの議論が蓄積されている。

　手稿自体にはタイトルがなく、紹介者が「非信従の擁護」や「スティリングフリートに関する批判的ノート」等とタイトルを付けた。スタントンによれば、「非信従の擁護」というタイトルは現代では廃れ、手稿の幅広

---

[153] Timothy Stanton: *John Locke, Edward Stillingfleet and toleration* , Thesis (Ph.D.), University of Leicester, 2003. ditto: 'The Name and Nature of Locke's "Defence of Nonconformity"', *Locke Studies*, Vol.6, 2006.

い内容を考慮して、「批判的ノート」という語の使用が好まれるようになった。スタントンはこの風潮に異議を唱え、「非信従の擁護」というタイトルに戻れと主張する。[154] タイトルは手稿の内容理解に関わる。スタントンによれば、手稿において「非信従者自身がそうした以上に、より洗練された……非信従の擁護をロックは表明した」。この表明を支えるのがロックの議論の「シフト」、すなわち特定教会からの分離の利点を主張するのではなく、教会の存在条件という「根本問題」に向かったことである。167紙葉（folios）という長さから言っても、手稿は「ノート」を超える本格的な論考だった。[155]

スタントンによれば、手稿上のロックの教会論は五つの特徴をもつ。

第一に、教会が真理を唱えるという主張をしりぞける。イングランド教会も長老派教会も自身の真理性を主張するが、その主張は無謬を唱える教皇主義的盲信に行き着く。ロックは、教会の真理性に対抗して、個人が自身の救済の道と教会を選ぶことを主張した。[156]

第二に、教会は宗教を理由とする人間の「自然的団体」、「自発的結合」である。人間は教会へ生まれてくるのではなく、自分の同意でそこへ入会する。[157]

第三に、教会と国家は別個の目的と基盤に立つ別種の団体である。国家の世俗統治は超自然的真理とは無縁であり、人々に特定教会への所属を強制できない。他方、教会は超自然的真理に関わるが、イングランド教会だけがそうなのではない。どの教会も国家に対して自身への排他的な支援を求めることはできない。[158]

---

[154] T.Stanton: 'The Name and Nature of Locke's "Defence of Nonconformity"', pp.144-145. スタントンが非難する風潮を代表する研究として J. Marshall: *John Locke Resistance, Religion and Responsibility*, p.97 参照。

[155] T.Stanton: 'The Name and Nature of Locke's "Defence of Nonconformity"', pp.147-148. このスタントンの見地からすれば、彼が採用する「非信従の擁護」というタイトルも誤解を生じさせやすい。

[156] *Ibid.*, pp.153-156.

[157] *Ibid.*, pp.157, 161.

第四に、一国内に複数の教会がありうる。この考え方はスティリングフリートのみならず、「非信従者」も嫌った。スティリングフリートを非難するバクスターやオウエンらの「非信従者」も、スティリングフリートと同じ土俵で教会を考えた。皆、世俗為政者と教会の機能を混同し、世俗為政者に異端者を排除させようとする。[159]

　第五に、手稿は「包容の問題を寛容の下に包摂した」。寛容こそプロテスタントの団結を促す策であり、寛容が前提となって初めて、国教会が出す条件での包容が考えられる。[160]

　スタントンが注目した点は、信仰の個人化、教会が人間の自発的構成体であること、教会と国家の目的や機能等を峻別すること、寛容を前提として包容を考えることにある。こうした考え方はスティリングフリートはもとより「非信従者」・非国教徒側にも欠如し、現実の非国教徒の言動には、ロックは批判的だった。[161] 教会を人間の自発的・自然的結社としたロックは、国家を世俗目的のための人間の理性的構成物と見るようになり、その点で手稿は『統治二論』の「概念的先駆」だとスタントンは位置付ける。[162]

　スタントンの他、教会論稿に関心を示した研究者には、アシュクラフト、ハリス、マーシャル、ヌオヴォ、ロジャーズ、ジャスティン・チャンピオン、そして井上公正がいる。彼らの研究の他、近年のウールハウスの伝記を含め教会論稿に言及した文献は多い。これらの研究や言及はスタントンの第一から第四の指摘を共有するが、第五の寛容と包容に関する点でスタントンとは異なる、さらに彼が触れなかった論点が、全部で六つある。

---

[158] *Ibid.*, pp.158-160, 162.
[159] *Ibid.*, pp.164-166.
[160] *Ibid.*, pp.149-150.
[161] スタントンは論文中一貫して、非信従・非信従者（nonconformity・nonconformists）の語を使い、そこに国教会から分離する非国教徒（dissenters）も含める。本章では以下、スタントンからの引用や紹介を除き、非国教徒で統一する。スティリングフリートが非難したのは国教会から分離する非国教徒だからである。
[162] T.Stanton: 'The Name and Nature of Locke's "Defence of Nonconformity"', pp.164, 169.

第一に、寛容の中身や範囲が問題となる。井上やアシュクラフトによれば、寛容は、教会を組織し、「政治的権威のあらゆる形態に対抗して個人の信仰」を擁護する個人の権利である。[163] 他方、チャンピオンは寛容に二つの意味、一つは「権威による認可」、もう一つは「辛抱強さ」を指摘し、後者がロックの意味するものに近いとするが、どちらにせよ、寛容を政治的権威に対抗しうる肯定的・積極的な個人の権利と見るものではない。[164]

　第二に、寛容と包容の関係について理解の相違がある。スタントンによれば、ロックは寛容を前提として包容を言うが、マーシャルによれば、ロックは「宗教的寛容の断固たる広範な擁護を、包容の主張に付加した」のであり、包容を前提にする。ウールハウスはロックに包容と寛容の両策を見るが、両者の関係は議論しない。[165]

　第三に、ロックの教会論と、他方、国教会への彼の現実的な対応との整合性が問題となる。井上とマーシャルはロックが国教会徒の自覚をもっていたと指摘する。ロックは、スティリングフリートの教会論に反対したが、国教会徒であり続け、その否定や打倒は言わない。多くの研究者は教会を「自発的団体」とするロックの議論に注目するが、そうした彼の教会概念と、他方、国教会という制度枠組に対する彼の支持とが、どう両立するかという議論はない。[166]

　第四に、「ジョン・ロックの教会論稿」は、ロックがスティリングフリートの教会論に応答したものだが、教会機構や聖職者のあり方等を視野に入れて、ロック自身の教会論の全体像を明確にした研究はない。

---

[163] 井上「ロックにおける寛容思想の展開」、144 ページ。R. Ashcraft: *Revolutionary Politics & Locke's Two Treatises of Government*, p.495.

[164] Justin Champion: 'Hobbes, Locke et les limites de la tolérance, l'athéisme et l'hétérodoxie', in Y.Zarka, F.Lessay, J.Rogers(eds.): *Les fondements philosophiques de la tolérance*, 2 tomes, Presses Universitaires de France, 2002, Tome I Études, p.251.

[165] J. Marshall: *John Locke Resistance, Religion and Responsibility*, p.102. Roger Woolhouse: *Locke A Biography*, Cambridge, 2007, pp.167-168.

[166] 井上、「ロックにおける寛容思想の展開」、144 ページ。J. Marshall: *John Locke Resistance, Religion and Responsibility*, p.98.

第五に、スタントンの議論には反聖職者支配の視点がない。1670 年代後半以降のロックの議論に反聖職者支配を指摘するのは、ゴルディ、ロジャーズ、そしてチャンピオンである。聖職者支配（clericalism）は、聖職者の政治権力の領域への侵出や政治的支配を意味し、世俗為政者である国王と並ぶ独立した権威・支配機構を構成し、国王を見下しさえする。ロックとスティリングフリートを対立させた原因の一つとして、ロジャーズはロックの反聖職者支配を指摘する。チャンピオンは、彼の反聖職者支配はトマス・ホッブズとも共通し、寛容論の根底には聖職者支配への根本的敵意があると言う。ゴルディも寛容論の基礎を反聖職者支配に求め、『統治二論』も反聖職者支配を基調とする文書とみなした。[167]

　第六に、「ジョン・ロックの教会論稿」と、それとほぼ同時に執筆が進められていた『統治二論』との関係について、見解の相違がある。スタントンは、教会も国家も人間の自発的・自然的結社とみなすロックの視点に注目し、またゴルディは反聖職者支配の一貫性を、さらにアシュクラフトやA・ジョン・シモンズは世俗為政者の不寛容に対する抵抗権の主張を指摘する。アシュクラフトらによれば、抵抗権への言及はすでに教会論稿に登場し、ここでの抵抗権論は『統治二論』で展開される武装抵抗権論の根拠になる。だがマーシャルは、両文書のこうした関係付けを否定し、ロックは『統治二論』上で、寛容確保や宗教上の理由のために抵抗を擁護したのではないとする。[168]

　上述のように、「ジョン・ロックの教会論稿」にはスタントンの研究やその他の議論・言及はあるが、これらの六つの問題はその再検討を迫るものとなる。

---

[167] M.Goldie: 'John Locke and Anglican Royalism', pp.61, 85. G.A.J.Rogers: 'Locke, Stillingfleet et la tolérance', in Y.Zarka, F.Lessay, J.Rogers(eds.): *Les fondements philosophiques de la tolérance*, p.93. J.Champion: 'Hobbes, Locke et les limites de la tolérance, l'athéisme et l'hétérodoxie', pp.223, 242.

[168] A.John Simmons: *On the Edge of Anarchy*, Princeton, 1993, p.128. R. Ashcraft: *Revolutionary Politics & Locke's Two Treatises of Government*, p.496. J. Marshall: *John Locke Resistance, Religion and Responsibility*, p.291.

3　スティリングフリートの教会論概要

　ここでは、「ジョン・ロックの教会論稿」の検討に入る準備として、前章をもとにスティリングフリートの教会論の概要、及び彼がロックにつき付けた課題を確認したい。

　スティリングフリートは主教制国教会を擁護し、国教会から分離する非国教徒を非難した。彼の議論は、1670年代末から1680年代初頭のイングランドにおける復古体制危機、すなわち従来「排斥危機」と呼ばれた危機状況への一対応である。それはカトリック教徒のヨーク公ジェイムズを王位継承から排斥する要求にとどまらず、君主制と国教会制のあり様を問い、復古体制の再編を求めるものだった。

　復古体制危機の実態として五点を指摘できる。第一に、教皇主義陰謀とされるものが1678年に暴露される、第二に、チャールズ二世の後継者と目される者がローマ・カトリック教徒だった、第三に、これらの事態を受けて、イングランド国内で反教皇主義感情が蔓延した、第四に、神授権主教制の説に立つ主教重視の志向が強化され、「教会の長である国王」の地位に揺さぶりがかかった、第五に、国教会を認めず、その外で自分達の集会を作ろうとする非国教徒の活動が顕著となり、イングランド教会が国教会として存在する意義や根拠が問われ始めた。

　復古体制危機を背景に、当時ロンドンのセント・ポール司祭長だったスティリングフリートが訴えたのは、教皇主義に対峙しうるイングランド教会の再編だった。彼は一国一教会の国教制を護持し、国教会の一員として活動するよう人々の信従を強く求めた。スティリングフリートの教会論は五点に整理できる。

　第一に、スティリングフリートが教皇主義と呼んで恐れたのは、実際には、国内プロテスタント系非国教徒の分離である。彼は非国教徒に対して包容・寛容策を主張したが、その包容は国教会のコミュニオン条件を大幅

に緩めるものではなく、また寛容策には厳しい条件や制約を付した。

第二に、主教区主教制に立つ国教会を主張する。それは、一人の主教が自己の主教区内に多くの教区をもち、それらを監督するという中央集権的な教会体制であり、教区教会、教区牧師や長老の自律を認めない。

第三に、国教会の「組織統治部分」や「公式的頭」を特定せず、国王または主教の絶対的独裁的権威を認めない。国教会の存立根拠は国王、議会、教会会議による同意に求められる。このことは、存立根拠としては曖昧に思われるが、挙国一致的教会体制を言うことで、教会の普遍・カトリック性をイングランド教会に引き寄せ、教皇権威にもとづく教会支配をイングランドから排除する。

第四に、主教制国教会における世俗為政者と教会との関係が曖昧なまま、世俗為政者と教会とが一体化する国教会体制が考えられる。主教制国教会は国王、議会、教会会議の同意により成立し、そこで主教が「鍵の権力」を握るが、世俗為政者である国王が主教任命権をもつ。

第五に、イングランド教会のプロテスタント性としてスティリングフリートの念頭にあるのは、それが古来の教会実践にしたがうこと、原始教会以来の使徒継承による主教制を採用すること、そして国教会として同一の信仰、統治と礼拝で人々が団結することである。

スティリングフリートは国家と教会が合体した挙国一致の国教制を唱え、イングランド国教会への人々の信従を訴えた。彼は、イングランド教会が主教制国教会として存在する根拠や正当性を、原始教会における使徒の統治と主教による使徒職の継承、アフリカ教会にさかのぼる主教制の歴史的事例、さらに国王、議会、教会会議の同意に求めた。教会は主教の統治機関だが、教会統治の維持は、世俗の平和に関わる政治的義務として認識されている。

これらの主張をもつ『分離の災い』と『分離の不当性』の二つの論考に、ロックはページごとに検討を加えた。本章では、ロックがスティリングフリートに対抗して、どのような自身の教会論を構想したのか、という問題に集中する。ここで、スティリングフリートの教会論の要点となる上の五

点と、先に指摘した研究史上の六問題とを統合して、次節の考察における具体的な検討課題を、以下の四点に整理したい。

　第一に、教会の本質は何か。それを具現するのはどのような教会か。スティリングフリートは教会を主教の統治機関と見、主教が頂点に立つ中央集権的な教会制を主張した。だが、統治機関としては世俗の政体もある。世俗の政体とは異なる教会の存在理由は何か。

　第二に、国教会の正当性や必要性がどこにあるか。ロック自身は国教会徒として人生を貫いた。非国教徒集会の存在と国教会制度とが、ロックにおいてどう両立するのか。

　第三に、この両立の具体策として包容と寛容がある。それぞれの中身、及び両者の関連が問われる。この段階での寛容の主張は、『統治二論』上の抵抗権論につながるのか。

　第四に、聖職者・教会と国王・世俗為政者の職務領域の分別がどのように議論されるのか。スティリングフリートは、世俗と教会の両統治者の協力を強調し、国教会への信従強制を世俗為政者に担わせる。ここで、フランス旅行中のロックが聖職者支配の問題を痛感したことを想起したい。スティリングフリートの議論は、ロックにとって、イングランド教会や国家の強化どころか、イングランドにおけるフランスの問題、すなわち教皇主義の悪の再現となる。

4　ロックのスティリングフリート論

(1)　教会の本質

　スティリングフリートにとって真の教会概念とは、「キリスト教の準則にしたがい、秩序と統治のために一体となった人々の団体」であり、そのかなめは「同一の統治法と同一の礼拝準則」である。この教会は、主教が頂点に立って、その管轄下の教区教会を治める中央集権的な主教区主教制を採用する。それこそが原始教会の流れをくむ真の教会制であり、主教は「統治、叙任及び譴責」という使徒の職務を継承する。彼によれば、キリ

スト教布教当初の教会制は「一都市一主教」であり、ローマ帝国崩壊時の国家独立に伴って、それは「一つの世俗統治と同一の宗教準則」にしたがう「全教会」（a whole church）となった。教会は国家的でなければならず、一世俗政府に属す人々はすべて同一教会員となる。

ロックはこの教会概念に対して、それは秩序と統治を最重視し、同一準則への服従を全国民に強制する点で、軍隊同然の組織だと考えた。スティリングフリートの教会は、軍隊同様に、「安全という理由で統一を迫る」からである。ロックは「安全とは魂のそれか統治体のそれか」という疑問から、スティリングフリートに切り込みをかける。[169]

ロックにとって真の教会概念とは、魂の救済という唯一の目的のために、「同一信仰箇条及び同一の統治並びに礼拝秩序において自発的に団結した人々の団体」だった。教会は、人々が自身の良心において神が受容すると納得する内容や方法で礼拝等を行うために集まった自発的結社であり、それが国家的である必然性はない。[170]

「自身を配慮することが許されるそうした誠実な者が世の終わりまで存在すること、かつ為政者に配慮を委ねて外見的にそう見える人々がいるようにはさせないこと、それが真に、その存在、団結と継続を救世主が命じ、かつ彼の特権によって確実に提供するであろう、あの教会なのである。」[171]

魂の救済は本来個人的な関心事だが、孤立した生活ではそのための実践等に欠けるものがあるので人は団体を結成し、それが教会と呼ばれる。魂の救済に役立つ団体を判断し選ぶのは「私の自由」、「私だけが判事」であり、いったん入会した団体であっても、魂の救済に役立たないと判断すれば、そこを去る自由もある。[172]

中央集権的な主教制は原始教会に始まる、というスティリングフリートの説をロックは否定する。大主教、主教、長老の序列と権限を厳格に定

---

[169] MS Locke c.34, fols.1, 22.

[170] Ibid., fols.2, 3, 13, 19-20, 104, 108, 117.

[171] Ibid., fol.111.

[172] Ibid., fols.19, 21, 74, 86, 101, 109, 145.

め、植民地を含む遠隔地にまたがる主教管轄を主張する現在のイングランド教会、及びその下にある教区教会は、原始教会とはまったく違う。原始教会では信徒が地域ごとに集会を作り、それが近隣地域に拡がって複数の集会ができる。これらの集会には信徒から選ばれた一種の監督者は存在するが、明確な職務分担や序列、及びそれを反映する確たる名称はなく、長老・監督者等と呼ばれる人々が対等な立場で指導する合議的な統治方法を取った。[173]聖職者選出等の教会統治は聖書が指定しない裁量事項であって、教会制は「人間の工夫」にすぎず、現況に応じてさまざまな実践がありうる。長老の一人にエピスコパスの名称が付されて、教会に統括職が定着するのは自然の成行きだとしても、主教が神授権や使徒授権によるものだとは聖書は明記しない。主教制は教会統治に必須ではなく、長老に卓越する権威や権限を主教に伴わせる位階的主教制を拡大したのは、聖職者の権力欲や野心だった。[174]

主教権限として、スティリングフリートは堅信、破門、叙任、聖化、及び教会法制定を言う。ただし、教会会議の招集は国王が行い、教会法成立には国王や議会の批准が必要とされる。ロックは、この見解にしたがっても主教制は神法ではなく人間法に依拠し、主教権限は彼らが主教である当該教会団体にのみ及ぶと考える。ロックにとって、キリストに由来する教会の権限は説得、訓戒、譴責と追放のみだった。追放つまり破門は、教会から人を切り離すという最高権限の行使だが、主教ではなくあくまで教会の権限だった。[175]

ロックにとって、教会は主教の支配機関ではなく、信仰、教義、礼拝、統治等における人々の自発的一致による結社であり、人々が彼ら自身の長老や師を通じて自分達を統治する独立した組織である。この教会は国家的である必然性はないが、ロックは国教会はあってもよいと認めた。むろ

---

[173] Ibid., fols.88-90, 92a, 92b, 93, 96, 98.
[174] Ibid., fols.90, 94, 95, 96, 97, 98, 99, 100, 127, 128.
[175] Ibid., fols.114, 128, 129.

ん、ロックがあってよいとする国教会は、スティリングフリートが主張する主教制国教会とは異なる以下の五つの特徴をもつ。

　第一に、国教会だから真の教会ではない。教会構成員自身が、何が真の教会・宗教かを判断する。スティリングフリートは現行国教会を、誤謬も偶像崇拝もない真の教会とするが、その意味では、教皇主義者も自分達の教会を真の教会とするだろう。[176]

　第二に、国家的であろうとなかろうと、教会の目的は神を喜ばせること、及び良俗、秩序と教化にある。その目的に資さないと人々が判断する儀式等は不当であり、教会や教会会議はそうした儀式等にしたがうよう強制する権限をもたない。[177]

　第三に、国教会は、全国民またはその大部分が教義、規律と礼拝の一コミュニオンに自発的に団結した結社である。国教会を含め教会はすべて、教義、規律や礼拝における人々の「相互耐忍と自発的同意」の上に設立される。自発的同意によって教会員となりコミュニオンに参加することは、神の前での人の「特権」である。[178]

　第四に、スティリングフリートは主教を国教会代表者ととらえ、彼らの定めた信仰箇条や礼拝準則にしたがえと言う。だが、主教が誰の代表かは不明である。かりに主教の代表権限を認めるとしても、その権限は彼に自発的に服従する当該主教区以外には及ばない。[179]

　第五に、ロックによれば、聖職者の資格の設定や聖職者に授権する権限をもつのは教会構成員である。主教が各教会の聖職者や長老に卓越する権威と権限を有して、彼らを統治するという主教制を、ロックは認めず、主教という強力な権限をもつ統治者による国教会制は、必然的に一つの至高性、すなわち教皇の至上性に至ると恐れた。[180]

---

[176] Ibid., fols.45, 62, 66, 68.
[177] Ibid., fols.39, 136, 139, 144, 145, 161.
[178] Ibid., fols.16, 110, 124.
[179] Ibid., fols.113-114.
[180] Ibid., fols.92a, 92b, 97, 106, 127, 139-140.

これらの点を考慮すると、ロックは全国民またはその大部分が教義、規律と礼拝の一つのコミュニオンにあくまで自発的に団結した団体を国教会と考え、また、国教会が国民的規模の大教会になろうと、それへの入会及び儀式等への強制権限を、聖職者にも世俗為政者にも認めない。国教会の教義や礼拝等に納得できず、それを真の教会、真の宗教だと判断しない人々は、国教会から分離した他のコミュニオンに団結する「特権」をもつ。ロック自身は、主教制は教皇の絶対支配に連なると恐れて認めないが、聖職者選出や教会統治の方法はその構成員に委ねた。おそらく、彼がモンペリエ等で見たプロテスタントのタンプルにおける合議的な統治方法を好んだと思われる。そこでは、教会構成員が選んだ長老、監督者等と呼ばれる人々が、対等な立場で構成員を指導していた。[181]

(2)　国教会の存在と非国教徒の分離

　ロックは国教会の存在を否定しない。これを明示する以下の二つの記述がある。

　「教会が国家的でありうる点で私は彼に賛成するばかりでなく、もし全キリスト教徒が同一教会統治の下で同一のコミュニオン条件で団結するようもたらされるなら、それはエキュメニカル〔全キリスト教会的〕なものでもありうると私は考える。」[182]

　「何か他のものと同様に国教会が存在してもよいという点で、私は博士に賛成する。それは手短に言えば、全国民（またはその大部分）、為政者と人民が教義、規律と礼拝の一つのコミュニオンに団結しうるということであり、そして同様に、世俗為政者の教義をもたない少数の人々が一コミュニオンに団結してよく、そうしたものがキリスト教の最初の教会だったのだから、当然、国教会と同様に真の教会でありうる。」[183]

---

[181] Ibid., fol.124. ロックのモンペリエにおけるタンプル観察等については、本書第２章参照。
[182] Ibid., fol.19.
[183] Ibid., fol.124.

第 4 章　ロックの教会論

　ロックにとって国教会とは、世俗為政者の教義、規律と礼拝に人民の全部または大部分が団結した一団体であり、「その制度が国全体によって受け入れられている」ものである。[184]「全キリスト教徒が同一教会統治の下で同一のコミュニオン条件で団結する」というエキュメニカルな組織にイングランド教会が近づくことを、ロックは理想とするが、国教会が世俗為政者の教義や礼拝等を採用しても、教会権力はその構成員だけに及び、かつその構成員であるよう誰にも義務付けられない。「どの教会が、そのためにその構成員となるあれらの目的に最もかなうと私が考えるか、選択するのはまさに私の自由」だからである。[185] ロックはこの選択に厳格な理由を求めない。選択する教会の教義や礼拝等が自己の救済や教化に資するという、その人の良心における納得があればよかった。[186]

　この見解の根底には、救済の方途そして救済への案内者を自分の判断で選択するという考えがある。[187] ある教会員が、そこでは救済されないと判断し、その一員たることを止めると自発的に宣言すれば分離である。[188] 人は国教会から分離する権利（the right of separation）を有し、同一国家内に国教会とは異なる、複数の会衆が存在してよい。[189] 国教会の教義等が救済目的に適さないと判断するなら、誰もがそこを去って別のコミュニオンへ向かう選択権（this right of chuseing）をもつ。[190]

　スティリングフリートは分離を教派分立罪（schisme）としたが、分離を引き起こした原因は国教会の強制にあるとロックは言う。[191] 国教会は厳格な統一を強制して、魂の救済よりも教会規律を重視した。これが分離の

---

[184] Ibid., fol.116.
[185] Ibid., fol.22.
[186] Ibid., fols.3, 12, 29, 30, 40, 46, 146, 161.
[187] Ibid., fol.5a.
[188] Ibid., fol.16.
[189] Ibid., fol.69.「ジョン・ロックの教会論稿」は、圧倒的多数の箇所で非国教徒集会には会衆（congregation）という語をあてる。以下では引用を除き、非国教徒集会が意図されている場合は会衆で統一する。
[190] Ibid., fols.22, 46, 56, 77-78, 87.
[191] Ibid., fols.17, 61, 65, 97.

必要性を作った。[192] 分離を教派分立罪にするのは、国教会が分離した人々の不服従を非難し、彼らへの統治権を主張して厳しい譴責に及び、彼らを完全に切り離すことにある。こうなると、「最初は多分部分的な分離だったものを根拠にして……互いに戦争状態にある二つの団体ができあがり、教派分立と呼ばれるべき状態に達すると私は考える」。[193] 国教会の強制は「教皇の普遍的至上性」に行き着くとロックは恐れた。非国教徒に対し「いったん『意ノママニ』強制する権力が許されれば」、それは「キリスト教会の平和の必須の保護者として、大主教、総大主教、そしてついには教皇が同様に必須とされる」ことになるからである。[194]

　分離した非国教徒がそれぞれの会衆に集って教義、礼拝、コミュニオン条件等を独自に定め、さらに「主教や牧師を選出する人々の権利を求めた」のは、「原始教会の実践にもとづいて歴史が正当化すると思われる要求である」とロックはとらえる。[195] 分離した会衆であっても、キリストの体の構成員（the membership of Xsts body）として互いを受けとめていけば、教会の団結と平和は可能である。[196] 説教は独立派会衆で聞き、洗礼は長老派の下で受け、聖餐と公的礼拝にはイングランド教会へ通うという行動も、キリスト教徒としての団結と平和を破るものではない。こうした自由を許さない点で、ロックは国教会だけでなく、独立派会衆をも「鳥かご」だと非難した。

　「独立派教会において彼らの牧師に与えられる絆は、……教会がいかに鳥かごのように作られているかを明らかにする。それは引き窓があって……あらゆる鳥が自由に入ってこれる。だが、いったん鳥が入ってしまうと、そこに閉じこめられ、外へ出る自由はもはやない。」[197]

---

[192] Ibid., fols.1, 34, 37, 38, 61.
[193] Ibid., fol.65.
[194] Ibid., fols.59, 70, 71, 104, 113.
[195] Ibid., fol.39.
[196] Ibid., fols.66, 67.
[197] Ibid., fol.161.

(3) 寛容と包容

　ロックは国教会と非国教徒会衆の両者の共存を望み、世俗為政者と非国教徒会衆、国教会と非国教徒会衆、及びプロテスタント信徒間の関係を問う。「寛容」(toleration) は非国教徒会衆に向けた世俗為政者の行為を指す。他方、「ジョン・ロックの教会論稿」は「包容」(comprehension) という語自体を用いないものの、ロックは「包容」に相当する対応を国教会側に求めた。さらに、プロテスタント信徒の義務として、ローマ人への手紙14章で説かれる「耐忍の準則」(the rule of forbearance) を強調する。

　寛容は教会や信徒相互の行為ではなく、国教会外の信徒に対する刑罰法や統一法を除去する世俗為政者の行為である。[198]「もし人々が強制から解放されて放置され、残余の人々の同意が国教会を作るならば、国教会は非国教徒の寛容とともに存在しうることは明白である。」[199] だがスティリングフリートは、寛容は無分別な非国教徒の熱狂を助長し、混乱を招いて教皇主義の導入に至ると恐れた。[200] この見解に対するロックの反論は四点に整理できる。

　第一に、強制的統一は論争に終止符を打たず、寛容の方が争いを引き起こさない。「寛容の下での意見の相違は、人々を相互の耐忍と慈愛に導くことに一層なるだろうし、それは教皇専制下でのあの種の団結に向かうよりも真の団結となる。」[201]

　第二に、誤謬や迷信から自身を立て直す自由のないことの方が、見解の多様性がもたらす混乱よりも悪質である。自由な人間は教皇専制に屈しないが、人々の見解の相違や論争を拒絶または排除することは、教皇主義に対して国教会を強化することにはならない。[202]

---

[198] Ibid., fols.7, 27, 31, 42.
[199] Ibid., fol.113.
[200] Ibid., fols.7, 14, 31.
[201] Ibid., fol.7.
[202] Ibid., fols.7, 8, 107.

第三に、魂の救済の方途を盲目的に強制されるのではなく、「永遠の幸福や悲惨を自身の配慮」に置いて、自分で探し求めるのが最善である。寛容の否定は「人々は自分自身のために考えも意志もしてはならない」とすることである。[203]

　第四に、ロックはスティリングフリート同様に、教皇主義者に寛容を認めない。しかし、「教皇主義者が、敵アイルランドを擁し、われわれに戦争をしかける臣民や君主である、という以外の何かの理由で罰せられるなら、彼らは虐待されていると私は思う」と言う。教皇主義者への不寛容は、教皇主義を信奉する人々が政治的敵対者となって国民統合の妨げになるからであり、教皇主義の信仰自体が問題視されるのではない。政治的な理由がなければ、「彼らは他の非国教徒なみに、ちょっと法外で無意味な考えにとりつかれて最大の哀れみをかけられるべき、そういう者としてのみ取り扱われるべきものだった」。[204]

　アシュクラフトやシモンズは「ジョン・ロックの教会論稿」に寛容の権利を見るだけでなく、不寛容な世俗為政者に対する抵抗権の端緒を見出し、『統治二論』における抵抗権論の根拠とする。むろん、彼が世俗為政者の行為として寛容を求める際には、信仰の個人化、すなわち個人が自分で魂の救済を求めるべきだという考えが土台にあり、かつ個人の教会選択権や分離権をそれとして明確に言葉にする。この点で、世俗為政者の寛容は、「権威による認可」には還元されないものがある。だが、ロックが教会論稿において為政者に対する個人の抵抗権論の一環として寛容を議論した、とは言いがたい。この点はあらためて次項で触れるが、教会論稿段階のロックの寛容概念は、世俗為政者への抵抗を可能にする個人の権利と「権威による認可」との間にとどまっている。

　国教会に対しては、ロックは「包容」に相当する対応を明確に求めた。ロックが国教会を非難するのは、聖書が規定しない儀式等の非本質的事項

---

[203] Ibid., fols.14, 108.
[204] Ibid., fol.26.

に国教会が固執し、それらを遵守するよう人々に強制を加えることにある。「プロテスタントの団結の必要性の……感覚へと非国教徒を至らせるばかりでなく、現実に団結自体を生み出そうと博士が努力するのであれば、……私はその方途は、一方に対して全部への服従を求めるという従来一般的に実践されてきたことにではなく、何かを放棄して互いに友好的に譲り合うよう、両者の側を説得することにあると考える。」[205]

　ロックは包容、すなわち国教会が励行する儀式等を減じ、コミュニオン条件を緩めて教会の枠を広げることが、プロテスタント信徒の団結という目的にとって最善の策だと考えた。分離は教皇主義者の付けこむ道だ、とスティリングフリートが恐れるなら、それを回避する策はコミュニオンの拡大しかない。[206]「わずかな事を手放せば……非国教徒は戻って教会は拡大されるだろうから、私は以下のことを尋ねたい。構成員を教会へと団結させることは、……人々の魂の救済に配慮することが彼らの職務である者達にとっては……彼らに課せられる義務なのかどうか。」[207] ロックは、国教会が非国教徒の包容に努力するのは当然の義務だと考える。「さまざまなもの〔儀式等〕を放棄することで、われわれの非国教徒の兄弟の弱さと多分誤りにも応じ、それによってわれわれのコミュニオンに一部をとどめ、他を獲得することになろう。」[208]

　「ジョン・ロックの教会論稿」において、寛容と包容は、どちらかが前提・上位に立つという概念ではない。寛容は非国教徒を強制かつ処罰しないという世俗為政者の行為であり、包容は儀式放棄等の努力によって教会の枠を広げる国教会の行為である。国教会の包容の努力に応じない非国教徒を、世俗為政者が寛容する。国教会が包容に完全に成功すれば世俗為政者の寛容は不要だが、そうなるまで、包容は国教会の義務として求められ続ける。

---

[205] Ibid., fol.10.
[206] Ibid., fols.6, 9, 10, 36, 51.
[207] Ibid., fol.143.
[208] Ibid., fol.154.

国教会の包容と世俗為政者の寛容の他に、ロックはプロテスタント信徒相互が理解しあうことを求めた。ここには教皇主義に対するロックの危機感がある。1678 年の教皇主義陰謀の暴露や、カトリック教徒が国王の後継者に目されるという事態の中で広がった反教皇主義感情に、ロックも無縁ではない。「流血、暴行と破壊でもってわれわれの宗教や統治を不能にしてやると言明した人民としての彼ら〔教皇主義者〕に対抗して、……あらゆる非国教徒プロテスタントがありうる限りの互いの十分な理解と承認へともたらされることを、誠実な人なら誰でもこの際、時宜にかなったものと思うだろう、と私は考える」。[209]

　プロテスタントの団結への支障としてロックが指摘するのは三つのことである。第一に、儀式等への国教会の固執と、その暴力的強制。[210] 第二に、国教会の儀式とローマ・カトリックのそれとを混同する、非国教徒の無思慮な反教皇主義。[211] 第三に、国教会、長老派、独立派、バプテスト、クエイカーを問わず、自分達こそ真の教会として信仰されるべきだと「おそらくは同様の神授の権威でもって、さまざまに主張する」こと。[212] ロックによれば、国教会徒も非国教徒も「皆、自分自身を知る同等の能力をもって、かつ誤りや強制という同じ弱点に服して、そういうことを言う人間」だった。[213] 彼らの団結には、「両者の側で誤りを、少なくとも失策を犯しがちな人間的弱さへの慈愛と許容をもって……好意と善意を表明する以外」にはない。[214] このことは、キリスト教徒が心がけるべき「相互耐忍」として、またローマ人への手紙 14 章で説かれる「耐忍の準則」を具現する行動として、以下のように語られる。[215]

　「彼らの団結は（われわれが見るように）……それぞれの教会の体制に

---

[209] Ibid., fol.11.
[210] Ibid., fols.30, 35.
[211] Ibid., fol.8.
[212] Ibid., fol.86.
[213] Ibid., fols.6, 87.
[214] Ibid., fol.8.
[215] Ibid., fols.110, 142.

相違があっても、互いにキリスト教徒としての団結に向けて友情を保つことに存し、彼らが教義、儀式、そしてコミュニオン条件において完全に同意できない相当の事項が存在しても、その使用または無視を言い張ったり、互いを責めたり、排除したりしない。」[216]

(4) 聖職者・教会と国王・世俗為政者

　ロックは、フランス旅行中の1676年8月に、聖職者・教会と国王・世俗為政者の職務分別について、「これをやらないことが、おそらくは混乱の最大要因である」と書いた。[217] この問題意識は「ジョン・ロックの教会論稿」にも継承される。「これら二つの事項〔教会統治権限と世俗為政者の権限〕の混同が、世のかくも多くの無秩序ゆえにキリスト教を腐敗させた大きな一因だった」とロックは言い、教会と世俗為政者の職務内容を分別していく。[218]

　教会は宗教団体であり、宗教は「私の隣人、世俗社会、またはこの世での私自身の保護にまったく関係なく、神の喜びまたは不快を全面的に気づかう行動」である。教会は「超自然的な教えや聖なる生活の準則の啓示、及び真の神礼拝と救済への道を人々に教える国」であり、その拡大には暴力や強制を伴わない。教会は「世俗統治の何らかの政治体制や枠組」ではなく、かつ暴力は偽善的な信従者しか作らないからである。[219]

　魂の救済に役立つ教会を選び構成するのは、教会の最初の時代から個人の自由であり、当該教会構成員が彼らの裁量事項として教会統治を定め、霊的案内役として彼らの聖職者を選ぶ。教会統治や主教選出に関する神授の準則や聖書の規定等は存在しない。[220] 教会が定めることは当該教会の行動を律するのみであり、それ以外の世俗の権力や利害をもたない。構成員

---

[216] Ibid., fol.63.
[217] 『ロック政治論集』「16 寛容B」、145ページ。
[218] MS Locke c.34, fol.101.
[219] Ibid., fols.15, 76-77, 84, 85, 121.
[220] Ibid., fols.3-4, 28, 48, 71, 74, 77, 129, 130.

を秩序付けるための唯一の手段は「勧奨と譴責」だが、それがうまくいかなければ、「教会権力のぎりぎりの限界」として排除・破門があるのみだった。[221]

　ロックがスティリングフリートに見る問題は、彼が「彼の教会法を強制するために世俗権力を彼の思惑どおりに巧妙に混合」し、「宗教は国家の業務」だとしたことにある。具体的には、国教会の基盤となる信仰箇条、教義、礼拝準則と規律は、教会代表つまり「世俗権力により是認かつ制定された主教や長老によって同意」され、教会コミュニオンが国法・人定法で義務付けられる。こうなると、人々の良心上のつまずきが、世俗為政者の処罰対象になってしまう。[222]

　宗教が「国家の業務」となることが問題視されるのは、国家・世俗為政者に関するロックの以下の考えによる。国家・世俗為政者は教会を制定・設立する権限も、また聖職者や礼拝等の受け入れを人々に強制する権限ももたない。為政者自身が所属する教会においてさえ、それらを定め命じるのは為政者の管轄権外のことである。[223]「教会と国家の権力と権利は、それらが同延的かつ国家的であろうと……完全に別個かつ独自のもの」だった。[224]

　もし宗教が「国家の業務」となるなら、ロックは五つの問題を指摘する。

　第一に、国教会への信従強制権をもつ者が誰か、不明である。スティリングフリートの議論にしたがうなら、世俗為政者と教会統治者の二人がいるが、両者の判断が異なれば、人はどちらにしたがうべきか、という問題が生じる。[225]

　第二に、宗教における世俗為政者の権限を言うなら、どんな委任によっ

---

[221] Ibid., fol.21.
[222] Ibid., fols. 74, 102, 104, 116, 117, 118-119, 124.
[223] Ibid., fols.17, 20, 28, 47, 74, 75, 109, 119.
[224] Ibid., fol.124.
[225] Ibid., fols.37, 48, 53, 61, 129.

てどれほどの権限が為政者の権威下に置かれるか、明示されねばならない。だが、そもそも誰も、宗教や教会を制定する権限を他人に付与できない。世俗事項上の法を定める庶民院の多数派さえ、宗教事項の代表者となりえず、個人の教会団結への同意を代行できない。[226]

　第三に、人々に教会所属を指示・強制しうる為政者があるとすれば、それは無謬のもの以外にない。「世俗権力と宗教事項」の混同は、結局「一つの至高性において権威を言い張る人々への盲従」、すなわち教皇主義専制に行き着く。[227]

　第四に、聖職者が世俗為政者を味方に付ける場合、聖職者支配の問題が生じる。この問題について、ロックは以下のように言う。

　「国法は昇進と報酬における以外には、われわれの教会に他を上回る権威も利得も与えられないことを、私は明らかにしてきたと思う。そして教会は現にそれを得るが、支配も得ることがない限り、それに満足しない。」[228]

　「為政者を自分達の味方にしていると考える時には、為政者の権力を認める他の大半の教会とまさに同じことを、ここでの長老派もすると私は思う。為政者は彼らによって統治され、その結果、彼らが立法者、彼が執行者となり、彼の権威を許容する。」[229]

　世俗権力と教会権力との混交は、教会権力が世俗権力の場に侵出することによって、教会が世俗為政者を支配する聖職者支配を生む。聖職者支配は教皇主義において顕著だが、長老派、独立派、クエイカー、バプテストにおいてさえ、彼らが「為政者の権力を利用すべきだ、または人々を強制する何らかの世俗的な絆をもつべきだと考える」ならば発生する。[230]

　第五に、世俗為政者の権力が教会規律や統治に関与する限り、教会の改

---

[226] Ibid., fols. 42, 118, 121, 122.
[227] Ibid., fols.40, 131.
[228] Ibid., fol.161.
[229] Ibid., fol. 42.
[230] Ibid., fol. 103.『ロック政治論集』「補遺4 スティリングフリートにかんする批判的ノート」、366ページ。

革は国家の騒擾を必然的に伴う。「もしキリスト教が、それが始まった当初のまま……彼らが正しいと判断する教えや規律への、暴力や強制を伴わない自由な服従に委ねられているなら、世俗国家の統治をかくもゆさぶる改革を用意するような危険な問題、たとえば、為政者がやらなければ人民が改革してもよいのか？　というような疑問が入りこむ余地はなかっただろう。その疑問をつきつめれば、以下のことを意味する。為政者が暴力で打ち立て維持してきた教会の教えや規律を変更させようと、人民が為政者に対して暴力を用いてもよいのか？　ということである。」[231]

　アシュクラフトとシモンズはこの引用部分に、不寛容な世俗為政者に対する個人の武装抵抗権を読む。だが、ここでのロックの発言の意図は、抵抗権を推奨・正当化するのではなく、抵抗や武装改革を人民に言わせる原因を示し、その原因である世俗権力と教会権力との混交を解決することにある。この混交が解決されない限り、かりに人民が暴力的に抵抗し改革に及んでも、教会の静穏と平和は実現しない。ロックは、不寛容な世俗為政者に対して人民の武装抵抗ではなく、「静かに自分を改革」することを求めた。「われわれの救い主が（彼はこの世の王国をもたなかった）教会に置いたあの権力の執行のみに教会が委ねられるなら、改革は（それが必要なところでは）福音が求める静穏と平和を世にもたらすことになろう。どの人も（これが唯一本当の改革である）静かに自分を改革できる。」[232]

5　結論と課題

　ここでまず、先に挙げた検討課題にしたがって、ロックの教会論を四点に整理しておきたい。
　第一に、ロックは教会の本質を、魂の救済を目的とする信仰、教義、礼拝、統治等における人々の自発的一致に置く。教会は主教の支配機関では

---

[231] Ibid., fol. 102. 『ロック政治論集』、前掲論考、364-365 ページ。
[232] Ibid., fol. 103. 『ロック政治論集』、前掲論考、365 ページ。

なく、教会構成員が選んだ長老や師を通じて自分達を規律する独立した組織である。ロックは国教会はあってもよいとするが、国教会も、教義、規律と礼拝を同じくしようとする人々の自発的結社であり、そこでの聖職者や教会統治はその構成員が定める。

　第二に、ロックにとって国教会とは、世俗為政者の教義、規律と礼拝に人民の全部または大部分が団結した一団体であり、「その制度が国全体によって受け入れられている」ものだが、国教会所属は国民に強制されない。教会は人々の自発的結社である以上、誰もに国教会から分離する権利、教会を選択する権利があり、同一国家内に国教会とは異なる複数の会衆が存在してよい。分離権、教会選択権の主張の根底には、救済の道とその案内者を自分の判断で選択するという信仰の個人化の考えがある。

　第三に、寛容と包容は、どちらかが前提あるいは上位に立つという関係にあるのではなく、非国教徒に対する世俗為政者と国教会のそれぞれの対応を指す。寛容は強制・処罰しないという世俗為政者の行為である。この寛容概念の根底には信仰の個人化の考え方があるが、一部の研究者のように寛容を個人の権利とし、かつ為政者の不寛容に対する個人の抵抗権まで読み込むことには、疑問が残る。「ジョン・ロックの教会論稿」段階の寛容概念は、世俗為政者への抵抗を含む個人の権利と、他方「権威による認可」との間にとどまる。他方、国教会には包容、すなわち国教会が励行する儀式等を減じて教会の枠を広げ、できる限り多くの人々を教会に取り込む努力を、義務としてロックは求めた。

　第四に、ロックによれば、教会と国家の権力と権利は、それらが同延的かつ国家的であろうと、完全に別個かつ独自のものである。教会と世俗為政者が職務内容を混同し、「宗教は国家の業務」となる事態に、ロックはキリスト教界のあらゆる騒擾の原因を見、それこそが教皇主義専制に行き着く聖職者支配の原因に、そして教会改革を理由とする武装抵抗を人民に言わせる原因になるとした。しかも、聖職者支配の問題は、国教会だけでなく非国教徒にも無縁ではない。

　最後に、ロックの教会論稿に関連して予想できる今後の研究課題とし

て、以下の四つを指摘しておきたい。

　第一に、ロックは国教会をも人々の自発的団体とし、世俗為政者と結託した強制的な主教制国教会は拒否するが、望ましい国教会の具体的な教義、礼拝、職制等のあり様には触れない。植民地を含む遠隔地にまたがる国教会の展開も含む、「ジョン・ロックの教会論稿」以降のロックの教会論に引き続き注目したい。

　第二に、「ジョン・ロックの教会論稿」におけるロックの寛容概念は、世俗為政者への抵抗を含む個人の権利と、他方「権威による認可」との間にとどまる。この位置付けがどのように変化するか、「ジョン・ロックの教会論稿」以降の寛容及び包容概念の展開に注意したい。

　第三に、ロック以外にスティリングフリートに反論した非国教徒もいれば、スティリングフリート以外に国教会を擁護した論客もいる。[233] ロックの議論の特質を国教会徒と非国教徒の多様な議論の中で明確にし、かつ彼らのロックに対する評価を測定する必要がある。ロックは人々の分離権や教会選択権を明言するが、自身は終生国教会徒であり続けた。しかも、独立派会衆を「鳥かご」と断じ、クエイカーにまで聖職者支配の危険性を見て、非国教徒とは距離を置いた。資料編に明らかなように、非国教徒に「狂信者（Phanaticks）」という語を当てることも珍しくなかった。

　第四に、本章で議論を見送った『統治二論』と「ジョン・ロックの教会論稿」の関係は、今後の検討課題として残る。一部の研究者は教会論稿の議論を『統治二論』の武装抵抗権論と直結させるが、本章の議論の限りではそうはならない。しかも、『統治二論』の抵抗権論自体について、研究史上の評価は多様である。次の「結章」後半では、『統治二論』の今後の再検討に向けて、これまでの議論から指摘できる課題や視点を明らかにしたい。

---

[233] この関連で、スティリングフリートの主教制論の特質も考慮すべきである。西原廉太「アングリカニズムにおけるエピスコパシー理解とその象徴論的可能性」、『キリスト教学』、40号、1998年、86-93ページ参照。

結　章　『統治二論』へ

　ここでは本書の議論を、以下の二点に配慮して整理する。一つは、ロックの『寛容論』との関連を明らかにし、オランダ亡命以前のロックの宗教政策上の到達点を示すこと。もう一つは、『統治二論』の再検討に向けて、今後の課題や視点を提示することである。

　ロックは『寛容論』で自身の課題として以下の三点に関する考察を求めた。第一にキリスト教世界における騒乱の原因、及び暴力使用の有効性、第二に統治の安定における包容・寛容策の実効性、第三に宗教の強制の有効性である。復古体制危機、フランス絶対王政、そしてスティリングフリートの非国教徒批判に直面する中で、ロックは1680年代初頭には、これらの課題に一定の解答を出した。

　ロックは、キリスト教界における騒乱の原因として、世俗権力と教会権力との混交、とくに聖職者支配を指摘する。聖職者支配は、教会権力が世俗権力の場に侵出し、教会が世俗為政者を支配する事態を指す。彼は、フランス旅行以前に書いた『寛容論』の加筆部分、及び『手紙』において、聖職叙任権が神授権として行使される問題を指摘した。ロックによれば、神授権説は主教の権限を強化し、教会の至上性を唱えると同時に、実質的に教会が国王の上に立つ専制をねらう。その際、教会は神授権説を王権擁護として利用した。教会は、「君主制は神授権によるものだ」と国王をおだて上げて、彼らの手先にしたのである。[234] この聖職者支配は、ロックによれば、非国教徒にも無縁ではなかった。

---

[234] 山田『ジョン・ロック「寛容論」の研究』、233ページ。

ロックは、フランス滞在中に聖職者支配の実態に直面し、それを教皇主義の本質ととらえた。フランスでは、教会・聖職者と国王・世俗為政者の職務領域が混交され、国王と教会が合体して二重支配を行う。聖職者が世俗政治権力の領域に侵出し、ドラゴナードに象徴される、暴力を伴う宗教統一を国王に行わせた。他方、国王は絶対王政を支える収奪機構として、教会機構を利用する。ロックによれば、宗教統一をねらう暴力は、人の心や信仰を変えることに役立たず、それどころか、暴力に苦しめられる人々を団結させ、敵にまわす危険をはらむ。強制による宗教統一は、決して国家統一に役立たず、フランス農民の実態を見れば、国家の経済的繁栄にもつながらなかった。

　ロックがスティリングフリートの非国教徒批判に反応したのは、ロックが国教会の存在を否定していたからではなく、スティリングフリートの議論に復古体制危機克服の可能性を看取できなかったからである。スティリングフリートの議論にしたがうなら、フランスで見聞した宗教統一の問題がイングランドでも出現する、とロックは恐れた。スティリングフリート自身は教皇主義に反対するが、彼が重視する主教制という教会の仕組み自体が、結果的には、教皇のような教会統治者を生み出してしまう。加えて、スティリングフリートにとって、主教権は使徒継承によって伝えられる神授権だった。主教という聖職者の支配を前提とする復古教会の再編、しかも非国教徒を排除し、世俗為政者に彼らを処罰させることも辞さない、教会と国家が合体した宗教統一は、フランスの教皇主義の再現であり、イングランド教会と国家の強化には決してつながらない。

　スティリングフリートの教会構想に対して、ロックは自身の教会論稿において教会を、魂の救済のみを目的とする個人の自発的結社とみなした。教会は、人々があくまで魂の救済を求めて自発的に集う団体であり、それが国家的規模になろうと、世俗の手段による強制権限を伴うべきではない。ロックは国教会さえあくまで自発的結社とみなし、国教会外にとどまろうとする人々の自由を認めた。それが国教会であるのは、ただ「その制度が国全体によって受け入れられている」からにすぎない。いかに教会が

結　章　『統治二論』へ

国家的な規模や広がりをもとうと、その権力や権限は、魂の救済を目的としない世俗国家のそれとはまったく異なる。キリスト教界の紛擾を絶ち、イングランドにおける教皇主義支配の出現を防止するために、彼は聖職者と世俗為政者との明確な職掌分離を主張し、聖職者支配を断ち切ろうとした。

　宗教統一を排するロックは、包容と寛容を現実的な策として自覚的に提示する。包容は、国教会がその儀式やコミュニオン条件を緩め、できるだけ多くの信徒を国教会へと引き寄せる策である。国教会が努力しても、なおも国教会に賛同できない人々に対しては、世俗為政者は彼らを罰しない、という寛容をロックは求めた。国教会が包容に成功すれば、世俗為政者の寛容は不要となるが、そうなるまでは、国教会には信徒を拡大する包容の義務が、他方、世俗為政者には、国教会に組しない人々を罰しない寛容の義務が求められた。

　ロックの教会論稿 MS Locke c.34 は、統治論の第三草稿だったのだろうか。これはむろん、ポーコックが言うように立証不能であり、さらに第三草稿を示唆するロックの言を「レトリック」とする加藤節の見方もある。実際、ロックの教会論稿は、そのまま『統治二論』に付加すべき第三草稿とするにはあまりに乱雑であり、また fols.144-147 に見られるように、削除提案が出されるほどの過激な箇所もある。だが、ロックの宗教政策上の到達点を上記のように理解すると、教会論稿は、『統治二論』の二論を媒介する論考とみなされても、決しておかしくない内容をもつ。この着想から、『統治二論』の再検討に向けて、五つの課題や視点を提示したい。[235]

　第一に、『統治二論』第一論のフィルマー批判における神授権の問題は、王権のそれのみならず、聖職者のそれにも関わる。通常、フィルマー

---

[235] 加藤節訳『統治二論』、岩波文庫、21 ページ、注(2)。第三草稿としての可能性を示唆するものとして以下参照。E.S. De Beer(ed.): *The Correspondence of John Locke*, Vol.2, No.817. 及び David Armitage: *Foundations of Modern International Thought*, Cambridge, 2013, p.108.

批判は王権神授説批判として理解されるが、復古体制危機時のロックの経験や教会論稿をもとにすれば、彼が恐れていたのは、むしろ聖職神授権説に立つ聖職者支配である。実際、『統治二論』の「緒言」は、フィルマーの議論をかつぎまわる「説教師」や「聖職者」を恐れている。加藤は「緒言」の執筆を 1689 年頃と推測するが、ロックが第一論を執筆した 1680 年代初頭にもこの恐怖をもっていたことは明白である。第一論の執拗なまでのフィルマー批判は、王権の根拠付けを問題とする以前に、神授権説自体の打倒を目指すものであろう。フィルマーの議論自体は教皇主義を支持しなくても、また彼自身がいかにイングランド王権の強化をねらったとしても、神授権説を採用する限り聖職者支配を払拭できず、世俗為政者を従属させる教皇主義的専制をイングランドで再現させてしまう。それはイングランドにおける教会の再編にも、そして王権強化にもつながらない。

　第二に、フィルマーの神授権説を、まずフィルマー自身の諸著作において、次に復古体制危機時に展開される多様な立場から提示される政体論の中で、そしてフィルマーの論考に群がる教会人の考え方の中で、その議論の特異性や位置付けを明らかにする必要がある。そうした作業は、ロックの第一論の性格や問題を、逆に明らかにしてくれるだろう。1649 年のチャールズ一世の処刑後、国王派と国教会聖職者は苦難をともにした者としての同盟を強化し、それが復古体制において、「宗教的要素を国家に見出す最後の試み」として、王権神授説の強調につながった。アーサー・M・ホカートはマコーレイ卿の指摘を借りて、神授権説を「奇怪な形態」を伴う「瀕死者の努力」と見る。[236] こう考えれば、ロックの『統治二論』は、生き生きとした強靭な原理を君主制国家に設定し、「宗教的要素」によって窒息させられていた君主制を蘇生させる試みとなる。

　第三に、ロックの教会論稿と『統治二論』との関連については、以下の

---

[236] A.A.Seaton: *The Theory of Toleration under the Later Stuarts*, Cambridge, 1911, p.34.　A・M・ホカート『王権』（橋本和也訳）岩波文庫、33 — 34 ページ。Lord Macaulay: *The History of England from the Accession of James the Second*, 8vols., Vol.I, London, 1876 (First published in 5vols., 1848), p.75.

結　章　『統治二論』へ

ように考えられる。教会論稿は、第一論における神授権説の否定に立って、教会の本質、及び聖職者と教会の権限や役割を明確にする。教会論稿は、ロックが王政復古以降、教会という絆の性格の変化を感じ取り、さらに教会に世俗的権限を峻拒していたことを明らかにする。そうした議論を前提に、教会とは別個の、聖職者支配から解放された世俗国家の本質、及び世俗為政者の権限や役割を明確にするのが第二論である。教会という絆が「魂の救済」だけを目的とする自発的な結社にすぎないのであれば、国家・政治社会は、教会から安全に切り離されることが可能な、そしてそれとはまったく別の目的をもつ結社となりうる。第一論と教会論稿の両方の議論をふまえれば、第二論における世俗為政者の起源、目的、権限等の議論はより具体的な表象を伴う。その意味で、ロックの教会論稿は『統治二論』における二論の媒介となりうる。

　第四に、教会論稿に見られるロックの教会観は、第二論における国家・政治社会の構想として援用される。1670年代末になってもロックには、第二論を予想させるような政治権力に関わる原理論の萌芽さえなく、人間の能動的・自覚的行動として政治共同体を制作するという発想は見られない。だが、スティリングフリート批判において教会を、個人が特定の目的をもって自発的に形成する団体とみなしたロックは、世俗国家を考える際に、教会論稿上のこの教会観を利用したのではないかと考えられる。そこから推測すれば、とくに第二論は、教会論稿執筆後、すなわち1681年よりも後の作となるだろう。

　第五に、第二論は一般に、社会契約説や抵抗権論等に象徴される王権掣肘の議論として理解されているが、本書の議論に即せば、新たな教会体制の上に立つべき「長である国王」を模索する、君主制強化・再編のための論考だったと考えられる。そのように考えなければ、第二論で展開される、立法権をも超える「大権」の強調を理解できない。ロックが恐れたのは、王権自体の絶対性ではなく、フランスのように教会・聖職者が国王・世俗為政者と合体し、むしろ世俗為政者の上に立って支配することだった。こうした聖職者支配に立つ統治の危険性を、ロックはフランス旅行中に痛感

した。第二論で求めたのは強力な世俗国家、すなわち、宗教上の対立や多様性が引き起こしかねない問題や無秩序を社会的混乱に至らせないだけの、独自の原理的基盤と機構をもつ強力な君主制国家だった。

　これらの点をもとに、今後『統治二論』について、さらに名誉革命体制とロックとの関わりについて再検討を期したい。

資料編

MS Locke c.34
「ジョン・ロックの教会論稿」
抜粋日本語版

1　資料編の概要
2　手稿の概要
3　手稿活字化の歴史
4　編集方針と凡例
5　抜粋日本語版

1　資料編の概要

　本資料編は、「ジョン・ロックの教会論稿」と題して、ロックのスティリングフリート批判を抜粋し、日本語訳するものである。本資料は、スティリングフリートの『分離の災い』（1680 年）と『分離の不当性』（1681 年）に対する批判であり、ラヴレース・コレクション MS Locke c.34 として、手稿のままオクスフォードのボードリアン・ライブラリーに残されている。「3　手稿活字化の歴史」で述べるように、すでにキング卿、H・R・フォックス－ボーン、ヴィクター・ヌオヴォ、マーク・ゴルディがこの手稿に注目し、その一部を活字化、公刊している。さらに、M・A・ステュアートそしてティモシー・スタントンが、ヌオヴォやゴルディの活字化の誤りを修正する。手稿自体にタイトルはないが、活字化の際に「非信従の擁護」や「スティリングフリートに関する批判的ノート」のタイトルが編者によって付けられることがあった。

　これらの活字化はすべて抜粋、しかもごく一部の抜粋である。その理由は、手稿が著しく読みづらいことにある。多量の加筆修正に加えて、文章に不完全な箇所が多く、またロックの手の他、複数の手による書き込みがある。だが、この手稿は、当時の重要な国教会聖職者であるスティリングフリートの教会論及び非国教徒対策論に対して、ロックが検討を試みたものであり、1680 年代初頭におけるロックの教会論、寛容論の展開を考える上で見逃すことができない。ゴルディはこの手稿を「出版されていないロックの著作の内で、最も重要なものである」とした。[237]

　山田が入手した図書館による複写では、つづりの判読さえ不能な箇所がある。それらの確認や修正を含める今後の作業を考慮して、判読可能な限りの全手稿復元は山田のホームページ上（http://www.hiroshima-u.ac.jp/law/

---

[237] 『ロック政治論集』「補遺 4　スティリングフリートにかんする批判的ノート」、363 ページ。

kyouin/yamada/p_324d58.html）で公開する。手稿は複数の手が入る上に、スティリングフリートの文書の引用やその要約のみを記した箇所もある。ホームページ上での復元においては、スティリングフリートへのロックの疑問や反論、ロック自身の見解を展開した部分はもとより、スティリングフリートの文書の引用や要約等も含め、判読可能な限りのすべてを復元した。それをもとに本資料編は抜粋訳を掲載する。

2　手稿の概要

手稿 MS Locke c.34 には 167 までの通し番号が紙葉（フォリオ）上部に付けられている。その内、fol.33（手稿の 33 ページ）、fol.50 の上半分、fols.83、159、160、163、164、167 は空白である。fols.81、82 に相当する部分は複写がなく、もともと空白だったと考えられる。fols.5、92 はそれぞれ一紙葉の表裏を用い、$5^a \cdot 5^b$、及び $92^a \cdot 92^b$ と番号が打たれるが、5^b は全面に×様の線が引かれて削除される。

手稿は fol.7 までは『分離の災い』に関するノートであり、fol.7 から fol.32 までが『分離の不当性』の序文について、fol.34 以降 fol.158 までが『分離の不当性』の本文に関わる。fols.161-162 では、絆、目的、負担、分離、教会、ノヴァティアン、主教、寛容について、事典的にそれぞれ短い説明が書かれる。fols.165-166 は 索引を意図したらしく、'Toleration his model 86' のように項目とページが記載されるが、アルファベット順に正確に整理した十全な索引ではない。しかも実際に照合すると、ページ記載は『分離の不当性』の序文のみへの参照である。

ゴルディは執筆年を 1681 年とする。1681 年に公刊された『分離の不当性』の読後印象が強い内に書かれたと思われる。複数の手が入るので、ジェイムズ・ティレルとの共同執筆が言われたこともあるが、ティレルやティレル以外の手による書き込みは多くなく、かつそれらの書き込みとロックの手による部分との内容的な整合性に問題はないと考えられる。ゴルディらが言うように、ロックを主たる著者とみなしてよいだろう。[238]

手稿内容を大別すると、第一に、スティリングフリートの文章の要約や検討対象となる文章を引用したもの、第二に、スティリングフリートの見解にロックの疑問や反論を示したもの、第三に、ロック自身の見解を展開したものとなる。その他、上述したように、索引、及び「絆」等の語への事典的説明が記される。

手稿は公刊を直ちに意図した原稿というよりも、スティリングフリートの議論に衝撃を受けたロックが教会論について勉強用に、そして自分の見解の備忘用に作成したメモやノートという印象を受ける。手稿上のおびただしい削除修正、走り書きのような字や文章の読みづらさは、国教会側の人物の教会論及び非国教徒対策に関する、ロックの生々しい反応として受けとめることができる。

3　手稿活字化の歴史

手稿については、キング卿、フォックス−ボーン、ヌオヴォ、そしてゴルディによる四種の活字化がある。それらの書誌情報と特色は以下である。

1）　Lord King: *The Life of John Locke*, new edition in two volumes, Vol.II, London, 1830, pp.195-218.

ロックの手稿の最初の抜粋、活字化であり、四種の活字化の内、最長の抜粋である。「非信従の擁護」とタイトルを付す。抜粋の際、キング卿は手稿のページ順をまったく無視し、総論的部分、絆、儀式、教会統治、キリスト教会の普及という内容ごとに、手稿の各所から抜書きするが、内容項目を明示してそうするのではない。抜書き部分が手稿のどの紙葉に該当するかも明記されていないが、山田の確認では、手稿の一部の復元、活字化を意図したものである。だが、no more に続く手稿上の but を、活字化

---

[238] 本書 90 ページ参照。

の際に than に変える等、語法やつづり等は手稿に忠実ではない。つづり等の改変にとどまらず、手稿内容を要約してしまった箇所、続くべき文章を断りなく中途省略して記載する箇所、さらに Member の語を Mother と読むといった誤読もある。

２） H.R.Fox-Bourne: *The Life of John Locke*, two volumes, Vol.I, London, 1876, pp.457-460.

　キング卿のテキストからの抜粋であり、タイトルも踏襲する。抜粋の合間にフォックス－ボーン自身のコメントが交えられる。彼は、分離の原因となる儀式の強要の問題に関わる部分を抜粋し、かつ『寛容論』や『寛容書簡』に見られぬ議論はないとする。

３） Victor Nuovo(ed.): *John Locke Writings on Religion*, Oxford, 2002, pp.73-79.

　この書は宗教に関するロックの他の文書も掲載する。本手稿については「エドワード・スティリングフリートの分離の災いと不当性に関する批判的ノート ―抜粋」として、手稿のページと照合させて活字化する。手稿二紙葉分は、キング卿が抜粋した部分と重複するが、他の九紙葉分に相当する部分はヌオヴォがはじめて活字化したものである。その部分は、宗教の意義、教会の目的、自然の光と神の関係、キリスト教の拡大、教会という団体の特性、そして国教会の妥当性に関わり、手稿内容の奥行きを伝える。手稿上の削除や下線部分の一部については、それと分かるように編集を行うが、この書の 75 ページ 32 行目末尾、すなわち fol.78 の読み下し部分に相当する箇所では、another の語に続く文章が断りなく省略され、いきなり Religion につながる。この点については抜粋日本語版の fol.78 の該当箇所の注で説明等を加えた。

４） Mark Goldie (ed.): *Locke Political Essays*, Cambridge, 1997, pp.372-375.

　これには、吉村伸夫と山田との共訳「スティリングフリートにかんする

批判的ノート」がある。(『ロック政治論集』法政大学出版局、叢書ウニベルシタス 844、2007 年、363‐366 ページ。）もともと P・ロングによるラヴレース・コレクションの目録には、「ジェイムズ・ティレルとジョン・ロックによる批判的ノート」と記され、手跡が複数あることから主たる執筆者が問題とされていた。だが、マーシャルの研究をもとに、ゴルディはロックを著者とし、執筆年を 1681 年とする。[239] 手稿三紙葉分を活字化する他、ゴルディによる解題は教皇主義者や議会にふれた部分も手短に紹介する。活字化された部分は、世俗権力と教会権力の混交を非難する内容をもつ。

これら四種の活字化が対象とした手稿紙葉は以下である。ヌオヴォとゴルディの活字化に対しては、その誤りをステュアートとスタントンが指摘する。[240] こうした指摘も考慮しつつ、すでに活字のある箇所についても、山田の判読をもとに日本語版を作成した。

fols.19、22‐23、74‐78、86‐87、92^b‐93、94、101‐103、106‐108、142‐143、150‐151、152、153‐154、155、156‐157、161‐162。

4 編集方針と凡例

1) 編集方針

本資料は手稿原文をもとに、ロックの特徴的な議論が記された部分を抜粋して翻訳した。ロック以外の手による文章であっても省略しなかった。ただし以下の箇所は、断りのない限り、翻訳の対象としない。

---

[239] J. Marshall: *John Locke Resistance, Religion and Responsibility*, p.97 n.34. P.Long: *A Summary Catalogue of the Lovelace Collection of the Papers of John Locke in the Bodleian Library*, Oxford, 1959, p.33. この目録は、ティレルの他、ロックの写字生であるシルヴェスター・ブラウノヴァーの関与も言い、手稿は 1681 年から 1683 年の間に書かれたと推測する。

[240] M.A.Stewart (Review): 'John Locke: Writings on Religion. Edited by Victor Nuovo', *Locke Studies*, Vol.5, 2005, pp.247-248. Timothy Stanton: 'The Name and Nature of Locke's "Defence of Nonconformity"', *Locke Studies*, Vol.6, 2006, pp.171-172.

a　判読不能、及び判読や解読が著しく困難な箇所。
　　b　手稿上、線等で削除された箇所、及び明らかに重複した語や語句。
　　c　fols.165-166 の索引。
　　d　スティリングフリートやその他の文書への参照箇所を示す、欄外にある記号や数字。
　　e　ロックの議論を文脈上理解するために必要な場合を除き、スティリングフリートの議論の要約や引用。

2）　凡例
　　a　手稿紙葉番号を　fol.1 のように各紙葉の翻訳の冒頭に付けた。
　　b　下線はそのまま付した。下線部の大半はスティリングフリートの文書からの引用である。
　　c　数字、（　）、?、！等の記号は手稿にしたがうが、手稿上の：や；は、翻訳上では使わなかった。
　　d　……（連点）は山田が省略した部分。
　　c　／　は手稿上の改行、またはそのように考えられる箇所。
　　d　〔　〕は山田の説明及び挿入。〔？〕は判読できない語句があることを示す。
　　e　原文で単語の上に別の単語を重ねて書いてある箇所については、ここでは、上に重なる単語を中黒の右側に記し、「同一・国家教会」のように記載した。
　　f　翻訳文中に書き込めない山田の説明等については注記した。
　　g　原文を引用した際には、つづりは原文のままにした。

5　抜粋日本語版

MS Locke c.34
「ジョン・ロックの教会論稿」

fol.1

……〔スティリングフリート〕博士は団結の利点を強調し、団結を外的礼拝への参加だとする。だが、それ以上のことが十分な良心でもってなされることを、彼は求めない。……彼は、万人が一つの準則……に信従するよう求める。その準則として彼が想定するのは、使徒が彼らの教会実践の際に作成したものであるが、使徒はそれを、使徒としてではなく統治者として作成したのである。……彼は教会統治者に軍隊の将の権力をもたせようとする。……彼は安全という理由で統一を迫る。疑問。[241] 安全とは魂のそれか統治体のそれか。……

fol.2

……教会の真の概念は同一信仰箇条、及び同一の統治並びに礼拝秩序において自発的に団結した人々の団体である、ということに私は賛成するが、さらに魂の救済のために、を付け加えてもよいと考える。／国教会があってよいと私は心から賛成する。というのもそれは信仰告白者の数でもなければ、一つの集会で団結することでもなく、同一教義、規律と礼拝への同意だからである。……／疑問。一国家政府の下に二つの別個の教会はありえないのか。もし各教会が自身を統治する権利をもつとすれば、国家のそれから分離する教会は、ローマ教会から分離した教会同様、教派分立罪[242] から免れているのではないか。……

fol.3

---

[241] 以下原文に 'Q.' または 'Quere' とあるところは「疑問。」と表記する。
[242] Schisme

……分離は平和維持をそれほどに困難にするものか、強制は他の何か以上に平和に貢献するものか、なにとぞ考えてもらいたい。／宗教に加わり、かつ何らかのキリスト教会に団結する唯一の目的は人間の魂の救済であり、それは真の教義を信じかつ告白すること、そして人が自身の良心において神に受容されると判断する、それゆえに最も本質的かつ主要だと判断する方法と儀式で神を礼拝することによる。人が団結し、自身のコミュニオン〔霊的交わり〕を継続する当該教会において、彼は良心において正しいと確信していなければならない。……教義と礼拝の清廉さ（それは必須だ）に加えて、どの教会にも、政体と同様に統治と勢力範囲があるが、それは裁量事項にすぎない。前者つまり教義の清廉さと礼拝の受容可能な方法は、どの人にとっても自分の救済の手段として直接関心のあるものである。……彼が一員となって救済を得るという、その目的にあの教会が役立たないなら、これらの事項において彼は分離すべきである。だが、統治形態は、あらゆる政体に不可欠な秩序維持のために（神自身がそれを規定しない限り）、さまざまな名称と権限を伴う職務を指定することに他ならない。……

fol.4
……私にとって明白だと思われることは、教会の統治形態は（反論として何が言われようとも）裁量事項として運営され、全能の神によって絶対的に規定された型として服されるものではないということである。総大主教、大主教、大執事や他のいくつかの職は、教会の何世代かの間は、その名称も権限も知られていなかった事項である。……裁量事項における自由な分離は（人はそこにおいて彼らの自由をもつから）罪ではないが、教義と礼拝の事項における分離は、〔分離される教義等の〕不当性を十分納得していなければ罪であり、そうした納得を伴うことが必須である。……

fol.5[a]
……この論争は教会コミュニオンと分離に関するものであり、そこには真理の擁護、宗教の伝道、そして人間の魂の救済以外の何かがあって、すべての者の心を信従へと誘う。権力と昇進を手にする者達は、たとえ教会を

異にしようと、分離に反対するというその見解で常に一致することは、きわめて明白である。……全論争は最後には以下の短い質問に帰着する。救済に至る私自身の道を、私が選ばなくてはならないのか、他人が私のために選ばなければならないのか。……そして、誰もが自分が適切と考える以外の案内人をもつよう強いられるのか、そしてその案内人が自分をはずれた道に導くと思われる際には、いつでもその案内人を、案内人は自身を正統とか神授とか無謬とか呼ぶのだが、変更してはいけないのか。……

fol.5^b　ページ全面が×様の線で削除される。

fol.6
……博士の疑問に言い返すなら、どうやってイングランド教会は、彼らが非本質的だと白状するあれらの事項の一部を手放さないまま、プロテスタント宗教を危険にさらすことで、自分自身や世の中を満足させられるのか。……あらゆる国家において権力を握った教会人は、彼らの教会に囲い入れられない人々を往々にして迫害かつ虐待しがちだという点で、博士と私は一致する。だが、そうした迫害等は教皇主義者や長老派の場合には当然のことだとか、またイングランド教会ではまったく軽微だとは、私には考えられない。……私はニュー・イングランドの事情を知っていて、それは彼にとって大いに役に役立つだろう。そこでの統治はローマにおけるように聖職者の手にあり、宗教ゆえの彼らの迫害は無比のローマにもひけをとらない。……

fol.7
……寛容の問題は、為政者が異なった教会を寛容するかどうかにあるが、……寛容が、キリスト教徒間の相違を抑制する権力を為政者から取り去ることであるならば、なぜそれが現在において、キリスト以後最初の400年間に生じた以上に、宗教をより多く侮辱することになるのか私には分からない。……寛容の下での見解の相違は、人々を相互の耐忍と慈愛に導くことに一層なるだろうし、それは教皇専制下でのあの種の団結に向かうよりも真の団結となる。自由な人間は誰も、彼や他の人々が奴隷的信従で団結させられるような専制下に、自身を置くことはないだろうから。

〔ここまでは *The Mischief of Separation* へのノートである。以下は *The Unreasonableness of Separation* へのノートとなる。〕

序文[243]

……この論争について、ある者は放置した方がよいとしたが、他方、イングランド教会の維持を考える者もいて、博士が考えるのと同様、彼らの共通の敵に対して彼らの土台を強化するために、プロテスタント宗教はあらゆる種類のプロテスタントからなる団結した力を要するとした。……

fol.8

……しかし、人々がわれわれに歩みよろうとし、公然と〔教皇主義者との〕対決に踏み出そうとしているちょうどその時に、（もしわれわれが許すなら）喜んでわれわれと協力して彼ら〔教皇主義者〕[244]と対決するであろう人々との何らかの相違や論争を拒絶または排除するというこのやり方が、彼ら〔教皇主義者〕の企図に対決してそれ〔イングランド教会〕を強化することになるのか、私にはよく理解できない。……このような論争において、両者の側で誤りを、少なくとも失策を犯しがちな人間的弱さへの慈悲と許容をもって〔？〕に好意と善意を表明する以外に……（とくに宗教上の）相違を減じる何か他の方法を、私はめったに見たことがないからである。／われわれの儀式とローマ教会の儀式とをよく区別せず、それらを混同して迷信に対抗するあれらの人々〔非国教徒〕の向こう見ずで思慮のない教皇主義反対の熱意が、それ〔団結によるイングランド教会の強化〕を前向きに手助けするとは、私にはどうしても肯定できない。だが、私がさらに甘んじて尋ねたいことは、それら〔教会儀式〕をかくも厳格に遵守し、かつそれらのためにかくも頑固に争うことが、なぜ相応の機会をそれ〔イングランド教会の強化〕に与えなかったか、ということである。……

---

[243] Preface 『分離の不当性』の序文に関する記載の開始を示す語と考えられる。

[244] ここに限らず、代名詞が多用される箇所があり、被指示語と考えられるものを〔 〕内に補った。

fol.9

……非本質的事項にすぎないと認められるあれらの儀式が、そしてイングランド教会の重荷が減らされたならば、イングランド教会はより多くの味方を得、かつ争いを減らすに違いない。ところが、教会はその構成員になったであろう多くの人々をこういうやり方で締め出し、かつ彼らと敵対し、今や敵が作られる。……私がこのことを言うのは、博士やわれわれの教会の何かを非難するためではなく、以下のことを考慮する機会を彼に与えるためである。この責めの相当部分は、それ〔教会〕とは異なる人々と同様に、あれらのこと〔儀式〕にもあるのではないか、そしてわれわれの危険や混乱の責任が非国教徒の頑迷のみにあるかのように、すべての重荷を非国教徒に負わせることが、賢明かつ正当な解決法なのかということである。……

fol.10

疑問。分離によってイングランド教会を覆すというのが教皇主義者の意図であったならば、それを回避する最善の方途は、教会のコミュニオンを拡大することではなかったか？／イングランド教会を揺るがす教皇主義者の熱心な努力は、イングランド教会の教義や礼拝体制への敵意から来るのではなく、イングランド教会が国教だからとは考えられないだろうか。……もし今イングランドにいるわれわれの一部を通じて、イエズス会士が彼らの教会に為政者を連れて来ようとするなら、彼は自分を、長老派よりはまずイングランド〔教会員〕にする方が、より手近で確実な方法だとは考えないだろうか。……プロテスタントの団結の必要性の……感覚へと非国教徒を至らせるばかりでなく、現実に団結自体を生み出そうと博士が努力するのであれば、彼は間違いなくそうしたいと切望するが、私はその方途は、一方に対して全部への服従を求めるという従来一般的に実践されてきたことにではなく、何かを放棄して互いに友好的に譲り合うよう、両者の側を説得することにあると考える。……

fol.11

……近年制裁を考慮する場合に、はかりの一方に教皇主義者がめったに置

かれず、狂信者〔非国教徒〕が他方に置かれるというのは、相当奇妙なことである。……というのも、流血、暴行と破壊でもってわれわれの宗教や統治を不能にしてやると言明した人民としての彼ら〔教皇主義者〕に対抗して、全プロテスタントが今やあらゆる方法で駆り立てられるべきであり、……その一方で、すべての非国教徒プロテスタントが可能な限り十全な相互理解と承認に至ることを、誠実な人なら誰でもこの際、時宜にかなっていると思うだろう、と私は考えるからである。……

fol.12　……疑問。彼がしばしば言及する準則や公定教会というものは、世俗の支配者によって制定されるのか、教会の支配者によって制定されるのか。……私が思うに、

fol.13
教会準則というものが執行されるなら、誰かを破門することがあるだろう。……博士が普遍的破門で何を意味するのか私には分からない。……法が適正なものであれば、それを破る人に普遍的に対するが、刑罰が下されるのは、有罪と立証される特定の人々に対するのみである。このことは、最も苛酷な宣告を全集団にまとめて下す破門が、ローマ教会における最も不当かつ非キリスト教的な実践であることを明らかにする。……何がとくに人々を破門に至らせるのかを考えると、それはある疑い、つまり博士や他の人々は、彼らの<u>全教会</u>[245]を国家的にしうるほどに、なぜそれほどまでに正当性を主張できるのか、を思いつかせる。というのも、教会は神礼拝を行い広める人々の自発的な団結にすぎず、その団体が構成員に対してもつ最大の権力は切り離すことにすぎないからである。

fol.14
そのことはまさに新しい教会の土台をすえることになるだろうし、これは教会人がひどく嫌悪したことである。……破門に続く不都合を回避するた

---

[245] 全教会（whole Churches、単数形もある）というスティリングフリートの概念については、第3章参照。「一つの世俗統治と同一の宗教準則の下」で集う教会のことで、国教会とほぼ同義と考えてよい。

めに、教会統治は常に世俗権力の援助を得るような状態に自身を置こうと努力する。……だが、教会外の人々を懲らしめるために、為政者が鞭をもって戸口に立つようになれば、……結果的にそうした教会権力をエラスティアンにする。……今イングランドで教皇主義者の君主を想定するならば、教皇主義に対するあの大きな砦となっている彼らのイングランド教会はどうなるのか、私は尋ねたい！このやり方では、自分がどの教会員となるか選択の自由を各人がもたない限りは、あらゆる宗教は最後には、それがよかろうと悪かろうと君主の宗教に行き着かざるをえない。／信従支持の文書を書く博士や他の人々は、寛容に反対して多くの不都合を述べ立てる。……人々は彼ら自身の思想ゆえに、また彼ら自身の意見を表明するゆえに、ひどい不便をこうむる。世の災いのすべてはここに由来すると私は考えるが、だからと言って、人々は自分自身のために考えも意志もしてはならない、と誰が言うだろうか？……

fol.15

……私が知る限り、教会の最初の時代には、嘆願、説得そして訓戒以外のものはなかった。これらのことがうまく作用せず、人を教会員としてふさわしい者にさせられず、醜聞や不品行によって、人が教会の平和と名誉に相応、合致できない時には、彼を追放する以外の策はなかった。……暴力が一部の人々を彼らの良心に反して服従させうることを、私は認めざるをえない。だが、そうした信従・目的のために暴力を利用する人々が明らかにしていることは、誠実なキリスト教徒よりも、単に偽善的かつ罪深い信従者を獲得し、かつ今後の天国におけるよりも、ここでの教会で羊を獲得することに注意を払うことに、彼らは満足しているということだ。／博士が説教と論文の両方全体で主に反対しているらしいことは二つのことである。第一は分離、もう一つはこれら分離した者の寛容である。分離に注目する前に必要なことは、人がそこから分離するもの、それは教会という名をもつが、それが何か、そして博士が説教でわれわれに語るあれ〔教会〕が何かを知ることである。……

fol.16

さらに、教会というあの種の統治体からの分離とは何か、ということも考えられるべきである。……フランスのプロテスタント教会と、または国内の長老派と数年間交流があったという理由で、人はイングランド教会員たることを止めるのか。より啓発される・考えさせられるからと、私は独立派の隣人の説教をしばしば聞き、洗礼時の十字を好まないので、私の子供を長老派によって洗礼させ、かつ私自身はイングランド教会の聖餐に来てそれを受け、しばしばその公的祈祷にも加わる。これらの何かによって、私はイングランド教会員たることを止めるのか。こういうことをしても、私がなおもイングランド教会員たることを止めなければ、何の分裂もおこさないが、それはやはり分離になるのか。／私自身の自発的な同意から何らかの教会員となること、そしてそのコミュニオンに通うことは、あの〔神の裁きの〕法廷に対する懇願や奉仕ではなく特権であり、その特権をあの目的の達成のために用い、その目的のために私はそこへ入会した。……したがって、私はもはやその一員ではないと私自身が自発的に宣言するか、またはこれこれの行為が私の教会員資格を喪失させると当該団体が宣言して私を〔？〕追放する以外には、何も私をそうした団体から追い出せないと言える。その際、それが私自身によってなされた時には、分離の名称に真に値し、それによって私は自身をコミュニオンから追い出す。後者は破門であり、当該団体が私を

fol.17

コミュニオンから追い出す。これら二つの方法の他に、何らかの教会員としての、あるいは何であれ他の統治体の構成員としての特権を、何人もどうやって喪失しうるのか、私には分からない。……分離する、つまり十分な事由なくある教会とのコミュニオンをすべて否定する者が教派分立の罪を犯すならば、十分な事由なくその者を切り離す側も同様の教派分立の罪を負っていないか、考えてもらいたい。……／分離は罪だと博士は言う。このことは、教会との団結を継続しかつ開始する、それらの一方または両方を義務だと想定することであり、彼が語る教会とはイングランド教会だとわれわれは考えてよいだろう。……／博士によれば、われわれは、われ

われの教会秩序に服従することを良心において義務付けられ、そして良俗と秩序に関わる事項のみを未決定のままに神の言葉は放置した。／神が放置しておいたから、教会はあれらの事項においてわれわれの良心を義務付けることができる、というのが彼の議論のようだ。ここでどの教会も、良俗や秩序の事項で取り決めをする自由をもつというのは明らかだが、

fol.18
各人の良心に受け入れを義務付けるような良俗や秩序を制定する権力を、法によってもつ教会役職者が存在するというのは、立証を要する議論である。……／統治体にとって秩序は、動物の身体にとっての臓器のように、必須である。それがないと統治体は一つの体として行動できない。団体における秩序は、当該団体の業務と目的に適したいくつかの機能に、さまざまな人々を指名する以外のことには存しない。……ここから明らかなことは、団体がそれ自体を確実に支えるために作った秩序には、団体構成員はどんなにか服従しなければならないとしても、もし彼が入った団体の目的に役立つようにはその秩序が〔？〕設定されていないと考えるなら、その団体を去らねばならないということである。／良俗については、人々の見解以外に他の尺度はほとんどなく、キリスト教到来時に何が良俗かという準則を作ることは、何が良俗的な振舞いかという準則を作るのと同様に、不可能である。……

fol.19
……彼が許さない分離とは具体的に何かを、はっきりさせておいてくれたらよかったのに。というのも、何が分離に相当するかということは、私が上で語ったことで明確になった限りでも、理解は容易ではないからである。／第一に、宗教の大きな役割は神を讃え、神の愛顧を見出すことである。このことは各人自身における最も個人的かつ固有の関心事であり、彼の隣人はそれに何の関わりももたないが、（というのも、私の魂の救済のために私がどんな方法を取るかについて、何人も慈愛によるもの以外のどんな関心をもつのか？）しかし、個人の孤立した生活では宗教の実践や目的に十全に到達することができないので、したがって彼が何らかの宗教を

抱く時には、当該宗教が表明されている何らかの団体に参加し、そのコミュニオンに加わることを余儀なくされる。／第二に、これらの宗教集団はキリスト教徒の間では特異な名称をもち、われわれは教会と呼ぶ。そして博士はイングランド教会を、この目的のために同一の信仰告白、同一の統治の法及び神礼拝の準則の下で団結したキリスト教徒の団体だとし、他のすべての教会もこの点に存するとする。／私が考えるに、教会の本質は宗教的事由による団体形成である。そして教会の団結とは一つの統治下でコミュニオン上の同一条件において参加することである。だが、その本質と団結に加えて、博士はさまざまな箇所で教会の範囲、権力、そして目的に言及し、それらは実際、考慮中の疑問に正しく答えるために知っておく必要があるので、したがって、ここでもう少し具体的にそれらを考えても具合の悪いことはないだろう。／博士は全教会に〔？〕言及し、教会の区域や境界は世俗統治の領域や範囲に依拠する、とほのめかすように見える。あたかも同一国内に二つの全教会はありえず、またさまざまな国々に同一教会はありえないかのようである。……教会が国家的でありうる点で私は彼に賛成するばかりでなく、もし全キリスト教徒が同一教会統治の下で同一のコミュニオン条件で団結するようもたらされるなら、それはエキュメニカルなものでもありうると私は考える。だが、なぜ教会が国家的なものより小さなものであってはならないのか、私には理由が分からない。

fol.20

……教会の本質は宗教を理由とする人々の自発的団結にもっぱら存し、人々に全教会を、つまり独自の団体を構成させるのは、それ以外の何ものでもなく、どの団体も皆、それと同じだけの数の統治でまとまっているにすぎない。そしてこのことが、ローマ教会をさまざまな国で一つの教会にすると同様に、ブランデルブルグ選挙侯の同一の世俗統治下で、カルヴァン派とルター派教会を独自の教会かつ充足的・完全な団体にする。クレーフェでのルター派教会は（それは監督制をもつ）自身の統治権をもつ独自の教会であることを、誰も否定しないと私は思うが、それは国教会でもなければ国教でもない。そして、このことはフランスにおいても大変明瞭な

ことだと思われる。そこでのプロテスタント教会が、国家的でないからという理由で独自の教会ではなくなるとは、誰も考えないだろうと私は確信する。この事例において世俗統治を考慮することが何か意味をもつとしても、何らかのコモンウェルスに国教会とは別の、自身を統治しうる教会が存在することが、そして同様に、同一コモンウェルス・王国内に国教会とは別の教会統治下にある人々が存在することが、なぜ不可能なのか私には分からない。……

fol.21

……次に教会権力について考えよう。キリスト教は神自身によって啓示された宗教だと皆に受けとめられている。したがって、その教義や掟は教会法を超え、したがって教会権力は何であれ、直接的にせよ解釈をつうじてにせよ、〔？〕人間の権威で強いて、信仰やキリスト教徒の実践準則を作るようなものであってはならない。……可能ならば、何がキリスト教の教義や義務になるかを探し、求め、見出すのは全キリスト教徒の義務だが、しかし、これやあれがそうだと命じるのは義務ではなく、したがって、彼らはそのように発令された何らかの指令を受け取ったり、それに服従したりしてはならない。人がキリスト教徒として受け入れ、服従するよう義務付けられるのは、彼にとって全能の神から来ると思われる指令のみに対してである。キリスト教会に残存する権力は（キリスト教の法や準則は教会存在以前に作られ、したがって教会には服さない）、その教会自身の行動を指令する権力以外の何ものでもありえない。……教会の構成員になることは<u>当該団体に関わる</u>完全に自発的なことであり、かつ世俗の利害をもたない教会は、同様に世俗の権力をもたないので、それぞれの構成員を秩序付けるための唯一の手段は、勧奨と譴責である。それらがうまくいかなければ、教会の最大の権力は排除することだけであり、それはこの種の団体においては破門と呼ばれる。したがって、どの団体もそれで〔？〕人々が入会を許される条件を制定しうるのと同様に、どんな理由で排除し、それによって関係を絶つのか、まさに判断者となりうる。教会権力のぎりぎりの限界はこの点にあると私は考える。次に考えられるべきことは、誰の手

にこの
fol.22
教会権力があるかということである。一部の人々は以下のような見解をもつ。宗教を啓示したのと同じ権威が統治の人員や形態を指定した、と。そうであれば、教会はそれに何の関わりもないことは確かであり、それは宗教自体と同様に神聖である。他の人々は、それは決定されないままであると信じ、当該団体自体の権力だとする。明白なことは、それがかりにそういうものであり、福音が神のものであって最高の義務を伴うものだと私は認めても、しかし神の啓示は、神が話しかければ私が理解する以上には、私を指令できないということである。……したがって、聖書の神は、どこか特定の教会の構成員になるよう私を義務付けることはなく、……またどんな教会が設立されようと、私が構成員である期間を超えて私を義務付けることはないので、どの教会が、そのためにその構成員となるあれらの目的に最もかなうと私が考えるか、選択するのはまさに私の自由である。／博士は教会の唯一の目的を統治と秩序とする。そのことは軍隊の職務は命令されることのみにあると言うのと同じことである。……だが、何人も統治されるためだけに何らかの団体に自発的に入会してきたとは、私にはほとんど想像がつかない。どの人にとっても大きな目的は幸福であり、宗教がそれにより直接的に役立つと考えられるのが常である。そしてその大きなかつ主要な部分は、人々のこの世での日常生活と付き合いにおける満足できる生き方であろう。

fol.23
だが、宗教の大部分は団体で扱われるものとなり、そのことだけが宗教という名前を得、宗教に関わるさまざまな団体がそれだけの数の宗教と称される。団体は無意味なことではなく、また統治のためだけのものでもないから、団体においてのみ達成されるいくつかの他の大目的があるに違いない。私にはそれは以下の事項だと思われる。(1) 教化（それは理解力に情報を与え、意志を抑制することに存する。〔〕］(2) 神の公共礼拝。(3) 真理の伝道と子孫の福音の継受。これらの一は神に対する私の義務、もう一

つは隣人に対する、最後は自分自身に対する義務である。少なくともこれらの三つは聖書に明記されている。……キリスト教に改宗した異教徒が……さまざまな教会、さまざまなコミュニオン条件や礼拝様式をもつさまざまなキリスト教団体を見出すならば、こうした団体のどれに入会するかを選ぶ自由を、彼に否定できるだろうか？……彼がこの宗教を擁することは彼の魂の救済のためだから、それを達成する適切な手段として、彼が上記の事項を見出せると考えるその団体に自身を投じることこそが、彼が道理をもって行えることである。したがって、これらの教会コミュニオンのどれかに入った当の人物が、

fol.24
そうした目的において自分が間違ったと悟れば、そこを去って、よりよいものと彼が判断する別のコミュニオンへなぜ移動してはならないのか、私には理由が分からない。……

fol.25
……私がこういうことを博士に言うからといって、私はもう片方の人々〔非国教徒〕の態度を見過ごすのではない。私はそれらの人々をもっと非難されるべきだと考えるし、かつ博士は多分、最初の一撃を加えたと申し立てるだろう。彼らは団結に非常に関心をもち、そうしたいと表明する。そうしたキリスト教徒の間での荒っぽさや性急な熱意に対して、何か弁解が申し立てられてもよろしければ、不遇なかつ日の当たらない人々に少々の余裕を作って与えるために、何か語られても多分かまわないだろう。……

fol.26
……例えば、クエイカー教徒はイングランドで寛容されてはならない、つまり彼らの弾圧のために法の苛酷さが利用されなければならない、ということで意見が一致している。……どういうことになろうと流血の苛酷さが効果的だと（私はそれを疑うが）博士が考えるならば、それはキリスト教的であるのか、彼に考えてもらいたい。……博士の答えは、苛酷さは教皇主義者に対しては効果的かつ正当だが、他〔非国教徒〕に対してはそうで

はないというものである。私が答えるなら、もしそれが宗教のゆえというなら、どちらにおいてもそれは正当ではなく、そして罰が妥当な治療法になるとするなら、それは効果を欠くようなものであってはならない。……教皇主義者が、敵アイルランドを擁し、われわれに戦争をしかける臣民や君主である、という以外の何かの理由で罰せられるなら、彼らは虐待されていると私は思う。ただし、その罰の根拠は宗教に関わり、彼らがあの宗教に属すということが、彼らが敵対派の一員である唯一の証拠となり、われわれの獅子身中の虫または間諜以外の何者でもないとみなされうる。……世に存在する教皇主義者が、せいぜいわれわれの間にいる程度の少数者であるならば、[246] 彼らは他の非国教徒なみに、ちょっと法外で無意味な考えにとりつかれて最大の哀れみをかけられるべき、そういう者としてのみ取り扱われるべきものだろうと私は考える。……

fol.27　略

fol.28

……ここで、あなたの〔教会〕はどんな権威によって設定された公定の制度であるのか、と尋ねても悪くはないだろう。もし教会の権威によるならば、つまりそれは、博士自身が言うように、<u>そこでともに団結した人々の一団体</u>である。この団体は、ギリシア、アルメニアやローマ教会がわれわれに関わりないのと同様に、外部にいる人々には関わりなく、彼らに及ぶものでもない。もし世俗為政者によると言われるなら、どうやって彼は、宗教を作るにとどまらず教会も制定するようになるのか、私は知りたい。彼〔世俗為政者〕と同じ教会の一員である人々は、そこで彼らがもつそうした事項における立法権を、彼に委ねてよいと多分考えるだろう。だが、ある教会の一員である為政者に対して、そこで払われ・向けられる敬意は、他の者を上回る何らかの権力を彼に付与できない。……もし彼が為政者として権利をもつなら、異教徒の君主がキリスト教会のために教会法を、

---

[246] この訳はロジャーズの解釈に拠った。G.A.J.Rogers: 'Locke and Religious Toleration', p.131.

そして教皇主義の王がプロテスタントのコミュニオンや礼拝用に法を制定してよいことになる。……

fol.29

……私が神礼拝のいかなる部分においても不当だと判断することは、何であれ分離の十分な理由となる。……そしてわれわれの信従の法は非本質的事項に関わると言われるとしても、それ自身の本性においては完全に非本質的だが、神礼拝における人間にとってはそうではありえない、多くのことがあると私は認める。……というのも宗教礼拝の事項は、神に受容されるとの希望をもって、私がそれによって神に近づくものであり、あの目的〔救済〕のために求められ、役立つと私が思うことを行うよう、そしてそれに反し矛盾すると私が思うことは何であれ無視するよう、私はまさしく義務付けられるからである。……

fol.30

……だが、私の考えでは、分離される側の教会実践に何か罪深いものがある、という判断がなければ分離をまったく正当化できないかのように、かくも厳格にこの問題に固執する必要はない。ある教会への団結は神礼拝と同様に教化と真理の伝道のためであり、そしてそれらの目的のため以外にそこにとどまる義務の下にはないことが証明されてきた、と私は考えるので、そうした目的を見出せない、あるいは他と比べてよくはないと思われる当該教会を、なぜ人は去っていけないのか、私には理由が分からない。それゆえに、主の晩餐時の跪座は罪ではないという付随説明に人は満足するとしても、その厳格な命令と実践が聖餐式のパンやぶどう酒に対する迷信的崇拝につながる……と疑われるなら、誠実なキリスト教徒はこのことを理由に、そうしたコミュニオンから罪なく出て、他の（そこでは彼がつまずくような理由を何も見出さない）コミュニオンへと向かえないか。……今は、教皇主義がかくもわれわれを脅かして緊密に取り囲み、とにかく準備万端整えてわれわれのところへ公然と侵入できる時である。プロテスタント宗教と化体説は両立しえない。

fol.31

疑問。主の晩餐時の跪座を権威的に命じまたは免除しうる教会統治者とは誰か？ あるいはその言でもって、キリスト教徒コミュニオンの自由に対する妨害を、行ったり控えたりできる教会統治者とは誰か？／私は、十字、跪座や名付け親といった博士の例示には快く、かつ彼の巧みさ、気質、そして率直さに感服して対応しよう。権力の座にある者の内、彼らがいったん打ち立てた事項に対するほんのわずかな反対にさえ耳を傾けようとし、形式に対する几帳面な厳格さを棄てて調停に向かおうとする、彼は私が出会った最初の人物だからだ。……無分別な非国教徒の熱狂が投げ付ける何らかの害がわれわれの教会に生じるとしても、迫害よりも寛容が、なぜそれをより一層増大させることになるのか、私には分からない。というのも、厳格に信従を強要する場合にそうだったと博士が主張するように、荒っぽい待遇が荒々しい対応を引き起こしやすいからである。……

fol.32　略

〔ここまでは　The Unreasonableness of Separation の Preface へのノートである。以下はその本文部分へのノートとなる。〕

fol.33　空白

fol.34

……彼がここで言う分離で何を意味するか。／われわれの教会はそのコミュニオンの条件を変更しなかったが、それに一致できないすべての人々に分離を必要とさせた。……かりに博士がルター派教会で、私はここの〔イングランド〕教会で生まれ育ったとして、博士が分別年齢に達した時に共在説に同意できないとの見解をもち、……また私は幼児洗礼に同意できないという見解をもつなら、両方を根拠にして、われわれは分離してよくは・すべきではないか。……

fol.35

……フランクフルトの事例によるなら、誠実な宗教改革者はドイツの当地や他の町における彼らの間で、異なった教会の〔？〕を危険なことだとは考えなかった。彼らは団結を守るためには平和と友好を維持すれば十分だと考え、強制する教会に、かつ暴力と罰でもってそうした強制に彼らをし

たがわせようとする教会に反対するという、一つの共通利害で一体となった。本当に分裂となるものを結果するのは（私はどこでもそうだと確信するが）強制と暴力だった。……

fol.36
……博士が指摘する例えば洗礼時の十字、跪座、法衣、そして主教服といった、あれらの非本質的事項を最初の宗教改革時に保持したことが、現在のわれわれの間の長老派のように、多くの者をイングランド教会から遠ざけることになったのであれば、……今それら〔非本質的事項〕を放棄して、これら〔長老派〕をそこ〔イングランド教会〕へ入れることが、なぜ同様に道理あるものにならないのか、私は尋ねたい。……ロンドン主教〔エドマンド・〕グリンダルによれば、

fol.37
秩序のために儀式と非本質的事項を命じる権限は君主にある。／疑問。こうした非本質的事項は、従来それらをめぐってなされた〔？〕と分離に値するものだったのか。それらを追加したいと表明する人々が一方にいれば、良心においてそれらに追従できないとする人々が他方にいる。歴史によれば、分離が生じたのは、統一が厳格さをもって迫られ、一部の聖職者がそれに沈黙させられた後だった。……スポーツの推奨は主の日の遵守について、むしろ争論と分裂を引きおこすことに役立ったのではないか、と私は尋ねたい。権威者自身が宗教問題に介入することはかくも危険なことであり、それは自由かつ非本質的なものとして放置されるべきだと〔私は〕考える。……

fol.38
……教区コミュニオンに関する法規を現行のままにしておこう。そうなると、私は良心において、神礼拝と私自身の教化のために、私の教区から2マイル離れたある会衆に加わることを余儀なくされる。私の教区では、み言葉と礼典の執行者たるべき者が、無知、飲酒、放蕩、そして福音に対するまぎれもない恥辱として悪名高いのだ。そこで教会命令が私に指定したのは、最寄の教会ではなく、私が聞くことができないほどその説教壇から

非常に遠ざかった〔？〕だった。最寄の教会には、信仰篤い経歴と生活態度でもって福音を〔？〕伝道する、まじめで敬虔で学識ある聖職者がいるのに。そうなると、このことはキリスト教徒のコミュニオンを、人間の魂の救済のためよりも、私はそれが何か知らないが、教会規律のためのものにする。人間の魂の救済こそ

fol.39
教会規律と教会の大目的であるべきなのに。……人々は主教や牧師を選出する彼らの権利を求めた。それは原始教会の実践にもとづいて歴史が正当化すると思われる要求である。……宗教上のこれらの論争や分裂から距離を置き、その終結を心から願う誠実で公平なキリスト教徒なら、つまるところ、彼は以下のように考えないだろうか。ローマ教会の専制と腐敗はこの世のすべてに広まり、教会権力を高め増進するために、キリスト教の実質的部分・事項を脇に置いて、彼らの権力と秩序に役立つ教義や儀式に余地を作ろうとした。……本当にキリスト教徒だった人々は他の必要な事項を見出し……それゆえにそのコミュニオンから分離して、真理、教化、そして純粋な礼拝において〔？〕共通する教会目的をよりよく達成することが必要だと考えた。……

fol.40
……その下にわれわれがある世俗権力は、人々自身の理性や良心を〔動詞欠落〕できず、またすべきでないなら、新しいコミュニオン条件で新しい教会を設立するこの力に、どんな制約が設定されるのか！もしそれ〔世俗権力〕がかつて、ある人や人々の集団の分離を権威付けたなら、それは他のそれをも権威付け、今後も常にそうして、ついには誰もが相違を主張して自身を明確にし、自分はかくも無謬だと他者を説き伏せるまでになる。というのも、私がどの教会員になるかを私に指示する統治者をもてるとすれば、それが世俗為政者にしろ私自身の良心にしろ、無謬のもの以外にはないからだ。……プロテスタント宗教がよりよく存立しうるには、それ自身の土台に立てばよいのか、教皇主義の土台に立てばよいのか。というのも、改革を行い、新しい分離教会を設立するための理由をその際に与

えたのは、ルター派、カルヴァン派、またはイングランド教会のどれかの教義や礼拝の真理性ではなく、人々が良心においてそうだと納得したことにすぎないからである。……

fol.41
……もし真の一教会からの分離が正当でありえないなら、この点で、その一教会を除いたこの世のすべての教会は罪あるものとなるに違いない。……／ブラウン派[247]の事例では……分裂が増加するとあるが、そのことがイングランド教会をかき乱すことがないのと同様、脅迫的な苛酷さが人々を緊密にまとめたとも私は思わない。というのも、彼らが何の制約下にも置かれないオランダまで行けば、彼らは分裂、再分裂し、われわれの著者が看取するように、あの国での公定教会をまったくかき乱すことなく、彼らは静かに衰えて消滅したからである。人々を正気に戻し、その結果、道理ある信従へと再び戻す最も手近な方法は（やさしい待遇に次いで）、彼らが疲れ飽きるまでバカ騒ぎさせておくことだ。……

fol.42
寛容とは、人々を緊密に統一するという為政者の法を取り去ることだが、そのかくも確かな帰結が、混乱、無秩序そして宗教の崩壊であるなら、最初の300年間のキリスト教はどうなったであろうか！……さらに、ギリシア、マロン派、アルメニア教会は刑罰法も、また彼らを助けるあの権力の援助ももたないが、われわれは後世になっても、彼らにおいて際限のない・継続的な分裂を見出すことはない。／世俗為政者が介入すべきであって、すべてが良心に委ねられるべきでないならば、私は尋ねたい。（1）どんな委任によってか、（2）どれほどが為政者の権威下にあり、どれほどが良心に委ねられるか。しかし、為政者を自分達の味方にしていると考える時には、為政者の権力を認める他の大半の教会とまさに同じことを、ここでの長老派もすると私は思う。為政者は彼らによって統治され、その結果、彼らが立法者、彼が執行者となり、彼の権威を許容する。……為政者が彼

---

[247] 16世紀末に登場した、トマス・ブラウンによって率いられた非国教徒の一派を指す。

らと対立すれば、われわれだけが正しい議論をするのだから、これを以下のような教皇主義的な言葉で露骨に語れば相当の迫力があると思われるが、つまり、われわれだけが無謬だから、われわれはわれわれの教会員であるべきだという主張に、万事が最後に行き着く。……

fol.43
……長老派が権力の座にある時には、彼らの支配は良心の自由によって妨害されがちだと考え、その際、現在の一部の教会人と同様の見解、つまり良心の自由は教皇主義より悪質だという見解をもったようである。そのことについて、長老派は自分達の順番になるとこう主張した。彼らが自身の無謬性をもてず、かつそれ〔無謬性〕ゆえに人々の良心に対するあの支配が生じるなら、彼らは何ももたないよりも、むしろローマ教会のそれをもつべきだと。こうしてこれらの神の民は支配にかくも大きな影響を及ぼす。／……彼らは自分達の仲間に政治家を加えた。なぜならば、彼らはあの場合には一般に、聖職者というよりもはるかに政治家だったからだ。そのことは、いかに彼らが彼らの支配を守り拡大しようとしたか、そしていかに福音の真の自由は説教しなかったかを考えれば分かる。……

fol.44
……博士。<u>ある教会とのコミュニオンは、その教会員として教会に加わることである。</u>疑問。教会員として教会に加わるとはどういうことか？ 博士。<u>その礼拝のすべてにおいて教会に加わること。教会の準則や秩序のすべてに、十全かつ恒常的なコミュニオンと服従を行うこと。</u>……彼ら〔イングランド教会〕がある人にコミュニオンを拒否するのは、その教会員ではないからだという理由を考えるのは、博士の側での奇妙な理屈付け、あるいは、彼ら〔イングランド教会〕がこの理由でそれを拒否したならば、私には彼らの側での奇妙な理屈付けに見える。この理屈では、入会を望む異教徒に対して、どの教会もコミュニオンを拒否すべきことになるからである。……人間は

fol.45
どこかの教会員ではないと救われないのか？……イングランド教会で洗礼

されることで、何人もイングランド教会へと洗礼され、その固有のコミュニオンに受け入れられたとは、私は知らなかった。……このことから、博士をかくも驚愕させるもの……すなわちカトリック的団結というローマ的な幻想に対して、われわれの教会は無縁ではないことが明らかになる。この幻想は、われわれの教会へと洗礼されることが、人々をしっかりとキリスト教徒にし、彼らが再生しかつキリスト教会の体に連なることを宣言する、と考えるものである。……

fol.46
……人は自分が最善だと考えることを常に実践すべきだという博士が強調する準則は、私は普遍的に妥当するとは思わない。……誰もが最善のことをするのは実際理にはかなうが、そうしないことが必ず罪になるとは、誰も言わないだろう。だが、かりにそうだとして、この準則を守るならば、一時的コミュニオンをつぶすことなく促すことになるだろう。というのも、この準則にしたがえば、イングランド教会の祈祷、長老派の礼典執行、そして一部の傑出した独立派の説教を、私が最善だと考えるならば、これら三つのそれぞれのコミュニオンの活動において、私はこの準則にもとづいて三つ全部と一時的にコミュニオンをもってよいし、もつべきだということになるからである。……

fol.47
……合法的体制がその教区の合法的収入権を彼〔牧師〕に与えうるなら、地主に地代を支払うのと同様に、彼に帰するものを支払うことを……私は良心において義務付けられると考える。このことは皆、これらの事項に権限をもつ国法によるが、しかし、霊的事項において案内役となる私の牧師として彼を受け入れることが、当該法によって義務付けられるのかは疑問である。……

fol.48
……疑い・間違いなく、博士は<u>制定</u>[248]という語を公定や類似の語ととも

---

[248] settled

にさまざまな箇所で使用するが、彼が制定の語で意味するのは、世俗為政者の権力によってなのか、またはどの統治体も自身の内にもつ、私がここでは教会権力とみなすあの権力によってなのか、彼はわれわれに語らない。……

fol.49

……博士が呈する疑問は、その宗教を告白する国において、一部の公的礼拝が禁じられてよいかどうか、ということである。これは一見、簡明直截な疑問に見えるが、よく考えれば、最初に想像しがちなほどには、平明にも明瞭にも思われないだろう。というのも、何が真の宗教かが最初に解決されねばならず、この疑問は人類の大議論として常時存続しそうなものであり、かつわれわれの現在の問題においては、どの国にとってもそれ自身のものが真の宗教だという以外の他の解決は決してありえないからである。……そこで、疑問を手短に言えば、<u>同一宗教</u>を告白する国民に不必要な制約を置かずに、世俗為政者は宗教事項においてどんな権力をもつか、ということになるだろう。というのも、彼が以前にはもたなかった何らかの権力を、キリスト教が世俗為政者に付与したとは私は考えないので、キリスト教徒の為政者が宗教事項において権力をもつことは、今後の証明を待つからだ。……

fol.50[249]

さらに別の、かつイングランドでのわれわれの事例に一層関わりのある疑問がある。それは、為政者は自身のもの以外のすべての公的礼拝を禁じる権利をもちうるのか、あるいは禁止に先立って、悪を内在する特定のものだけを禁じる権利をもちうるのか、ということである。……為政者が、それ自体罪深い特定の公的礼拝を禁じることと、教義と礼拝を統一して彼の民のすべてを強いて彼に加わらせることとは、大きく違う。私が誤っていなければ、後者がわれわれの問題である。したがって、私が博士から知りたいことは、以下のことである。われわれに異を唱えるあれらの教会すべ

---

[249] 紙葉上半分空白

ての公的礼拝は、何らかの法の禁止の下に置かれなくても罪深いものとなるのか、またそれらが法の禁止下にあれば、禁じられ罰せられるべきものとなるのか？……

fol.51
……法的権限をもつ者は疑いなく、十分の一税収受、説教、公的礼拝用に法によって指定された場所での〔？〕の祈祷といった、教区牧師に属する利益や特別な知見に対して、神と人の両者の前で正当な権利をもつ。……だが、分離に関連する議論の真の〔？〕は、彼がそのような法的権限をもつゆえに、私はそうした礼拝行為において彼に加わるよう、世俗法によって拘束されるのかということである。……教会の統一がわれわれのためにかくも大いに意図される事項だとしても、さまざまな礼拝様式と両立しうるものもあるだろう。少々不思議に思われるのは、教会が大いに望むものが平和と団結であるならば、礼拝様式に許可を与えれば、かくも多くの非国教徒の口を確実に閉ざすことになるのに、なぜわれわれの教会は必要な礼拝様式の一部の行為を免除したり自由にしておかないのか、ということだ。……

fol.52
……博士が罪深いとみなす分離は、われわれの教会コミュニオンからの分裂だけだ。したがって、すでにそこに属している人々以外には、誰も分離の罪に問われない。……ならば、クエイカー、アナバプテスト、独立派や長老派のコミュニオンで生まれ育った〔？〕人々に向かって彼は何と言うのか、私は彼に考えてもらおう。……彼はわれわれの教会での洗礼を強調する。……幼児洗礼が、そこで洗礼された教会において教会員となる義務を課すなら、そのことはわれわれの一部の者をアナバプテストの実践に提供し、どの教会員となるか選択できる年齢に達するまで、彼らの子供を<u>無洗礼のまま放置するのが道理にかなうとさせるのではないか。……人々がいったんもった教会員資格を否定することに加えて、彼は分離を罪深いものにする別の条件を意図する。つまり教会員としてわれわれの教会とのコミュニオンを避け、かつ当該コミュニオンに対抗する別の教会に加わるこ</u>

とである。私が尋ねたいのは、教会員としてコミュニオンを避けること、それ自体がそうした分離をなすのかということである。……コミュニオンを避けることと、対抗する集団のコミュニオンに加わることとは、二つの別のことである。……

fol.53

……〔分離が教派分立罪となる〕最大の条件は真の宗教からの分離に違いなく、ここでわれわれはかの古い疑問、すなわち、何が真の宗教かを誰が判断すべきかという疑問に達する。……私が真実ではない教義だと判断したものから私が分離してよいならば、私が罪深い礼拝だと判断するものから、なぜ私は同様に分離してはならず、一方〔教義〕においては私自身で判断でき、そうする自由をもつのに、どうして他方〔礼拝〕においてはそうでないのか？ また、私を信従へ強制する権利を伴って、私のかわりに判断するよう神が指名した者は誰なのか？ 私がこのようにむしろここで尋ねるのは、あたかも世俗為政者があの判断者であるかのように、博士が先の文節で王と彼の法を名指しするからであり、実際には、彼は教会法も名指しする。……このことはまったく理解不能である。というのも、もし彼が教会法によって教会聖職〔？〕の権威によって制定された教会法を意味するならば、彼は世俗為政者と教会為政者という二つの異なった判断者を、同時に私に指示するからである。私のかわりに判断するこの権限が、現在これらのどちらにあるかという疑問は言うまでもなく、もし彼らが相違することになれば、私はどういうことになるのか、そして二つの内どちらに私はしたがってはならないのか。これらのことは、教皇主義あるいは長老派の君主が存在するに至ったどのプロテスタント国でも起こりうる問題だ。博士の見解としては、教会統治者はたいそう慎重なので君主の宗教に異を唱えはしないということかもしれないが。……

fol.54

……さて、何が分離を教派分立という……罪深いものとするかを、博士はわれわれに語っているようだ。……博士が言うには、〔（１）〕１ その者が、より純粋な礼拝方法のために分離集会を実践せざるをえない、とは考

えていない場合、2 彼がより福音的な実践を求めて日常的に分離集会へ赴くのではない場合には、自身の教区教会からの分離は教派分立ではない。(2) 1 人々がわれわれの教会とのコミュニオンから分かれるのでなければ、2 分離する党派が集会用の新規律をもたなければ、われわれの教会の規定にない教義上の相違は教派分立ではない。(3) 人が何も実践しなければ、

fol.55
われわれがコミュニオンをもつ教会が認める礼拝様式と相違することは教派分立ではない。……（4）外国教会の教会員がここで許されている礼拝方法の相違は教派分立ではない。／（5）人がわれわれの教会とのコミュニオン行動を継続するならば、宗教事項における王の法や教会法に対するあれこれの不服従は教派分立ではない。／（6）アリウス派君主の〔？〕下で為政者の意志に反してある宗教の実践を維持することは教派分立ではない。／教派分立についての〔？〕消極的定義はこれでおしまいにしよう。私が見出す積極的定義は以下である。／（1）彼が洗礼され、またはかつて教会員だった教会に対して、教会員であることを否定すること。／（2）教会員として（その教会員だった）教会とのコミュニオンを避け、当該コミュニオンに対抗して設立された他の集団に加わること。さて、これらにもとづいて何が教派分立なのか、誰か私に教えてもらいたいし、また人が関わりうるあらゆる判断の際に、彼の良心を案内する準則を知らせてもらいたい。白状すれば、私にはそれはできない。……

fol.56
……博士によれば、彼がコミュニオンをもつよう義務付けられているのに、そこから撤退した、その当該教会からのみが分離となる。疑問。何が一キリスト教徒に対して特定の教会員になるよう義務付けるのか？／博士によれば、一時的コミュニオンが正当ならば、恒常的コミュニオンは義務である。なぜならば／（1）教会の平和と団結を守るためにあらゆる正当な手段を用いることは、全キリスト教徒に課された普遍的義務だからである。……私は尋ねたい、……

153

fol.57

分離の罪があると、そして教会の平和と団結を危機にさらす罪があると、誰が見なされるのか。強制権の保持が他の者に認められ、かつ私は服従の義務に置かれるなら、私にはどんな保障があり、どこにその限界があり、またいつ私は分離してよいのか？……人々の中には確実に以下のように考える者がいるに違いない。人々はただ一緒にいるだけでそこにいることになる、と彼〔スティリングフリート〕は主張するのだと。……次の文節で、われわれの救世主と彼の使徒はユダヤ教会と一時的のみならず恒常的なコミュニオンをもった、と博士は主張する。だが、私はそれで彼が得られそうな利益はほとんどないと思う。……博士が何と言おうと、彼らが常時救世主と一緒にいたことをわれわれが考慮するなら、救世主との彼らのコミュニオンは一時的以上のものであり、そのことからすれば、同一人物が一時に二つの対抗する教会と十全なコミュニオンをもちえた、と考える理由になろう。……

fol.58

……疑問。神の言葉と矛盾しない事項を命じうるあの正当な権威とは何か？ それ自身の本性において非本質的な事項は、この権威によって命じられると、平和のために服従されることが必要になる。洗礼の際、教皇主義者によって命じられた多くの儀式は、それら自身においては非本質的である。だが、それらは

fol.59

すべて平和のために遵守されるべきものであり、分離には何の道理もなかった、と博士は考えるのか？ 彼らの間で用いられるあの大量の儀式の、全部ではないとしても大半について、同じことが言えると私は思う。というのも、人の生活のありふれた事項においては非本質的であっても、それが宗教に持ち込まれると、しばしば不当かつ迷信的なものになるからである。……私が確信するに、そのことは多くの者がローマ教会の煩多な儀式から撤退する十分な理由にもなっただろう。……それで明らかなことは、彼がここで語るこの提案のような何か正当な権威があったとしても、宗教

儀式におけるその命令は、人々の良心を即座に服従へと義務付けることはない。それぞれの事項が個々に考慮されるならば、それ自体においては不当ではなく、また神の言葉にも反していないとしても。……ここで私は、儀式をやりすぎるとしてわれわれの教会を非難している、とは思われたくない。だがいったん「意ノママニ」強制する権力が許されれば、人間性の弱さを考える者なら、どこにそれが行き着くかを承知している。……

fol.60

……疑問。教会の為政者とは誰のことか。／博士はしばしば教会為政者への服従義務を促し、教会法違反を責める。……博士はわれわれに、それは重大な帰結をもたらす問題だと言う。……しかし、有無を言わせぬこの命令を無視することは、われわれの間にどんな平和の破壊を引き起こすだろうか。もし教会の平和がこれほどに教会準則に対する服従と結びついているならば、さて、それは黒プディングを食べる人々によって妨害されることにはならないか。[250]／使徒が、教会の平和を危険にさらすことを考えて、ユダヤ人改宗者を彼ら自身の自由に委ねたのであれば、他の人々も同じ配慮をしてほしいと私は思う。……

fol.61

彼〔聖パウロ〕がその当の問題〔割礼等の律法遵守〕でガラテヤの人々に語ることは、すなわち、キリストが彼らを自由にしておいたその特権にしっかりと立って、儀式律法の強制には服従しないということである。[251] したがって、分裂と教派分立を作ったのは強制者の方だった。……さて、ペトロが最初に〔？〕もっていた考えを継続したと想定するならば（もし聖パウロが厳しく彼に反対しなかったら、おそらくそうだったろうと博士が言うように、彼〔ペトロ〕はあの党派の長にとどまっただろう）、ここ

---

[250] 黒プディング（ブラックプディング）は動物の血を主体にして作られたソーセージ状の加工食品で、スコットランド等で供される。

[251] 欄外に Gal: v.1. とある。ガラテヤ信徒への手紙5章1節「この自由を得させるために、キリストはわたしたちを自由の身にしてくださったのです。だから、しっかりしなさい。奴隷の軛に二度とつながれてはなりません」を指す。

でその際、対等な権威をもつ二人の異なる長の下で二つの教会が存在したことになる。[252]聖ペトロがそういう見解をもった時期があったことは明白である。このことから以下の二つの疑問が生じるだろう。1、キリスト教徒個々人は、聖パウロの教会を去り、自分が最も正しいと考えた聖ペトロ教会とのコミュニオンに加わることで、教会平和のかく乱の罪を負ったのか。2、教派分立の罪はどちらにあったか。強制しようとするあの為政者か、こうした儀式を自由にしておきたいと思った人々か。……われわれの現在の事例にこれを適用する際、少なくとも強制権をもつあの統治者が誰なのか、より明確に語られるまでは、それが強制の問題にどれほどの助けとなるのか、私には分からない。それは一時は為政者であり、一時は主教であったから、そのことは疑問を除去するよりもむしろ引き起こす。……聖パウロが、ユダヤ教会との一時的コミュニオンを一部の点においては正当だと考えても、恒常的かつ普遍的コミュニオンを義務だとは考えなかったことは、彼自身の実践によって明白だからである。……

fol.62

……博士によれば、真の教会とは、その体制において教義上憎むべき誤謬がなく、礼拝上偶像崇拝がない、そういうものである。疑問。誰が判断するか。私が思うに、教皇主義者ならば、彼らの教会はその二つのどちらの罪も負うとは言わない。……このことから考えられるのは、それらの判断者となるべきものは分離するこれらの〔?〕であり、結果的には、分離については誰をも、自身の事由の十分性に関する判断者にするということである。……

fol.63

……あの〔宗教改革時の〕団結を維持するに十分だったプロテスタント教会間でのコミュニオンは、その構成員にそれを許可する教会が、他の構成員にも正当だと考えるような、そうした事項における〔?〕コミュニオン

---

[252] ガラテヤ信徒への手紙2章11–14節の内容に関わる。パウロは律法遵守を強調するペトロを非難した。

にすぎない。……その際、プロテスタント教会が行ったことは、他の教会との大変不都合な争いの原因と思われた儀式については、それらの〔？〕省略の正当性を考慮できるよう、彼らの知恵と節度を表明することだった。彼らの団結は（われわれが見るように）、互いの儀式のすべてを十全に採用することにも、また彼らの教会員に全儀式への十全かつ完全なコミュニオンを個々に許可することにもなく、それぞれの教会の体制に相違があっても、互いにキリスト教徒としての団結に向けて友情を保つことに存し、彼らが教義、儀式、そしてコミュニオン条件において完全に同意できない相当の事項が存在しても、その使用または無視を言い張ったり、互いを責めたり、排除したりしない。……「そしてイングランド教会の一部の人々は、旅行中にフランスやジュネーヴの教会とコミュニオンをもっていた、と私は聞いたことがある。」[253]……

fol.64
……プロテスタントの団結のためには、異なった礼拝形式や様式の下で友情を保てば十分だと私は考えるし、団結は異なったやり方をもつ教会間にもありうる、という博士の明記をうれしく思う。その際、設立されたどの異なった教会も、プロテスタントの間でのかくも必要な、またはかくも強力な団結を実際に壊すことはないだろう。……なぜそうした団結が、海外と同様、国内の異なった教会間で維持されえないのか、……私には分からない。……

fol.65
……こうして私は、分離が罪深いとは責められないと考える。しかし、この場合に誠意が欠けたまま、一方では、人々がこれこれの根拠で自分達の良心が必要としない全コミュニオンから分離し、他方では分離された側の人々が分離した人々を、彼らが当然負うべき服従に欠けると非難し、かつ彼らを統治する権利を主張して厳しい譴責に及んで彼らを完全に切り離すと、最初は多分部分的な分離だったものを根拠にして、完全な亀裂をなす

---

[253] ここはカギカッコ状のものではさまれている。

ことになる。そうなると、コミュニオンも友情もなく、相対立して互いに戦争状態にある二つの団体ができあがり、教派分立と呼ばれるべき状態に達すると私は考える。これが分離を罪深いものにする、つまり人々の魂の救済を必ずや導くと良心において納得する以上に、両者の側において分裂や亀裂を深めていく限り、私は分離を罪深いものにすると確信する。……

fol.66

……分離に反対して博士が用いる最後の議論は……教会の平和と団結を守る義務である。彼が言うには、あらゆる立場の人々がこれについては一致し、聖書にはそれを支持する文言が多い。私も認めるこれらの文言を繰り返す必要はない。ただ私は以下のことをはっきり言っておきたい。そうした文言は、全キリスト教徒に対して、キリスト教会の団結を一般的に守ることを求めるものであって、とくにイングランド教会の団結を求めるものではないことに注意しなければならない。博士があの〔イングランド〕教会の団結をどこにすえるのか、考えてみよう。彼は以下のように言う。教会の団結は内的なものと同様、外的な絆の上に築かれる。つまり一つの絆と一つの聖霊と同様に、一つの信仰と洗礼の上に築かれ、団結は外的行為によって明確に示される、つまり、教会の団結を守る義務は、宗教の共通かつ公的な行為に他の教会員とともに加わること（実際の参加が現実に不可能ならば、加わる自由）にある。宗教の公的行動がこのように漠然と語られるがままに、われわれは宗教の公的行動のすべてを理解しなければならない……のであれば、団結についての彼の準則は不確実かつ非常に偏ったものにとどまるだろう。……

fol.67

……教会の団結は〔？〕聖パウロが言うように、平和〔？〕という一つの絆によって守られる。それは儀式の統一にも、宗教の外的儀礼におけるコミュニオンにも存せず、キリストを頭とする一つの団体の構成員として互いを受けとめることに存する（一部の見解、儀礼や礼拝において互いに相違することが多分あるものの）。……コリントの信徒への手紙1、12章12、13、14節で明確なように、われわれが洗礼を受けるのは、（どこか特

定の教会員となるためではなく）こうした教会の構成員となるためである。／その結果、キリストの体の構成員であることがキリスト教徒の間で受け入れられているところでは、そしてその関係に付随する義務が守られているところでは、団体全体であろうと各人であろうと、またさまざまな別個のかつ分離した教会団体の下であろうと、キリスト教会の団結と平和が守られる。そうなると、ある特定の教会コミュニオンからの単なる分離、及び部分的または完全な分離、さらに別のコミュニオンを設立することは、この団結を破ることにはならない。……

fol.68

……ただし、彼の議論の唯一の見所と要点は、聖書がわれわれにどの点で分離を許すかを語ることにある。／最初の二つは偶像崇拝と誤った教義の強制だが、分離する者以外の誰がそれらについて判断者になるべきか？というのも、人がこれらの事由のどちらかを根拠にしてそこから分離した教会は、その事由を決して認めようとしないのは確実だから。……もし誤った教義が強制されるコミュニオンから人が分離してよいなら、誤った教義が教えられるコミュニオンからも分離してよくはないか。……聖書が分離を許すと彼が言う第三の事例は、人々が非本質的事項を救済に必須とする際のことである。……

fol.69

非本質的事項の何かを真の教会の存在にとって必須とし、かつ真の教会外では救済は得られないとする者は誰であろうと、非本質的事項を救済に必須とする者であることは確かである。……先の事例におけるように、良心ゆえに分離の権利をもつ者は、何が非本質的事項かを判断する権利をも有する。……したがって何人かが、教会の統治形態を非本質的事項だと判断するならば、その者はどうやって、何らかの統治形態を教会の存在に必須として支持する教会から分離せずにいられるのか。……博士は、教化を求める分離は教会の平和を破壊すると恐れるが、ここで博士が引用した言葉はこうだ。<u>平和のためになる事項を追求する</u>ようわれわれは命じられ、つまり<u>それはわれわれが互いを教化しうるようなこと</u>である。[254]……し

がって、教化のために平和が無視されてはならないのであれば、平和と秩序のために教化は無視されてはならず、平和と秩序がどこかの教会組織への服従に存在すると解釈される際には、何人も平和と秩序を破壊せずにそこへ移動できるのは当然だ。……

fol.70

……平和と秩序は……教会平和。[255] 教皇の普遍的至上性を立証するには、まことによい議論である。……というのも、各会衆教会の平和維持のために必要なことは、人々が教会平和への直接的配慮を委任された一人の者、つまり主教区主教の統治下に置かれることであるならば、博士はそのように考えていると私は思うが、教会平和への直接的配慮を同様に委任された一人の者の統治下に、各主教区教会が置かれることも必要にならないか。……博士が教会平和にとって何が必要かをわれわれに語る箇所で、なぜ博士は、直接的配慮を委ねられた人々、という疑わしい表現を使ったのか。……

fol.71

彼が明らかに主教区主教について語っていたとしても、……しかしそうなれば、キリスト教会の平和の必須の保護者として、大主教、総大主教、そしてついには教皇が同様に必須とされることになろう。……そのことは、教会統治の何らかの形態が神授の権利によるものだと世に説こうとする人々すべてに付きまとう、茶番だと私は恐れる。……主教の本来の職務というようなものが何かあったとしたら、教義上の誤謬と規律上の不備を見

---

[254] この辺りの左欄外に、Rom: xiv.19 とあり、聖書該当箇所の「だから、平和や互いの向上に役立つことを追い求めようではありませんか」が念頭にあると考えられる。

[255] ロックが引用を省略している。元の文章は以下。'since Peace and Order is to be kept up among Churches as well as Persons, every single Congregation ought not to engross Church-power to it self, but to stand accountable for the management of it to those who are intrusted with the immediate care of the Churches Peace.'（E.Stillingfleet: *The Unreasonableness of Separation*, p.240.）
「平和と秩序は個人間と同様に教会間でも守られるべきであるから、どの会衆も教会権力を自身に独占すべきではなく、その運用に際しては、教会平和の直接的配慮を委ねられた人々に責任を負うべきである。」

出す諸教会へのさまざまな書簡において、彼〔聖パウロ〕がどこにも主教に指示を与えていないのは、大変奇妙なことである。……

fol.72

……教会役職者は……その誰もがやはり人間だったし、自分達に人間的弱さをもっていた。テサロニケの信徒への手紙1、5章12節におけるこれらの指導者[256]は……当初は集会の長にすぎず、ユダヤ教徒のシナゴーグでの〔一語分空白〕以上の権限をもたなかった。……やがて少しずつ、エピスコポス[257]の名称が一定の権限内で彼に適用されることになる。……さほど大きなものでないとしても、一つの都市の全キリスト教徒がただ一つの教会をなしたという聖書上の明白な証拠がある、と博士が語るのを私は認める。だが、……パリのプロテスタント教会は確かにただ一つの教会だが、一つの集会で会合して結集するには確かに大きすぎ、それらはさまざまな

fol.73

会衆をなしていた。それらは一つの教会だったが、モンペリエや他のいくつかの都市において会合するものを、彼らの呼び方でタンプル[258]と呼ぶ。……町や郊外のプロテスタントはこれらのタンプルのどこかにばらばらとやって来て、そこでさまざまな聖職者がそれぞれの町で説教した。……私は聖書において、改宗者がいたどの大都市も一つの教会を構成したことを見出すが、新しい改宗者が公的礼拝の全行動に参加する便宜のために最善の対応をする以上に、各教会の領分が及ぶことがあったかどうか。同じ都市にさまざまな長老がいて、さまざまな会合場所があり、そこへ当該地方の穏当な距離内にある近隣の人々が〔？〕できただろう。その長老の間に、権力上か席次上かの何らかの優位性をもった者が存在したのかどうか。……この事例は主教区教会の権限や領分のどちらも正当化せず、また

---

[256] 原文はギリシア語で προιςταμενοι。共同訳では「導き戒めている人々」。
[257] 原文はギリシア語で επιςκοπος。主教、監督に相当する語の起源となる。
[258] Temple　フランスにおけるプロテスタント教徒の礼拝所を言う。

バースアンドウェルズの主教区[259]の先例にもならない。……パロイキア[260]という語はわれわれの教区という語と同じく、近隣の人々を意味し、古代の著述家の文章においては、主教区[261]として用いられる。……<u>教会の平和と国法は二つの大きな義務であり、それをもとにすべての人々が、われわれの教会に加わる義務を考えかつ強調する。</u>

fol.74

国法に関して言えば、私がどの教会に属すべきかを、世俗為政者が私に命じ定める権限をもつと証明されるまでは、イングランド教会とのコミュニオンに加わることを命じる国法に服従しないことが罪だと判断されることはありえない。したがって、博士の説教に一貫し、そこで彼がかくも強調する<u>公定教会体制</u>といったもっともらしい名称のすべては、世俗為政者がこうした権限をもつことが明確となるまでは、何も意味しない。……私の魂の救済に最も役立つものとして私が所属すべき教会や宗教団体を選ぶことが、キリスト教徒かつ人間としての私の自由の一部であるならば、そのことについては私だけが判事であり、かつそれに対しては為政者はまったく権限をもたない。というのも、私がどの教会に属すべきかを、彼が私に命令できるならば、私がどんな宗教を採用すべきかを、彼は私に命令できることになるからである。そういうことを誰も直截な言葉では言わないにしても、しかし、国法がそれを命じているのだからイングランド教会員であることが私の義務だ、と言う人々は皆、結果的にそれを肯定することになる。……子供の額の上で空中で十字を切ることは、疑いもなく、それ自体においては非本質的なことであり、宗教上の想定が十字になければ何の危害もなく、子供がそれを互いに、そして大人が子供にそれをしてよい。同様に、もしそれが国家の世俗的目的のためだけに命じられる単なる世俗的事項として要請されるならば、為政者は自分の国で生まれた子供の額の

---

[259] 主教座を二つもつ二重主教区である。
[260] 原文はギリシア語で παροιχια。
[261] a Bprick

上に十字が切られるよう、しかも永続的な色さえ付けて切られるよう命じる権限を確実にもつ。だが、もしそれが宗教礼拝の一部及び教会コミュニオンの必須の一部に付随する権限として命じられるならば、それは直ちにその非本質性を失い、為政者の管轄権外のこととなる。なぜならば、彼はこの問題においてそれを、立法の対象となるそれ自体世俗の関心事として命じるのではなく、私にそこへ加わるよう彼が命じるあの教会コミュニオンの一部として命じるからである。……世俗為政者は、私がどんな教会または宗教団体に属すべきかを決定する権限を、かつ私をあのコミュニオンで求められ、その一部とされている何らかの非本質的事項の遵守へと義務付ける権限をもたない。

fol.75

同様に、私が国教つまり世俗為政者自身が属すあの教会コミュニオンに所属すると否とに関わらず、彼が世俗為政者として非本質的事項においてもつ権限によって、私に何かを私の宗教礼拝の一部として（それ自体いかに非本質的事項であっても）命令することはできない。……その理由はこうである。自身の本性上、それ自体において道徳的に善でも悪でもない非本質的なものが多くあるが、その非本質性を理由として、宗教礼拝に場所を占めることも、礼拝として認められることも、また何らかの人間的権威によって礼拝として強制されることもできないからである。礼拝は私と神との間のやりとりであって、私が愛顧と慈悲によってのみ獲得する真実の何かであり、私が無視すればそれにかわるものは何もない。私が良心においてそれは神にとって受容可能ではないと判断すれば、また神礼拝における何かの行動を誰もが妥当だと考えることができなければ、それは決して非本質的なものではありえない。……その際、為政者は神礼拝において何らかの非本質的事項を、彼自身のコミュニオンの人々に命じる権限をもたず、また彼ら自身の良心がそれを認める以上に、それに対して彼らの服従を求める何の権限ももたない。そして為政者が彼自身のコミュニオンの人々に指図できないならば、他のコミュニオンの人々にはなおさら指図できない。……キリスト教為政者が、マホメット教のモスクで用いられるべ

き儀式を法によって制定する、あるいはマホメット教為政者が、キリスト教会の礼拝や儀式を規制することが妥当だと、誰か考えられるだろうか。同様のことがソシニアンや正教会の為政者や教会に、そして微細なあらゆる相違をかかえる者にも妥当する。……自然の光は、不可視かつ至高の存在の統治と配慮の下にあると人に悟らせ、さらに以下のことを教える。すべての人間の出来事を支配するあの存在の愛顧を損なうことなく、また和解して再びその愛顧を取り戻す手段を見出したのであれば、それを損なわずに振舞うよう気づかえと。そして至高の存在は

fol.76

この世の善悪を采配し、別の世での永遠の幸福と悲惨がそれに依拠すると。神についての、そして人間に対する神の絶対権力についてのこの理解は、万人をどこにおいても宗教という考えに至らせる。人々はどこでも彼ら自身の始原または自然の可視的事物の成り立ちに思いをめぐらせ、どうやら野獣を超えるに至った。道徳は、神がわれわれに対して怒り、あるいは喜ぶ事物の大部分を示すもの、と万人によって認められるが、それは神が人間本性に植え付けた法であり、この世における自身と他人の存在と幸福を守るためのものである。道徳の大部分は、この世の人類保護の最大の手段として世俗社会の統治が委ねられる、為政者の配慮の下に置かれた。その法の遵守が神を喜ばせまたは不快にする手段でもあると、そして別の世での幸福または悲惨を得る手段でもあると、人は確信・納得するが、だが、それは宗教の名の下では通用しなかった。宗教は、私の隣人、世俗社会、またはこの世での私自身の保護にまったく関係なく、神の喜びまたは不快を全面的に気づかう行動にふさわしかった。というのも、私があれこれの形において神に祈ること、または宗教において何か他の儀式を用いること、または別の世の事項に関わる思弁的見解は、健康や財産、評判、そしてこの世での彼の幸福や保護に役立つ隣人の何か他の権利にはまったく関わらないからである。宗教は神を喜ばすためにだけ、私が享受しまたは実行する見解と行動にすぎず、たとえそれらの多くが他人の目に見える外的なものであっても、私の隣人やこの世の利害や出来事にはまったく関与せ

ず、世俗為政者の監察や配慮の対象内にはない。彼の固有の職掌は世俗社会のみであり、この世での人々の幸福のためのものである。これが、神と人間との間の直接的なやりとりとして、人間が宗教についてもった概念であり、世俗社会にはまったく関与することなく神の愛顧を得るためのものである。しかし、その多くの部分は引きこもった人間の孤立した隠遁状態では実行されえなかったので、宗教に関して集団へと団結する必要へと人間を導いた。というのも、彼らが仕える神を讃え礼拝することを義務として見出した人間は、それを敬神の公的行動によって行うようになり、世にあの神を認めさせようと、心における内的な尊崇行動を行う対象となるものに厳粛な礼拝行為をなすからである。

fol.77
人々が自分自身と同じ信仰や礼拝方法をもつ人々とともに宗教団体を構成せざるをえなかったのはこのためである。キリスト教が世に現れた時にも、同じ根拠で広まっていった。……しかしながら、そうした団体を結成しあるいは規律する際に、どこでも世俗為政者の援助や力を求めなかったし、気にかけなかった。なぜならば、為政者固有の道具である暴力や剣が、人々の心を納得させ、宗教に関わるあの種の信念へと至らせることは、まったく不可能であるばかりでなく、どんな宗教を人々が採用するべきかという決定が為政者の権力に置かれたならば、世における真の宗教と到底うまくやって行けそうになかったからである。したがって、われわれの救世主と使徒は、その宗教の創設と伝道の際に、彼らの事を宗教という厳格な領域内にとどめることに、かつ世俗問題や世俗社会にまったく関与しないことに非常な注意を払った。……これがこの世の宗教の現況であるなら、自分の魂の救済のためにどんな宗教を最適と判断するか、人はその選択においては世俗為政者に対して、かつてと同様今もなお自由であり、また宗教へと、(あるいはそう呼ばれているように)

fol.78
それに関わる教会団体へと団結することも自由である。……これらの宗教団体は(少なくともキリスト教徒の間では)教会と呼ばれ、人々は自身の

同意にもとづいて上述の宗教的目的のためにそれに加入し、自身の構成員に対して、団体自体が同意する以外の統治を及ぼすことのない、自発的な団体にすぎない。やるべきことをもつどんな団体にとっても、何らかの秩序、構成員の間での役職の区別、そして団体構成員を統治するための何らかの法をもつことは必須である。だが、これらのことは当該団体の実際の構成員以外の誰にも及ぶことはなく、構成員が有する至高の権力に彼らが服従しないなら、当該団体は彼らを追い出し、その団体とのコミュニオンの特権を彼らに拒否することになる。他方、人は真理の告白、神礼拝、そして教化のために自由に団体に加入するが、その団体の体制はそうした目的にとっても、また同様に他の目的にとっても手引きにならない・役立たない、と彼が考える際には、そこを去ってよい。というのも、私が私自身の魂の救済のために、どの宗教団体に最初に入会するかが自由であったのなら、その団体があれらの目的や、また他の目的にも役立たない、と私が判断する際には、同じ理由でそこを去る・離れる自由が、私には常にあるからだ。[262 このことが、単なる気まぐれや物のはずみで人々に宗教団体を変更させ、宗教を棄てさせる理屈なのだとは、言ってもらいたくない。というのも、人が団体でともに生きてきた人々との付き合いや彼らの間での評判を棄てること、自分の友人、係累、仲間によって棄てられ、かつ投げ出されることは、どれほど困難なことかをわれわれが考えるならば、人が彼らの間でもつ信用は

fol.79

他の何よりも人類を統御するものと見られるからである。また他方で、新

---

[262] 角カッコ［で記したところに、原文上も角状の開くカッコがあり、これを閉じるカッコが次の紙葉の次注に相当する部分で現れる。この周辺の原文は以下。'I am for the same reason always at liberty to quit・leave it agen when I judg it serves not to those ends or not so well as *another* [nor let any man say that this is a principle that will make men change their Religious societies, or cast *Religion* upon very fancy, and slip to occasion.'
ヌオヴォは角カッコ前の another（ここではイタリックで表示）を文章後方の Religion（ここではイタリックで表示）に断りなく接続し、かつ Religion で文章を終わらせる。
（Victor Nuovo(ed.): *John Locke Writings on Religion*, p.75 l.32.）

規改宗者は、彼が入会する教会へどんな疑いを伴って受け入れられるか、そして不信仰者だとか新奇珍妙の主張者とまでは言わないとしても、彼が遭遇するあらゆる点での頼りない評判を考えれば、宗教や教会を変更する際には（為政者の権威が強制しないところでさえ）、これらの〔？〕千の不都合が必然的に伴って、たいそう大きな影響を人々におよぼすので、私は、そのことだけでも人々の大部分を彼らの教会コミュニオンに満足させ続けると考える。……]263……[264 そしてこのことは、ユダヤ教のコモンウェルスの事例をもとにして、宗教事項における世俗為政者の世に対する権限を議論する人々の論法の弱さと不十分さとを明らかにする。それは、モーゼの考えが世にある他のすべてとは、とくにわれわれの救い主イエス・キリストのそれとは、どんなに違うかを考慮しない。モーゼは不変の律法とコモンウェルスの全機構を人々に即座に付与した。……だが、これらの律法の管轄権や彼の制度の遵守は、それが神の啓示と権威によるものであっても、人間の内ただ一つの民族に限られ、かつ地上の一部かつ非常に狭い領域に限定された。……

fol.80

……彼らの宗教はアダムの子孫、並びにそれを（異教徒とのかつての関係やその親類縁者をすべて完全に否定して）自発的に採用した人々に、及びカナンの狭い領域に限られた。……人々はこの世で、そしてカナンの地で可能なもの以上の厳しい罰や強制の下で集まったのではなく、したがって聖パウロ！はキリスト教徒となって後、長い間、ユダヤ教の律法上の〔？〕非常に多くの儀礼や儀式を守り続けた。しかし明白なことは、彼は当該コモンウェルスの一員としてのみそうして、しかし、それを救済に必須の宗教として考えることはできなかったのであり、生命と不死に光を当てる他の啓示が存在した際には、そうしたものとしてはユダヤ教から放免されていると彼は考えた。]265

---

[263] 前注の開く角カッコに相応する。
[264] 原文上も角状の開くカッコがあり、これを閉じるカッコが次紙葉末にある。

fols.81, 82 図書館が複写を作成していない。文脈から考えて白紙と考えられる。

fol.83 　白紙

fol.84

これがモーゼによって明らかにされたユダヤ教徒の国と宗教の体制の概要だった。さてわれわれの救い主のそれを見よう。救い主が付与した法は、進んでそれを受け入れようとした少数の漁民と他のユダヤのごく普通の人々にのみ、まずは明らかにされたが、剣によって広められ〔？〕される世俗統治の何らかの政治体制や枠組としてではなく、超自然的な教えや聖なる生活の準則の啓示、及び真の神礼拝と救済への道を人々に教える国をそこで発見するものとして、彼らや彼らの追随者によって全世界へと広められることが意図された。……この宗教は政治体制に何かの範型を付与するものでは決してなく、キリスト教徒団体において遵守されるべき統治の準則としては、真の神をあの明白かつ単純な、だが受容可能な方法で礼拝するために会合するということ以外には何も、その追随者には残さなかった。……

fol.85

……モーゼの律法や宗教は全人類の律法や宗教としてではなく、カナンだけの政治体制として意図されたのであり、よそ者をそこへ改宗させて改宗者を作るために、いわんや強制するために、権限や命令が何人かに付与されることはなかった。……彼らの立法者モーゼは、彼が与えた律法に何かを加えまたは減じるような権力を、ユダヤ人の為政者に何も与えなかった。それは神によって作られ、不変であり、したがって当の民の間での財産や所有物に関する新しい準則と同様に、礼拝の新しい形式や様式を作りまたは定めることは為政者の権限内にはなかった。……したがって、このことからキリスト教徒為政者の役割を想定して、キリスト教徒為政者が宗教について立法する権限をもったと議論することは困難だろう。……救世

---

[265] 前注の開くカッコに相応する。

主の唯一の目的は人間の魂の救済、かつ伝道の唯一の手段は説教と説得であり、追随者は、その教えの明証性とその準則の純粋性が彼らの心に〔動詞欠落〕しうる以外の、他の強制下にはなかった。……暴力や強制は表面的な服従以上のものには達することができず、そ〔宗教〕の役には立たない。……それ〔宗教〕は、

fol.86

どんな私人に対するのと同様、為政者に対しても、魂の救済以外の他の目的のために提供されることはなく、かつ人々がこの宗教に加わることは完全に自発的なことであり、そうでなければ役に立たないだろう。……教会または公定教会等が費やすあらゆる議論が到達する結論は以下のことにすぎない。世の中にはある一定の数・組の人々がいて、私はそういう人々を信用して、一層の吟味を加えることなく、自分の救済を賭けるべきだということである。そうなると、教義を調べ、その気概を試し、信じるものに注意し、真理を抱け等々の指令や命令は、すべて無駄になり、私がそれで真理を受け取ろうとする尺度や印のすべては、真理に伴う正当性の現れではなく、それを提供する者のお手並みにすぎなくなる。このことは、人々の資産という短期的かつ些細な関心事における以上の、彼らの魂という大きな永遠の関心事において、人々を悪く処遇するものである。というのも、金銀に刻印してそれらを流通貨幣にすることが君主の大権と認められても、為政者の刻印と肖像をもつものですら、その一枚一枚を調べる自由をどの人ももつからである。人々が偽造の混ぜ物だという疑いをもち、その様相を見て取るならば、彼らはだまされないようにし、それらを受け取らなくてよい。刻印が金銀を有効にするのでも流通させるのでもない。刻印は、その金属は多分有効であろうという程度の、保証にすぎない。……それが無謬のローマ教会でない限り、臆見を真理に鋳造し、彼らの権威によってそれを流通させる権利を大胆にも主張する権力は、私が知る限りこの地上にはない。だがあらゆるところであらゆる人々が、この為政者がまたはあの聖職者がそう言うからという理由で、さまざまな教義を真理として受け入れかつ告白するよう、不当にも求められる。だが、これは何とも

無意味なことであって、当の事態にとって手助けにも、またそうした何かの種類の見解にとって利益にもならない。というのも、教皇が彼と彼の使節への従順な信仰を求めるなら、イングランドの主教はわれわれにこう語るからである。主教、及び主教の下で主教から叙任を受けた者達とが、真の教会であり信仰されるべきだと。長老派はわれわれにこう語る。長老派の叙任を受けた者達も同様の権威をもち、かつ教義と規律の全事項において彼らが信じられるべきだと。独立派とアナバプテストはこう考える。彼らには言うことが聞かれるべき正当性が、長老派と同様にあると。そしてクエイカーは、自分達こそ唯一真の案内役であると考え、内なる光によってわれわれは導かれるべきだと命じる。われわれの間にいるこれらすべての人々、その誰もが、教義と規律における無垢の真理の唯一の伝え手として彼らに耳を傾けるよう、われわれに求める。彼らは皆こういうことを、同様の確信と熱意でもって、そしておそらくは同様の神授の権威でもって、さまざまに主張する。

fol.87

なぜならば、人間的権威に関して言えば、それはこの事例ではまったく重要性をもたないことは確かだからである。さらに目をやって、これらにルター派、ギリシア正教、アルメニアン、ヤコブ派そしてアビシニア教会を追加し、さらにキリスト教圏から出て、ユダヤ教のシナゴーグやマホメット教のモスクも追加するならば、マフティやラビも権威ある人々であり、他の誰もと同様に、人をだまさず、またださまれもしない者達だと自分達のことを考える。かくも多くのこうした対等な主張者の間にあって、イングランド教会が、自分達こそ真の教会であり、かつ信じられるべきであり、あるいは為政者は彼らの味方であって服従されるべきだと言ったところで、何の役に立つのか。主教G〔エドマンド・グリンダル〕[266]やS〔スティリングフリート〕博士がそう言うから、それらは真の教会だと信じられるべきならば、B〔リチャード・バクスター〕氏やO〔ジョン・オウエン〕博士は長老派や独立派のために、H〔ハワード〕枢機卿[267]やP〔ウィリアム・ペン〕氏は教皇主義やクエイカーのために、同じ権威に立って同様

のことを言うだろう。というのも彼らは皆、自分自身を知る同等の能力をもって、かつ誤りや強制という同じ弱点に服して、そういうことを言う人間だからである。もし彼らが自分達こそ正当だ、または真の教会であると言い張るならば、彼らが実際に正しい道を歩んでいるとしても、しかし、彼らが彼らの権威でもって彼らの議論を説き起こすのと同様に、私は私の権威をもって彼らの議論を考えなければならない。彼らは私の理性に訴え、そして私は吟味し判断するために理性を使わなければならない。だがその際、イングランド教会は正当かどうか、その体制は神授権によるものかどうか、という最初にわれわれが提起した、そして将来もそうするであろう、まさしくその論点にわれわれは立つ。つまり誰もが、最良かつ最も安全と考える教会は何かを、自分で判断する。われわれは法を味方に付け、われわれの体制は国法により制定され、世俗為政者がそれを薦めるからあなたはわれわれの教会に属すべきだ、というようなことが言われるなら、これが平和に、あるいはむしろ統一に、どれほどの近道となるか私には分からないし、このことは真理への道からまったくそれていないとしても、大変な回り道だと私は確信する。というのも、もし世俗為政者に宗教を定める権限が、かつ法制定にふさわしいと為政者が思うような礼拝方法へと人々を強制する権限が許されるならば、現在のこの世の支配者を調査して・調査した後で、誰か私に以下のことを教えてもらいたい。われわれが君主の御前会議から、そして国を統治する議会から受け取る以外のものは何一つ、世に現れるべきでも支持されるべきでもないということになれば、真理と宗教における強制はどういうことになるのか。私は、われわれが生きている現代のことを何か考えて、これを言うのではない。お望みな

---

[266] ティモシー・スタントンはエリーの主教ピーター・ガニングとしている。スティリングフリートの同時代人を考えればガニングが妥当かもしれないが、fols.36-37 で「ロンドン主教〔エドマンド・〕グリンダルによれば、秩序のために儀式と非本質的事項を命じる権限は君主にある」という記載があり、ここでの文脈を考えてグリンダルとしておいた。

[267] Philip Thomas Howard のことか。

ら歴史上の他の時代を取り上げてもらってよろしい。そしてその際（もし地上の支配者が天への道を規定するべきであり、もし支配者の法が宗教の基準となるべきであれば）為政者の権力に服させることは、真の宗教にとって一体どんな利益となるのか、私に教えてもらいたい。そして君主や支配者が将来もあまり事情に通じるようなことがなく、以前と同様に真の宗教に愛着をもたないようであれば、また彼らが人民や魂の救済に対して、どの人も自身のそれに関心をもつ以上には、真摯な関心をもたないようであれば、彼らの法は真理を強制し、将来の天の王国の臣民を作るのに最適な方法であるなどと、われわれがどんな道理で当てにすべきか、私には分からない。

fol.88

この点で私は、B〔バクスター〕氏とS〔スティリングフリート〕博士との間には、非常に明瞭な相違があると考えるが、彼らの間での論争の根拠と思われるものは……教会統治の何らかの枠組が有効かどうか、あるいは少なくともそこから分離されてはならないものかどうか、また彼ら自身が承認して、その運営に加わることができそうなものか、ということである。最初の問題における彼〔スティリングフリート〕の議論は、われわれの主教区主教制は原始教会に存在したものと実質的に同じであることを主張するが、十分ではないと思われる。それは一都市に一主教がいたことを明らかにするにすぎず、他の統治と異なる主教区主教制の主眼点が、あたかも主教の数と彼らの管轄権の範囲のみに存するかのようである。……だが、一都市に一主教のみというのが監督制の本質にとってかくも不可欠ならば、聖パウロは原始教会のことをよく知っていたはずなのに、そのことをあまりよく理解していなかったと思われる。彼はエフェソから呼び寄せた人々に対して、以下のように言うからである。聖霊があなたがたをそのBps〔Bishops 主教〕にした群れ全体に気を配ってください。[268] この場合、翻訳者はエピスコポスという語を overseers〔監督者〕と訳すのがよいと考えた。[269] 私は、エピスコポスはそういう意味だと考えるし、主教のようなものは聖書には見出されないだろうと思う。……

fol.89

……監督制の、あるいはむしろ教会統治の真の原始の状態であるものに戻ろう。その最初の形式や方法は、明らかに以下のようだったと思われる。使徒及び福音の最初の巡回説教師がどこかの都市で何らかの信用を得た際には、彼らは識見、思慮分別や年齢において最も適切な者を人々から選び、その者に、もっと多くの人々をキリスト教信仰へと引き寄せて、当該都市や近隣村落の住民に布教する任務とともに、すでにキリスト教信仰を抱いた人々を指揮する任務を委ねた。使徒や巡回説教者によってこうして指名された人々は、時には〔？〕、牧師や長老といった卓越性や職務を意味する名称で呼ばれ、……時にはエピスコポイ、

fol.90

主教や監督者とも呼ばれた。……最近、ある教会の学識者が以下のように認めている。[270] それらの名称は、キリスト以後およそ200年間は、明確な職務の割り当てもなく、このような無頓着にとどまってきた。……このことからすれば、かつてのキリスト教会は一種の合議的な統治方法をもったはずである。というのも、多くの長老や主教が一つの教会にいて、しかも彼らの間に従属関係がなかったのは明白だからである。……かつては主教と牧師は別個の権限や管轄権をもたなかった。すべての教会が統治方法をすばやく会得していったが、われわれは、どうやってこの君主制的な権力がさまざまな時代を経てゆっくりと拡大し、ついには教皇専制に行き着いたかを、明白に見ることができよう。それは、団結と統一という理由のた

---

[268] 使徒言行録20章28節が該当する。Bps は Bishops（主教）の略と考えられる。共同訳では監督者と訳され、周辺の文章は以下である。「どうか、あなたがた自身と群れ全体とに気を配ってください。聖霊は、神が御子の血によって御自分のものとなさった神の教会の世話をさせるために、あなたがたをこの群れの監督者に任命なさったのです。」

[269] 直前本文下線部における Bps（主教）に相当する語を、欽定訳聖書は overseers（監督者）とする。

[270] この辺りの左欄外に modest survey of naked truth p.22 と書き込みがある。これは、Gilbert Burnet: *A modest survey of the most considerable things in . . . Naked Truth*, London, 1676 を指すと思われる。

めに必然的にそうなったのであり、監督制も通常その理由で支持された。われわれの教会はこれが普遍的なことだとかくも強調するが、それが原初の体制だったと立証できるのか、あるいは聖職者〔？〕間に支配という様相があったことを立証できるのか、読者に判断を委ねなければならない。……リガルティウス[271]（ローマ・カトリックの学識者）……が白状するに（キプリアヌスやアフリカ会議の敬虔な文章をまじめに考察した上でのことで、白状はもっともなことだが）、キプリアヌスの見解はこうだった。全主教は対等であり彼らの監督責任は、上位の主教やペトロの継承者である教皇にではなく、われわれの祝福すべき救世主にだけ負うよう義務付けられていると。……

fol.91

だが、われわれの教会統治が原始教会と一致しているという博士の議論に戻ろう。……われわれの著者〔スティリングフリート〕がその範例として提供する聖キプリアヌス時代〔？〕のアフリカの原始教会は以下のようなものだった。それは一都市に一主教のみがいたのであり……唯一の神、唯一のキリストそして唯一の聖霊が存在し、したがって新たな改宗者達は、唯一人の主教が普遍教会〔the Catholick church〕に存在するべきだと承知していた。そこで彼〔スティリングフリート〕がわれわれに語るには、普遍教会とは一都市の教会であり、アフリカの教会には複数の都市主教区が存在したのだった。……キリスト後 400 年たった聖アウグスティヌス時代におけるアフリカでの原始教会として、A〔Author 著者〕がわれわれに語る教会形態は、各都市に唯一人の主教が存在したというものである。……われわれのイングランド教会の現在の体制は手短にはこうなる。……教導し礼典を執行する権限をもつ長老がいるが、その権限執行は個々の教区教会に限定され、これらの教会の一定数の上に主教がいる。……たとえ

---

[271] Nicolas Rigault (Rigaltius)（1577 – 1654 年）のこと。イエズス会の教育を受け、メッツの議員、トゥールのアンタンダン、ルイ十三世の図書館員を務めた。ユヴェナリウスやテルトリアヌス等の古典を編集した。

長老が

fol.92[a]

長老を叙任し、かつ（そう言い張られているように）教会譴責を執行する特別な権限をもつとしても、彼は実際にはそうしないし、そうすることもできない。というのも、平信徒が主教尚書[272]と呼ぶ、その職に主教が任じた者が、いったんその職に就けば、主教の認知や同意を伴わずに、また時には主教の指令に反してでも、彼自身の固有の判断による教会譴責を言明するからである。……なぜ聖キプリアヌスが一人の主教、しかも各都市に一人だけの主教ということに賛成したか、われわれの著者が語る理由は、それが教派分立を予防する最善の手段だったからである。……もしこのことが聖職者の上に主教を立てる十分な理由になるなら、それは大主教にも、さらに彼らの上に立つ総主教設立にも妥当するだろうし、そして一教皇の至上性以外にどこで結着がつくのか、私には分からない。……

fol.92[b]

……各教会の範囲、区別や統治を理解するために有用なことは、キリスト教がどのようにして最初に世に植え付けられ広められたかを考えることだろう。使徒や福音伝道者はこの新しい教えを説いて世界をあちこちまわった。福音をよりよく伝道するために、都市から都市へ、一つの大きな町から別の町へとまわって、この教えを広めた。そこでは人々がたくさん群がり、彼ら〔伝道者〕は多くの改宗者を得られる希望をもって、どの町でも十分な数の改宗者を作った。彼ら〔伝道者〕は彼ら〔改宗者〕から一定数を選んで、あの宗教の面倒を見させ、その者達をエルダーやビショップ〔the Elders or Bishops　長老や主教〕と呼ぶ。エルダーやビショップは当該都市で管轄する統治者となるべき人々だった。その都市は一個別教会となり、ユダヤ教のシナゴーグのやり方にならって形づくられた。われわれはそうした教会の構成を使徒言行録20章に登場するエフェソに見る。他のさまざまな都市でも、教会がどこかにこうして植え付けられると、これ

---

[272] Bps〔Bishops〕Chancellour

らの巡回説教者達はそれが発展し自然に拡大するままにした。そこから根っこから生えるように、当の都市であいついで改宗される人々だけでなく、近隣村落で改宗された人々をもとりこむようになり、これを済ませてしまうと、彼らは他の都市へ福音を植え付けに行った。使徒聖パウロはギリシアのあらゆる都市で福音を説き改宗者を作ったが、自分はとどまることなく長老を指名してティルスを去ったように、どの都市でも同じことをやった。その間彼自身は、

fol.93
依然暗黒の中に座っていた人々に対して、命と救済の教えを広め続けた。／各都市の各個教会は、そうした長老達の慎慮によって指令され、かつ彼らの説教によって拡大され、長老の世話の下で、教会は自分達の発展を委ねられた。その結果、時が経つにつれ一部の場所では、当の都市自体におけるばかりでなく、近隣のパロイキア[273]やその周辺の村落においても非常に多数の改宗者を作った。このように改宗した人々は皆、近隣都市の教会へ行き、その教会構成員になって、それがエピスコパシー〔an Episcopacy〕となり、そしてパロイキアからは、われわれの教区という名称が由来した。そして、彼〔長老〕の区〔His Diocese〕という呼び名が、教会において相当長い間、主教の区〔a bishops Diocese〕を意味するものとして使われ続けた。キリスト教の最初の時代に、このパロイキアがどの程度の広がりに達していたかは、近隣を指すその語義自体がわれわれに容易に教えるだろうし、都市のキリスト教集会に通って教会コミュニオンの便益を享受することが、そこに居住するキリスト教徒に許される以上に拡大することは決してありえなかった。だが、これらの都市やパロイキアの一部における信徒は、み言葉を聴き礼拝の公的行動を遂行するために一集会に集合できる数を超え、その結果、当の目的で会合する多くの会堂や教会を、そしてそこで任務を執行する多くの長老を擁した。とはいえ、それらは依然一つの教会と一つの会衆であり続けた。それは彼らが同一長老の

---

[273] 原文はギリシア語で παροικία。

一つの統治の下にあったからというだけでなく、あらゆる集会場所において全長老が分け隔てなく任務を執行し、かつ全構成員を差別せずに牧師や教師としての職務すべてを遂行したからである。信徒の側では、そうしたいと望むどの集会へ行くかは自由だった。それについて、われわれが海外のさまざまなプロテスタント教会から得る明白な事例として、ニームの教会には二つのタンプルがあり、モンペリエの教会にもかつては二つあって、そこで彼らは集会を維持して、それらの町と近隣の田舎におけるプロテスタントのための公的礼拝用とした。これらの教会のそれぞれに、数人の長老や聖職者がいる。……これがおそらく、キリスト教の最も原始の時代における各個教会の構成や範囲のように思われ、それはわれわれの現行の教区会衆とも、また当初からある主教制主教区とも異なる。というのも、それらは独立した教会であり、それぞれが彼ら自身の長老や

fol.94

大勢の牧師や教師を通じて自分達で統治したからである。そしてそれらが後者〔主教制主教区〕と違うのは、キリスト教徒が存在するどの大きな町も別個の教会だったという点である。その教会は、そこに居住する改宗者にコミュニオンの便宜を、及び当該の町のキリスト教徒集会に共通する、近隣ゆえの教会仲間の便宜を許す以上の、その地域周辺を超えた広がりをもつことはなかった。だが、これらが後になって、単独者の支配の下にあるエピスコパシーへと形づくられ、その結果、権力の問題や野心の事項に及んでくると、これらのパロイキアは、教会コミュニオンや人間の弱さを考えた便宜を超えて拡大され、その際、当然ながらその管轄域の拡大をむさぼる権力へと至る。エピスコパルパロイキア[274]は拡大され、その結果、その名称は（それは近隣を意味するにすぎない）あまりに狭隘だとして、土地の大きな区画を意味するダイオシーズ[275]という〔？〕名称に置きか

---

[274] 原文は Episcopal parocias となっている。左の parocias のつづりは原文のまま。ここでは文脈を考慮して、パロイキアとした。
[275] 原文は Diocess。'diocese'（監督、主教区）の語に相当するか。

177

えられ、主教区または一人の主教聖職者の管轄下にあるなわばりを意味する〔？〕ようになった。それは、教派分立や異端を防止し教会の平和と団結を守るという口実で、さまざまな遠隔のキリスト教集会や教会を一人の統治者の下で団結させて、大主教主教区と大主教を生じさせ、さらに決してそこにとどまることなく（実際あの根拠の上でならとどまるはずがない）、ついには一人の至上性に行き着いた。……さらに教会統治の開始と経過について概観しても、多分まずいことはないだろう。……聖書においてかくも明白なことは、使徒と福音伝道者、み言葉のこうした巡回説教者が、世界の暗黒部分のあちこちに福音の光を運んだことである。どんな町でも、彼らが何らかの数の人間をキリスト教信仰に至らせると、最も知識がありまじめで善良な人間を何人か選んで恒常的な助言者にし、教会問題や当地のキリスト教の面倒を見させた。……彼らはこうした人々を無頓着に主教や長老と呼ぶが、その助言において他を統括する誰か一人をとくに指名したかどうかは、……聖書のどこにも明らかではなく、むしろ反対である。われわれは、この点における聖書の沈黙ゆえに、どの教会においても他にまさって一人の長老にそうした何らかの卓越性があるとは結論できないばかりか、他のだれよりも大きな権限をもって確固たる秩序を有するそうした上位者は、教会の存在にとっても、またキリスト教のそうした局面にとっても、一部の人々がわれわに力説するようには絶対不可欠なものではない、と〔？〕結論せざるをえない。……個々の教会の設立の際に、長老の誰かが他を上回る特別な卓越性をもったという事例は、聖書には存在しないとしても、しかし、教会の最も古い著者達において明白なことは、そうした卓越性は早くから始まり、またそうだったとしても変ではないということである。というのも、何らかの職務が

fol.95

さまざまな人々によって共同的に運営され、またされてきたが、自然の理性が彼らに、秩序の維持と個々の教会設立のために、一人に統括させるよう教えるからである。どのようにして各教会の長老助言者がそこを統括するに至る一人に絞られていったか、考えるのはむづかしくない。……どの

教会でも長老の間で一人の長が作られると、やがてそれが慣例となり、以前には他の長老と共通して彼にも付けられたエピスコパスという名称が次第にその長に適用され始めると、共通の名称が特定の誰かに適用されることは、大変分かりきった当然かつ当たり前のことになる。……この統括職は何度か継承されて教会に定着し、当然ながらさまざまな事項が彼の手に移り、それを可能にしたのが彼の敬虔かつ純潔な生活、彼の役目に関わる学識の卓越性、あるいは彼の野心の〔？〕であろうと、時の経過につれて、彼の威厳や権威の受容を必然的にもたらすに違いない。……だからといって、私があの聖なる人々や教会の父祖を、野心や世俗的目的や昇進という現世的行動ゆえに非難しているとは、誰も考えないように。……

fol.96
……だが、いくつかの大都市を、かつウィンチェスターからジャージーやガーンジー、ロンドンからバルベイドスに至るまでの遠隔の地を、しばしば一主教の下で包含する現代の主教区主教制は、原始教会、聖キプリアヌスや聖アウグスティヌスの時代の実態とどのように同じになるのか、……私はA〔Author 著者〕に明らかにしてもらいたいと思う。……さらに彼〔スティリングフリート〕はわれわれに以下のことを明らかにしてもよいだろう。使徒の時代以降、何が教会へ導入されたとしても、それは人間の工夫にすぎなかったのだから、……最良かつ服従されるべきものとなるのは、時間においてではなく、神自身がわれわれに設定した、原始の誤りのない体制とその準則への信従に最も近いものとなる。だが、あの準則が沈黙するところでは、福音を伝播し、かつ信仰とよき生活というその最大の目的を推進するために最善となるように、人間の実践は、人々が生きる時代の緊急性や状況に応じて、よくも悪くも考えられることになる。……

fol.97
……かりに主教や司祭が、キリストが彼の教会において特別な権限で命じた唯一の位階であり、かつ彼らのそれぞれの権威を、人間の意志からではなくキリストの任命と指名から引き出したというのであれば、何らかの人間が長老のそれよりもはるかに大きな命令権や権威をどのようにしてもち

うるのか、そして……神のみからその権威を受け取った主教権力を、どのようにして誰かが制約できるのか、私は知りたいものだ。……教会における教派分立や分裂の大半は、分裂する事項の重要性よりも、むしろ一部の主教らの強い憎悪によって引き起こされた。／聖キプリアヌスなら、教派分立防止の最善の方法は主教を擁することだ、と言うだろうし、正しい人の中にはそれがよい手段だと分別をもって考える者もいるかもしれない。だが、そのことを理由にして、主教擁立が統治の必須形態になってはならないし、また神法の地位を獲得することもないだろう。もしそのことが教会に一人の統治者の必要性を導入する十分な理由となるならば、それはせいぜい一人の教皇の絶対支配へと行き着くだろう。……

fol.98
……われわれの主教区主教制が原始教会に存在したものと実質的に同じかどうか、彼自身の事例にもとづいて、博士に判断してもらおう。……それらがそうだ〔実質的に同じ〕とは、私は考えない。……われわれの主教区の一部は教区よりも大規模であると同様に、原始時代の主教区よりもずっと大きく、かつ私が思うに、博士自身の論法にしたがえば、われわれの監督制は実質的に彼らのものとはずいぶん異なることが分かる。……使徒の教会あるいはその直後のそれと、われわれの教会との一致は、とくに検討されるに値する。……最初に彼〔スティリングフリート〕が言うには、使徒が生存中、彼らは自分達で統治を運営したので、使徒の時代には決まった主教はいなかったか、あるいはいても少数だった。……彼は、主教と長老の間でしばらくの間名称を共有していたことを認めるが、そのしばらくの間とは、彼が言うには、使徒が

fol.99
自分達を統治していた間である。……Ａ〔Author 著者〕は彼らの職務に区別がなかったことを否定しない。……もし各教会における長老の長や頭が主教と呼ばれるべきだとしても、私は名称については争わず、それは統領や管理者でも通用すると思う。問題のむずかしさは以下にあるだろう。統治や命令の形態に関して何か独自の任務が、あるいは何か別個の権威

が、他を超えてあれらの長老の誰か一人に付与されるならどこにおいても、それゆえに彼は長老に優越する高位の、あるいは別個の位階を構成する主教になったのか、ということである。……聖書はそういうことについて一言も書いていない。……

fol.100

……聖パウロが〔エフェソス教会を〕去る時に統治を委ねた主教の間では、誰か一人に他を上回る優位性も独自の権威も付与することはなかった。また当の長老達以外にエフェソス教会の主教というものも存在せず、彼があの教会をそういう者の配慮に委ねることはなく、すべてに同じ対等の権威を付与した。……長老を超えて統治、命令等をする独自の権力や任務が、キリストや使徒によってそれぞれの教会にどこで付与されたかを明らかにできない限り、主教の神授権あるいは使徒授権はまさに無に帰することになる。にも関わらず、彼らは主教の名称をもつ者達の継承を、使徒の時代から証明してやろうとする。議会の下院議長は、他の世話役に囲まれて議長職を務めるが、その世話役達を上回る独自の権威を神授権によってもたないのと同様に、あの牧師達の間での長や頭は（殉教者ユスティノスが呼ぶように）主教と呼ばれても、新たな任務はなく、独自のかつ別個の権威をもたない。もし彼が主教と呼ばれるとしても、ある者に他者以上の権限をもたせるのは、権威の委譲であって、名称の適用ではない。……

fol.101

……A〔Author 著者〕が言うには、……キリスト教コモンウェルスにおける主教権力は、原始教会が異教の為政者の下にあった時ほど、大きくはない。私が思うに、この言葉は、キリストから直接教会役職者に引き渡された、世俗権力とは無縁の教会権力にはほとんど妥当せず、事態の何らかの変更も、あるいは教会内外における為政者も、彼らの権威を減少または減量できない。というのも、教会統治を行うこの権限を、礼典執行や叙任の権限と同様に、キリストが付与したと想定されるならば、キリスト教徒になった世俗為政者は、洗礼や叙任におけると同様に、〔教会〕統治における権限行使を制約も減少もできないからである。彼〔世俗為政者〕はそ

うした権限に対して何ら管轄権をもたず、またその権限は彼から引き出されたのでもなく、……それ〔教会統治権限〕は異なった目的に付与された独自の権力であり、その権限行使は彼〔世俗為政者〕の権限に関わるものではまったくない。だが、これら二つの事項の混同が、世のかくも多くの無秩序ゆえにキリスト教を腐敗させた大きな一因だったと、私は難なく認めるだろう。……だが、世俗の権威が教会管轄と混交され、または人々をキリスト教徒にするために、もしくは人々が希望しようとしまいと、彼らをあれこれの教会員にするために、事物の本性に反して暴力が用いられる時、

fol.102
宗教は国家の業務となり、教会統治は世俗の腕力に依存して、キリストの真の規律を無視する。キリストの真の規律とは、人を真のキリスト教徒にするのは説教と説得であること、キリスト教徒にならなければ、教会の交わりから彼らを閉め出して排除し、彼らの宗教を否認することだった。教会統治者だった人々は、真の宗教と彼らが呼びたがるものへと人々を力づくで強制したがるが、そんなことは福音にはまったく見出されない。しかし、こうした見解は宮廷で実際にしばしば好まれ、世俗支配の意図や利益によくかない、かくして、職務がら恥ずかしいことに、福音の聖職者は宗教にとって最大の迫害者となる。そしてこれらのことはすべて、為政者の権力は聖職者の権威に与して、それを支え、彼らの命令を執行すべきである、という偽りの根拠にもとづいている。これによって教会はその真の基礎からはずれ、人々の心に信仰と宗教の真実を伝えるに唯一ふさわしいその規律、つまり教導、議論と説得は、人々の騒擾、流血と混乱の情景と化した。そのかたわら人々は、自分自身の救済に配慮するという自然的かつ福音的権利を守ろうとして、そして彼らが信じていない、または信じることができないものを拒否して、しばしばあの暴力に抵抗した。その暴力は不当にも、かつ福音の方法に反して、人々をあの宗教や教義の告白へと強制しようとするが、人々はそれを信じていないし、同意もできないのだ。またその暴力は、人々が仕えるあの神を不愉快にし怒らせると思われたあ

の礼拝様式に、彼らを加えてやろうと強制する。もしキリスト教が、それが始まった当初のまま、人々の心の真の確信と、彼らが正しいと判断する教えや規律への、暴力や強制を伴わない自由な服従に委ねられているなら、世俗国家の統治をかくもゆさぶる改革を用意するような危険な問題、たとえば、為政者がやらなければ人民が改革してもよいのか？というような疑問が入りこむ余地はなかっただろう。その疑問をつきつめれば、以下のことを意味する。為政者が暴力で打ち立て維持してきた教会の教えや規律を変更させようと、人民が為政者に対して暴力を用いてもよいのか？ということである。実際のところ、為政者の権力がそれ自体、教会の規律や統治に利害をもち関与している以上、教会の改革は国家の無秩序と騒擾なくしてはなされえない。また通常、そうした改革は教会の問題を大きく修正せず、教会の平和と清浄に大きな助けにもならず、その間、改革者達は、普通同じ土俵でことをすすめ、（教会に属していると彼らが考える）世俗の腕力を自分達の側にのみ保持したいとひたすら願う。

fol.103

そして、改革者達が腐敗していると考え、為政者の権力が良心に反してその一員になるよう彼らに対して強いた教会から、（そうした事態になるとそれは不可避だが）暴力で撤退するばかりでなく、その同じ暴力を他の人々に向け、その人々が属し構成していた教会を去るよう強制する。その際、剣によるこうした改宗者は、多分この変化の善さを納得しておらず、それ以前に支持していたやり方の方により満足していた。改革があろうとなかろうとどちらにせよ、こうした過ちを、世俗権力と宗教事項の混同が、そして肉の武器が霊に属する事項に介入する際に生むのである。しかし、われわれの救い主が（彼はこの世の王国をもたなかった）教会に置いたあの権力の執行のみに教会が委ねられるなら、改革は（それが必要なところでは）福音が求める静穏と平和を世にもたらすことになろう。どの人も（これが唯一本当の改革である〔）〕静かに自分を改革できる。それは良心の確信にもとづいて、誤りを捨て、自分の過ちを改めて、公的礼拝の方法にしたがうことであり、その礼拝方法は、彼が宗教の目的にとって最

も清浄かつ適したものと見出すものか、あるいは彼と一緒に他の者もそれに加わらせてよいものとなる。そして、これらのすべてに対しては、何の騒動も起こらないだろう。彼をそこにとどめておくようなものが何もない、そんな腐敗した教会から人が抜け出るのに、暴力の必要はないからである。宗教問題において暴力を使うという、この重大かつ根本的な教皇主義的教条が除去されるまでは、この世に平和と真理の希望はほとんどない。その教皇主義的教条からは、必然的に以下のことが生じるからだ。スペイン王がルター派を焼き、フランス王がユグノーをつぶし、同様に、イングランドでわれわれは狂信者を罰し、長老派が権力をもった時には彼らが監督派を迫害し、独立派やクエイカーも説教師は彼らの教会に人々をとどめ置くために、為政者の権力を利用すべきだ、または人々を強制する何らかの世俗的な絆をもつべきだと考える。ドイツでのアナバプテストのように、彼らが危険な改革者ではないのかどうか、私には分からない。一方で改革が欠如していること、他方で改革の主張や欲求がキリスト教界で騒擾や混乱を起こしてきたこと、これらの過ちはすべて、<u>世俗と教会権力との混交から出てあの暴力に到達した</u>。その暴力は、キリスト教のさまざまな王国やコモンウェルスにおいて、国家的に認証維持される宗教の型に人々をとどめるために、またはそこから追い出すために用いられてきたのである。……

fol.104

……この節でA〔Author 著者〕が強調すること、つまり教会は国家的でありうる、一つの世俗政府に属す民は皆、同一教会の民でありうる、ということが真実なら、同様に、教会は国よりも大きくも小さくもありうることも真実である。というのも、一教会を作るのは、統治の同一法と神礼拝の同一準則を同一に表明して、人々が自発的に結合することによるからである。／だが、世俗為政者が大事にする、または多数者がそこで信仰する教会には属さず、独自の教会員となった人々が同一国内に多数存在するならば、その教会が国家的でないことは確実であり、それとは異なる一つまたは複数の教会が国の中に存在することになる。そうした〔世俗為政者が

大事にする〕教会は法的または政治的教会と呼ばれるにふさわしいだろうと私は考える。もし誰かがそれを根拠にこの教会を国家的と呼ばせようとするならば……そうした国教会に関してA〔Author 著者〕は以下の誤りを犯していると思う、とだけ私は言っておこう。つまり、これらの国教会は個々の会衆に対して権限をもつ、すなわち会衆の個々の権限を、彼の言葉によれば、制約し決定するということである。……もし彼が、国教会の一部ではない別の教会である非国教徒の会衆に対して、国教会が権限をもつと言うならば、それは真実と認められるべきではない。認められるためには……彼は、誰もが多数者の宗教を信じるべきだと立証すべきか、または為政者がその構成員である、もしくは為政者が維持するあの教会は、その為政者が構成員ではない教会に対して権限を有すると立証すべきだ。そのことは結局、世俗為政者が信じる宗教を誰もが信じるべきだ、と言うことにつきる。……彼が、各会衆に対する国教会の権限を支持するために、王国と教会の類比をもとにもち出す議論は、依然、同じく誤った想定にもとづいている。その誤った想定とは、教義、規律と礼拝においてわれわれと見解を異にする人々も、同一教会の構成員だということである。……

fol.105

……A〔Author 著者〕が言う、各会衆が優越的教会権威に責任を負わずに、さまざまな礼拝準則や信仰教義をもつならば陥るであろう無秩序や混乱に関して、私はこう答える。個々の教会がそれぞれの礼拝準則と信仰教義をもつことを、彼が危険視していないのは確かだと。というのも、もしこれが、イングランド教会がローマ教会とはたいそう異なったものをもつに至った次第であれば、そしてもしイングランド国教会が、信仰箇条、固有の礼拝方法、そしてそれ独自のものをもつ特権を、何の不都合なくもつのであれば、大なり小なりどの教会も、同じ特権に対する権利を、大した不都合なくもってよいのではないか。……

fol.106

……博士は国教会の必要性を強調し、それが宗教の維持、平和の擁護、そしてキリスト教徒の団結、さらに危険な誤謬と無限の混乱の回避につなが

るとした。そして／１．宗教の維持について、国教会が国教の維持に向かうことは確かだが、それが真か偽かというおぞげをふるうおまけがある。だが、国教会が維持するものが真の宗教でなければ放置しておけばよく、その一員になることはわれわれの義務では到底ないし、またそれを打ち立てることは何人の義務でもない。……２．国教会がキリスト教徒の間での平和と団結の擁護に資するということは、前者〔国教会が国教を維持すること〕と同様、決まりきったことである。というのも、それが擁護する平和と団結は、同じ教会の構成員であるキリスト教徒の間でのことに他ならないからである。ローマ教会を相手にした場合に、

fol.107

長老派の会衆を相手にした場合を上回るどんな団結を、イングランド教会はもつのか、また他の人々を自分達の教会へと強制することで彼らの教会を国家的にするというなら、イングランドにおける複数党派によるその試みは、どんな平和をわれわれの間に生み出すのか、真のキリスト教徒なら、そして誠実な人間なら皆、悲しみの思いを伴ってこう考えるだろう。ここでの平和の志向というものは、もし国の全員が国教会の構成員ならば、あの事項〔同じ教会のキリスト教徒だということ〕に関して彼らは平和ということにすぎない。そして同じ議論が普遍教会〔the universal Church〕[276]にも当てはまるだろう。つまり、全キリスト教徒がカトリック教会〔the Catholick Church〕の信仰、礼拝と統治の一つの準則で一致するならば、あの事項に関してもはや何の相違もなくなるから、それは強力に平和を志向するということになる。だが問題は以下のことにある。人々の良心への支配を伴って、そして人々はそれに服従すべきだという義務を言い張って、そうした普遍的または国家的教会を設立する努力は、私が遭遇してきた以上の十全な吟味を要するということである。その問題について

---

[276] この語はこの後にも登場する。カトリック、普遍という語は、キリストを頂点とするさまざまな教会・信徒を包括する概念として使われることもあるが、ここでは、直後にある「カトリック教会」と同様、教皇を頂点とするローマ・カトリック教会を指す。以下も同様の箇所がある。

率直に言えば、教会の平和と団結は、慈愛と善意によってのみ擁護されるものであって、厳格かつ硬直的な統一の強制によるのではない。だが、こうした事項において皆同じ心をもった人々を得ることは、同じ見かけや容貌をもった人々を得ることと同様、もはや望めるものではなく、またそんなことは、本当に仲違いした人々に同じ仕立て屋や舞踊の教師をもてと言う場合と同様に、心からの納得が付いてこなければ平和を決して志向しない。というのも、世において平和と団結を守るものは、心からなる団結とその願いであって、外的な統一や見せかけではないからであり、もし彼らがキリスト教の準則にしたがうならば、見解と礼拝の両方において異論をもつ相手とも平和と団結を共有しうるだろう。／3. 国教が危険な誤謬を回避しうるということについて、イングランド以外の他のキリスト教諸国は言うに及ばず、スペイン、フランス、モスクワを考える限り、それらのどれもが国教支持のために同じ議論を用いるのだが、私にはどうしてそれがそうなるのか理解できない。際限のない混乱について考えれば、それは見解の多様性に行き着くだけであり、もし人が福音と矛盾する他の何事かの誤謬や迷信から自身を立て直す自由をもたないなら、そのことは、そうした誤謬や迷信における団結よりも一層悪いことにならないか、私は誰にも考えてもらいたいと願う。経験が明らかにするところによれば、国教会、または一教会に団結した多数のキリスト教徒は、さまざまな会衆と同様に誤謬を免れる特権をもたず、かつ彼らが絶対的な強制権力を自分達に主張するところでは、

fol.108
一般に道理を得ない傾向があるので、手短に疑問を言えばこうなる。正しかろうと間違っていようと、彼がそれらを信じようと信じまいと、他者が強制する教義と礼拝に服従しそれらを公的に支持するよう、人々が盲目的に強制されるのが最善なのか、あるいは心底彼らの魂に関心をもつ人々が可能な限りそれへの最良の方法を探し出すのが最善なのか、ということである。後者は人間の最重要事、つまり彼の永遠の幸福や悲惨を自身の配慮に置くことであり、それを求めることは自己の最大の関心事である。前者

はそれをただ偶然の手に置くことであり、悪くするとしばしば、野心や出世という世俗的目的に益するためにのみこの権力を利用する人々の手に置くことになる。彼ら自身の資産や健康の保護のために、間違ったり怠慢だったりするといけないからと、彼らが適切だと思うように万事を指令する権限をもつ保護者を、人々の上に設定することに道理がないならば、彼らが規定するただあの方法でのみ救われなければならないとして、人々の魂の上に保護者を設定するのが、なぜ道理のあることなのか私には分からない。／……人々がみ言葉に反すると考えたあれらの儀式へと、または〔？〕の形式的な遵守へと、かつ救世主が教えた宗教だとは彼らが信じない、あれらの教義の不誠実な告白へと、救世主が強制的に追従させて構成員を団結させることによって、彼の教会の維持を意図したと、どこでA〔Author 著者〕は見出すのか私は知りたい。……

fol.109

……もし救世主がこのような団結を企図すると想定されないなら、明白なことは、救世主はそんな団結や統一がなくても教会は維持されると承知し、そう意図したということである。……キリスト教界において分裂かつ分散していったそれぞれの教会か、<u>信仰、統治そして礼拝に関して同じ共通の絆の下に置かれたそれらの結合</u>か、どちらがよく宗教を促進し、かつ教会の平静を確保しそうか？……もし結合を、団結するという会衆の自発的な同意を含意する語、と博士が本気で思うならば、……博士が考慮しなければならないことは、自発的に結合する自由をもつと想定される人々は、さらにそうしない自由ももつ、ということだ。そうでなければ自発的な結合ではないからである。もし自発的結合ではないとすれば、問題は、人々は強制されるべきか、そして誰が彼らを強制する権利をもつか、ということになる。というのも、個々の会衆が国教会とのそうした結合に強制されるべきだ、というその同じ理由で、どの国教会も普遍教会との結合へと強制されることになるからだ。そして何らかの国教会が普遍教会との結合を免れるのであれば、その同じ理由で、個々の会衆も同じ特権を国教会に対してもつだろう。その統治と団結はあれこれの世俗的管轄下にある臣

民とはまったく関わりがなく、かつ
fol.110
為政者がその構成員か否かは、教会員であることの本質にとっては完全に付随的なことだからである。……キリストのみが権威付ける方法、すなわち簡素かつ模範となる日常生活における福音の説教という、謙虚にして卓越したあの方法によって、キリストへと魂を〔？〕し、かつ人々を彼の真の教会の構成員にするよう、なおも努力する者達は、世の終わりまで人々とともにあることを約束したキリストの教会を継続するために、君主や世の為政者の強制からは援助を借りずに、キリストの援助を望み続けてはならないのか。君主達が宗教の問題で正当な振舞いをするならば、（博士の言葉を使ってよければ）それは<u>単なる偶然だ</u>。……そして国教会を相互耐忍と自発的同意以上の何かの上に設立することが……<u>いったん聖徒に広められた信仰を維持するために、（A〔Author 著者〕が意味するような）効果的な手段</u>ならば、聖徒に伝えられていないだけではなく、信仰に反すると人が確信するような教説の外的告白へと強制されることも、<u>信仰等を維持</u>する一方法だと彼がみなすのかどうか、私は尋ねたい。

fol.111
そうしたことは、人々が良心に反して国教の一員となる義務の下に置かれると、起こるに違いなく、この手段によると、国教会に理があろうとも、そうした改宗者は依然悪い存在にとどまって、教会〔？〕の偽善的な告白者にすぎなくなる。救世主は教会維持のためにこうした手段の利用を決して意図しなかった。だが、多分そのことは、彼らの管轄下で教会員を維持するという、教会員における外的な一致に自ら同意する人々の安心には役立つだろう。だが、それは万人が救われるようにとの救世主の目的には、そして自分が告白する真理を誠実に信じる人々のみが彼の教会員であるようにとの救世主の願いには、まったく合致しない。自身を配慮することが許されるそうした誠実な者が世の終わりまで存在すること、かつ為政者に配慮を委ねて外見的にそう見える人々がいるようにはさせないこと、それが真に、その存在、団結と継続を救世主が命じ、かつ彼の特権によって確

実に提供するであろう、あの教会なのである。……

fol.112　略

fol.113

……彼は、議論の締めくくりにおいて、彼の言う国教会がいかに設立されるに至ったかを説明する。彼が言うには、主教と長老がともに集い、教義箇条、礼拝準則と規律で同意するのである。だが、国教会に同意するか否かということになる事項に、彼らの内の誰かが同意しないと想定して（それはありうることだし、時には必ずそういうことが起こる）、もしその際に彼らが教会員であるなら、A〔Author 著者〕がそうだとわれわれに語るようには、この教会は自発的結合ではない。彼らがこの教会員ではなければ、力づくで教会への外的信従と同意へと強制されるだろうし、教会員であるとしても、同じ不都合がなおも付いてまわることになる。つまり、強制が存在するところでは、それは自発的結合ではない。もし人々が強制から解放されて放置され、残余の人々の同意が国教会を作るならば、国教会は非国教徒の寛容とともに存在しうることは明白である。だが、主教と長老の大半がそれに同意したのだから、国教会の一員になるのが人々の義務だと言われるならば、最初に証明されねばならないのは、真理の明証性及び教義並びに礼拝の純粋性によってではなく、準則の数によって自分の信仰を選ぶのが人間の義務なのかということであり、あるいは、多数者が人をかかえこんだ時に、自分の良心の納得に反して進むべきかということである。……彼が言うには、かく団結した主教や長老は国教会代表者である。……ここで検証するべきことは、自分の代表者が信仰箇条や礼拝準則で……一致すると、何人も心底から考えているかどうかである。……

fol.114

……だがひとまず、人は信仰や宗教の問題において自分の代表者をもちうると考えておくとしても、私が代表者にしたのではないその者が、私の代表者になりうるのだろうか？　……というのも代表者とは（もし私がこの語を理解していれば）、他人の名義で何かを行う権限をもつ者であり、彼はその権限を委任によって人々から受け取ったのである。しかし……主教

が代表するのは誰か。それは世界中の他のすべての人々か、彼の主教区におけるすべての人々か、彼の主教区におけるすべてのキリスト教徒か、あるいは彼が代表者となることに同意した、つまり信仰箇条や礼拝と統治の準則を、自分のかわりに彼が作成する権限をもつことに同意した人々だけなのか。……彼の代表権限は彼の主教区以外に及ばないのは確かである。また、彼の教会員つまり彼の統治下に入ることを自発的に選んだ人々以外の他の人のために、信仰箇条が作られることもありえない。……その結果、この国家的代表的教会は（そういうものとしては）、その教会に自発的に服従する人々以外の何人に対しても権限をもちえない。……

fol.115　略

fol.116
……彼が国教会について提示する条件は、主教や長老という教会代表が同意した信仰箇条と教義、そして礼拝準則と規律が、世俗権力によって是認かつ制定されていることである。国教会の基盤は実にこの点にある。……信仰箇条と礼拝準則に対する世俗為政者の是認が、不当にも、主教すなわち国教会代表の同意よりも重要なのだ。……こうして彼は、人々の宗教は世俗為政者に依拠するというご託宣を明らかにし、かつ救世主によって指名された教会統治者には何の権限も残さない。……彼が国教会について提示するもう一つの条件は、その制度が国全体によって受け入れられていることである。このことは大変正しいと私は考えるが、国の大半の人々が団結するものとして国教会が真に存在するために、どこかの国の何らかのキリスト教徒に対して、どのようにして多数派の宗教を採用することが義務付けられることになるかは、むづかしい問題となろう。……彼は国教会の条件を未だに十分には提示していない。ただ、すべての人々が

fol.117
<u>さまざまな会衆において団結のために同じものを遵守すべきだという</u>〔？〕だけである。私が想像するに、彼は刑罰法の力による強制を考えている。救世主が、その宗教を知りかつ受け入れるための印として、この世の権力による処罰という強制を授けたことなど、私は知らない。……A〔Author

著者〕が世俗権力と宗教事項をかくも混同して彼の国教会を作り上げた後に、世俗為政者が宗教に関してそもそも立法する任務をもち、かつ臣民は為政者が定めた宗教を受け入れるよう拘束される、と彼がわれわれに証明してくれるなら、私は大変うれしいのだが。……A〔Author 著者〕と私が絶えず念頭に置かねばならないことは、完全であれ不完全であれ、教会とはその構成員の自発的団結以外の何ものでもないということである。私は、イングランド国教会に関する彼の記述にまったく賛成であり、それに疑いをもつ人々に対しては、彼と同様に不思議に思わざるをえない。そういう人々は彼らの味方に立つ国教会をもてば喜ぶのだろう、と私は想像する他ない。私が彼と見解を異にするのは、

fol.118

この国教会が作られたのは、<u>国法と同様、議会における国民の同意によって受け入れられたからだ</u>、と彼が言う点にある。……何人も法を制定するのと同様に、自分のかわりに宗教を作る権限を他に付与する、または付与しうるのか？　私が確信するに、私は決してそんなことはしなかったし、できるとも思わない。……代表者も世俗権力も、化体を信じて何らかの教会に加わるよう、人を義務付けられないならば、同様に、絶対的予定や神授権監督制を信じて何らかの教会に同意を付与するよう、人を義務付けられず、また人がそうした同意を付与すると解釈されることもありえない。問題は、その教義がそれ自体において真か偽かということにではなく、私がそれを信じるか否かにある。……多分この問題で私に分かることは、世俗為政者は、宗教上の非本質的事項に関して教会法を制定する権力をもつ、と言われるだろうということである。……非本質的事項の命令または禁止に関する世俗為政者の権限という、この残された問題に今や十全に答えるならば、

fol.119

世俗為政者は世俗事項において、かつ世俗目的のためには、疑いもなくその権限をもつ、と私は言うだろう。もしそのことが、彼が宗教事項において、かつ宗教的目的のためにその権限をもつということになるなら、私は

絶対に否定する。……為政者は何事かの信仰を命じまたは禁じることを自己の権限内にもたない。いかに真か偽、または非本質的であろうと、信仰不信仰はその人自身の心の制御しがたい行動であり、他人はもとより自分自身でさえそれを命じることはできない。それゆえに、為政者が命令権限をもたないことを行っても、為政者はそれに罰を科する権利をもてない。このことは、為政者はそれ自体において真実である信仰箇条を罰を伴って命令できる、とわれわれに考えさせようとする人々に対する回答として重要だろう。というのも、何がそうなる〔それ自体において真実〕かを、誰も他人のために判断できないからである。教皇主義者やクエイカーの最も途方もない見解と同様、キリスト教の最も平明な基本箇条さえ、ユダヤ教徒やマホメット教徒にとっては真実ではない。……国教会に関してかくも長たらしい議論は以下の問題、それはA〔Author 著者〕によれば、国教会の一員になるのはわれわれの義務だという問題に至る。……<u>国教会は、主教や長老がそれに同意し、世俗権力がそれを設立し、そして人民の統一のために求められる</u>。ならば私は尋ねたい。……

fol.120

……私がその一員である国の主教や長老によって同意された教義、規律と礼拝を、私は受け入れるべきか、すなわち私の国の主教や……聖職者の宗教を信じるべきか。……調べてみればその最終的な結論は、そして人がその下に置かれる最大の義務となるものは、以下のことに行き着く。誰もが、それを見出すどこにおいても真理を誠実に求めて着実に擁し、かつ神にとって最も受容可能だと彼が考える礼拝方法で神に仕えるべきだということである。それは手短に言えば、人は自分の良心において最良だと考える宗教を擁し、その教会の一員になるべきだということだ。……

fol.121

……外的な権威でなされうることは、彼が信じないものを嘘をつかせて〔信じていると〕告白させるだけであり、彼がその信仰箇条のどれも信じない間は、彼を当該教会の一員にすることはできない。同じことが宗教礼拝についても言えるだろう。……人が本当には信じないことを告白して嘘

の中で生きることを、または神が禁じかつ神を不快にするだろうと彼が考える礼拝を神に提供して、全能の神への侮辱を正当化することは、平和と団結（異なった形式や見解の間でも、慈愛がなおもそれを維持するだろう）の現れではない。……博士は王国の法に<u>準じて行動する教会会議がイングランド教会代表</u>であると言うが、そのことは教会会議が王国の法にもとづき代表権限をもつ、ひいては議会におけるわれわれの世俗代表が宗教上の代表行為を別途になすことのように思われる。……

fol.122

……だがこのこと以上に私は、宗教事項において自分のかわりに別人を代表にするのは誰の権限でもなく、いわんや自分にかわる代表を他人が設定することはできない、と断言する。というのも、全能の神をどんな方法で礼拝するかを決定する権限を、誰も他人に付与できないからである！……同じ節でA〔Author 著者〕はわれわれに以下のように言う。<u>宗教上のどんな事項においても、教会会議が彼らの判断を熟慮かつ言明し、かつ王と議会がそれを発効してきたので、それは国家的などのようなものとも同様、りっぱな国家的同意をもつ</u>。……私は博士に尋ねたい。世俗事項でどの臣民をも義務付ける法を制定するために十分な国家的同意は、宗教事項でどの臣民をも義務付けるような法を制定するにも十分なのかと。もしそうならば、王と議会は教会会議なしで宗教上の法を制定でき、合法的為政者ならば、キリスト教徒であれ異教徒であれ、その全人民のために信仰箇条と礼拝形式を制定する権限をもち、人々はそれを信じかつ実践するよう強いられる。もしそうでなければ、そうした国家的同意は、宗教事項で個人的に同意しない人々を強いるような、何らかの制裁規約を制定するには十分ではない。……

fol.123 　略

fol.124

……何か他のものと同様に国教会が存在してもよいという点で、私は博士に賛成する。それは手短に言えば、全国民（またはその大部分）、為政者と人民が教義、規律と礼拝の一つのコミュニオンに団結しうるということ

であり、そして同様に、世俗為政者の教義をもたない少数の人々が一コミュニオンに団結してよく、そうしたものがキリスト教の最初の教会だったのだから、当然、国教会と同様に真の教会でありうる。だが、A〔Author著者〕は以下のように言うのだろうか。どんなキリスト教徒も国教会からの分離を、国教会でないものからの分離以上に、制約されていると。あるいは国教会は教会法を制定する権限をもつが、他の教会はもたず、そうした教会法は拘束的であると。彼がそう言うまでは、国教会を設定しようとする彼の労作と大騒ぎのすべては、そして彼の教会法を強制するために世俗権力を彼の思惑どおりに巧妙に混合することは、何も意味しない。というのも、教会と国家の権力と権利は、それらが同延的かつ国家的であろうと、または一方が他方の部分であろうと、完全に別個かつ独自のものであり、国教会に属するどんな権威であれ、それは他の個々の教会にも属するからである。したがって、世俗為政者がその構成員だからといって、国教会は他の教会以上に信仰告白をさせる権限を、あるいは儀式、礼拝様式、コミュニオンの形式を設定する権限をもたず、さらにそのコミュニオンに入り、そこに居続けるよう人々を強制する権限ももたない。……

fol.125
……彼によれば、<u>世俗為政者はこの教会の平和の妨害者に世俗罰を正当に科しうる</u>。あたかも世俗為政者は、国教会以外の他の教会の平和を妨害する者を、罰してはいけないかのようである。だが、博士は彼の仲間には非常な配慮をし、区別の付けようがないほどに、(彼らが自分達の味方だと考える限り)世俗権力を教会のそれに介在させ混同する。彼らの行動を彼らの権威を超えて支援するために、彼らがそこ〔世俗権力〕から借りる偏頗かつ不適正な援助を、人々は認めてはならない。……

fol.126　略

fol.127
……われわれが思うに、そうした団体〔教会〕の規制に必要な一定の権限の行使、そうした権限に対してキリスト教会で人を指名すること、そして教会における〔？〕は、構成員を当該団体に入会させ、またはそこから追

放する権限の行使、及び当該団体の設立根拠と目的に沿った立法をする権限の行使だった。……大問題は以下のことにある。この団体の創設者だったキリストと使徒は、彼らに授けられたあの神的権威と無謬の霊によって、上記のすべてを提供しうるようなこの団体の政策を設定し、かつこの団体用の統治形態を作ったのかどうかということである。……だがこの事例における聖書の沈黙と同様、この議論の過程でも明らかなように、もしわれわれの救世主や使徒が教会統治をあのまま変わらぬ形態に放置しておいたならば、

fol.128
すなわち明白なことは、各教会のそれぞれの統治形態はすべて人間の制度だということである。……一部の人々が主として支持することは、監督制はキリスト教会に必須かつ不可欠だということであるが、彼らがしているように、それは名称をめぐる争い、または用語をめぐる論争にすぎないものに見える。……教会法は、主教の合議体である教会会議上院を通過するだけでなく、さらに下院つまり下級聖職者の代表体をも通過し、かつ王の批准を得なければ、強制力をもつに至らない。これについては、一部の者は王の批准を、他の者は議会の批准を言う。地区内の長老に教会法上の服従宣誓をさせるという権限については、この権限をもつ人物は王により発議、指名され、聖堂司祭長と参事会と呼ばれる選別された長老により選ばれ、そして主教と長老の同意を得る。今や監督制は神法に依拠するものではなかろう。……神法に依拠するものでなければ、それは人間法によるのみであり、彼らが役職者である当該団体に依拠すべきものである。……

fol.129
……主教という任務を彼の先任者の手を経て天から受け取った、と彼が言い張るとしても、王と参事会が彼を指名する主教区以外のどこにおいても、彼はあの権力を行使できない。……その結果、私の霊的統治者または聖職者の指名は神の準則ではなく人間の（そしておそらくは世俗の）制定による。だが、何事かが教会団体においてなされるべきだとしても、聖書と神の準則が沈黙して、そのための権威を何も付与せず、そしてそれを実行す

資料編

る方法も規定せずに、人間の慎慮にゆだねたところでは、決定し設定する権力は当該団体自体のみに、あるいはそうするよう彼ら〔当該団体の人々〕が指名しかつ権威付ける者のみに存在しうる。……

fol.130
……A〔Author 著者〕は多くの事例や推論にもとづいて、非常に多くのことを、法を伴う世俗権力に置くように見える。読者が国教会について先に言われたことで満足する道理を、私はほとんど望めない。……教区に関わる所有物や十分の一税への、及びそれに関わる建物で職務を行う世俗上の権利を彼に付与するにすぎないのであれば、私は何らかの国内法が誰かを教区牧師にすることができるのはもっともだと認めるが、この国内法は彼らを霊的な司牧者にしうるのだろうか。……一人の人間が一宗教を信じ、かつ彼の霊的案内役は別の宗教を信じるということが道理にかなうと考えられるのでなければ、この問題の始まりは、彼が彼の世俗上の権利を享受することと、私がキリスト教徒として自由を享受する権利との両者が、並び立つことにあろう。……そのことは私と同様、私の仲間の他の教区民全部にも当てはまるだろう。教区は法によって制定された聖職禄推挙権を放棄できず、それに属する当該教会（つまり公的な建物）で職務執行するべき人物を招じ入れることも追い出すこともできないが、教区民は皆、キリスト教の法にもとづいて、その牧師のところへ行って聞くのか、あるいは他の誰かのところへ聞きに行くのか、選ぶことができる。そうなると、彼らは彼らの教区牧師や代理牧師を選べないとしても、彼らの霊的案内役や指導者を選べないのかどうか、という問題が出てくると私は思う。……

fol.131
……もし彼〔スティリングフリート〕の議論が真実であり何らかの力をもつとすれば、それは一つの至高性において権威を言い張る人々への盲従に行き着くのみである。それは確かに平和と団結への道だと私は認めるが、真理と救済へのそれではない。……キリストの教会のものであるあの真の団結と平和については、そうした〔自分の魂の救済を気づかう〕自由の下

でも、それはなお維持されうるだろうし、私が考えるに、博士が自身の歴史叙述を調べるならば、主教や聖職者の指名権が聖職者の手にあった時の方が、もう少しよく維持されていた。……この世の光り輝く情景、教会支配の暗黒の壮麗さ、そして教会での大出世を超えたものに、博士が少し目を向けて、聖職者を道づれにした、そして聖職者を信頼して信じた宗教を道づれにした人々を、地獄でどんな悲劇的な光景が待ち受けるかを考えるならば、その悲惨さはあれらの些末事や無秩序をはるかに凌駕するだろう。……

fol.132

……私は博士に以下のことをまじめに語ってもらいたいと思う。私が自分自身を選ぶのではなく、堕落して道を踏み外した保護者を選ぶことを、彼は道理にかなうと考えるのかどうか。……Ａ〔Author 著者〕はわれわれの教会を守るために、神が指定しなかった礼拝のいかなる実質的部分の追加も拒否して、不当なコミュニオン条件を定めないように努力する。そこで彼は、議論の増加よりも、つまずきがちな心の解きほぐしを主張し、神礼拝の実質的部分と単なる付随的事象との間の相違をわれわれに示そうとする。……これによって彼はこう言うように思われる。……もし神による設定以外の何も礼拝の実質的部分とすることができないならば、教会が強制するのは礼拝の実質的部分ではないから、どんな儀式であろうと、いかなる教会もそれを強制することで罪とはなりえない。……

fol.133　略

fol.134

……さて、異論をもつ兄弟のあの信念に対して、（彼が現に企てるように）彼が何を行って、神礼拝の実質的部分と単なる付随的付加物との明白な相違をわれわれに明らかにし、かつ何が宗教礼拝で正当に命じられるか否かについて、明確に境界を設定するかを見よう。第一に、何事かを神礼拝の部分とするには、神による設定が必要だと彼は言う。礼拝の実質的部分を他の何かから区別する準則は実に明確であるが、それによれば、すでに明らかなように、どんな強制であれ不当にならなくなる。……Ａ〔Author

著者〕が 344 ページで言うには、それ〔儀式〕は良俗と秩序のためであり、それはそれ自体において全能の神を喜ばせ、神に受け入れられるものとして命じられるが、A〔Author 著者〕が言うには、迷信や不当なものではない。ならば、それ自体においてそう〔良俗と秩序に関わるもの〕ではないのに、

fol.135
良俗として、かつ秩序のために命じられるべきものは何かと私は尋ねる。良俗と秩序に関わる事項が教会で設定されてかまわない、ということは同意されるだろうが、だからといって、それ自体において良俗や秩序と何も関わらないものを、教会立法者が秩序上良俗のためだからと強制できないのは確かであり、同様に教会立法者は、それ自体において必須でも受容可能でもないことを、必須かつ受容可能として強制できない。……われわれが見るに、国教会は皆それら〔儀式〕をかくも増やしたがり、いったん実践にもち込まれたものは何であれ、手放すのをかくも嫌がる。そうした強制の擁護に際して、何が良俗であり、かつ秩序のためか、教会統治者が判断者となるようしばしば迫られてきたし、そうなると、それ自体において神を喜ばすものは何かについても、彼らは判断者となる。……教会の個々の状況において、それ自体としてはそうではない事物を良俗、秩序と教化のために命じる人々は、それ自体としてはそうではない事物を、神を喜ばすものとして命じるのである。そして博士自身の準則によってもそうなのであり、どうやってそれらが迷信でなくなりうるのか、私には分からない。……礼拝の実質的部分、及び儀式として命じられ使用されるにはかくも不当であるものについて、彼の第二の発言は、<u>全キリスト教徒の良心にとって不変かつ義務であると想定される</u>ようなもの、である。[277] 正直私は

---

[277] 下線部は『分離の不当性』347 ページからの部分引用であり、このままでは文意が通らないので、関連部分を引用しておく。'Men may make Ceremonies to become parts of Divine Worship if they suppose them unalterable, and obligatory to the Consciences of all Christians'.「全キリスト教徒の良心にとって不変かつ義務であると想定される儀式ならば、それを神礼拝の一部としてもよいだろう。」

fol.136

これに続く言葉ではこの考えをよく理解できなかった。……だが、それが儀式として強制されるには不当な事物に関するものならば、私が思うに……それは他の事例における強制の自由を正当化しないだろう。というのも、いかに迷信から解放され、またはいかなる権威によって指定されようとも、もし儀式がそれ自体において（教会の現況を考慮して）良俗と秩序のためにならなければ、いかなる儀式であろうと正当でも義務的でもないことが、そしてあえて言えば教化のためにもならないことが、十分に証明されたと私は考えるからである。……これらの節で博士とＡ、Ｂ、Ｃ氏[278]との間で非常な距離があるのは、空中に書く印、信条の共通告白、礼拝の〔？〕、礼典儀式等々に関してであり、私はそれらを彼らの間での決定に委ね、われわれの著者が洗礼時の十字印を擁護して何をより明快に述べるかを考えよう。彼がわれわれに言うには、この十字印はイングランド教会で用いられる入会儀礼であり、十字架上で死んだ彼〔イエス〕の礼拝に幼児が捧げられる奉献の儀式ではない。……

fol.137

この印が洗礼時に用いられる目的について、教会が当時設定したことか、博士が語ることか、それらのどちらをわれわれは信じるべきか、私は読者に判断を委ねる。……〔以下 fol.137 左欄外〕[279] イングランド教会の洗礼や理屈において、こうした〔奉献としない〕十字印の使用は、私が確信するに、博士以外のほとんど誰もかつて考えたことはなかった。……十字印を切ること〔？〕は、洗礼で使用されるローマ教会のさまざまな儀式の一つだが、イングランド教会への入会を示すためにも適切であると公的に信じられ、それは当時はローマ教会から区別されるために始まった。……それは、キリストの磔に驚愕しないという公的な言明として、古代からキリス

---

[278] スティリングフリート批判者の非国教徒、Vincent Alsop, Richard Baxter, David Clarkson を指すか。

[279] 以下の部分は挿入として、この紙葉左欄外に書かれ、次紙葉 fol.138 の左欄外へと書きつがれる長文をなすが、ここでは全文を訳さなかった。次注参照。

ト教徒によって使用され、とはいえ時代を下ると、奇妙に乱用されてきたことが知られている。その乱用では、キリストの十字の使用自体が〔以下、fol.138 左欄外〕何か魔術的な価値をもつと信じられたが、礼拝のあれこれの部分においてそれを保持することが適切だと考えられた。……〔fol.138 左欄外部終り〕[280]……さて、十字印はイングランド教会への入会儀式としてのみ使用される、と博士は証明しようとするが、……それが<u>キリストの普遍教会ではなく、イングランド教会への</u>人々の入会を意味しうるのか、このことは博士の考慮に委ねる。……

fol.138

……しかしながら、博士がわれわれに言うには、<u>洗礼は普遍教会への入会権利〔儀礼〕</u>[281]<u>であるように、十字印はわれわれのイングランド教会へのそれでもあり、十字印は入会の厳粛な権利〔儀礼〕</u>[282]<u>であって……私的な洗礼では差し控えられる</u>。私は博士に尋ねたい。入会用に指定された厳粛な印が省かれたら、そのように洗礼された人はイングランド教会の会員になりうるのか。……問題は以下のことにあろう。……人が教会よりも博士を信じ、イングランドキリスト教会への入会儀礼としてのみ、それを理解し、彼の子供に洗礼の礼典を受けさせたいと願うものの、十字印がキリスト教界の大部分で迷信的に使われることを知って、その印に非常なためらいと疑いをもち、その結果、洗礼の印としては省かせたいと望んだ場合、もし彼がキリストの礼典を拒否されるならば、何人も何を言うべきだろうか。……

fol.139

……博士ならこう言うだろう。教会はそれらを一緒に行うことを便宜と考え、<u>かつ教会はそうした便宜の判断者であると</u>。これに対して、何が<u>神を喜ばせるか</u>という判断以外の他のやり方では、教会は決して<u>便宜の判断者</u>

---

[280] 以上の部分は挿入として欄外に書かれ、前注に該当する前紙葉 fol.137 の左欄外の書き込みから始まり、fol.138 の左欄外で終わる。これ以降は fol.137 へ戻る。
[281] ロックは rights と書くが、『分離の不当性』上のつづりは rites「儀礼」である。
[282] 前注と同様である。

にはならない、と私は言おう。したがって、教会が便宜でないものを便宜として命令するならば、そうでないものを神を喜ばせるものだとして命じる場合と同様に、教会はその域を超える。便宜的なものは何らかの目的でそうに違いなく、教会儀式に特定される目的は良俗、秩序と教化がすべてであり、その結果、もし洗礼に十字を付すことがこうした目的の何かに便宜的でなければ、教会が便宜の判断者だと主張しても無駄だろう。……そしてもし（便宜の判断者である教会についての）この議論が、十字印を洗礼と不可分にするために妥当であるならば、それはローマ教会の散水、油、塩、そして他の気取った物全部（皆それ自体において非本質的事物である）の使用にとっても妥当となろう。……この博士の議論にはさらに検討されるべきことがある。

fol.140
というのも彼は、聖職者は二重の資格で行動すると言うからである。すなわち、彼が洗礼する際、キリストから引き出される権威によって彼は行動する。これが一つの資格であり、さらに彼の〔二重の資格でという〕発言が意味をなすには（とはいえ、博士はそれを公言することを用心して避けるが）別の資格がなければならず、それはつまり、彼が子供を受け入れ十字を切る際、彼はキリスト教会の構成員から受け取った権威によって行動する。……その結果、博士の議論によれば、現在入会を許可する権限は、団体つまり人々にあると思われる。A〔Author 著者〕が言うように、聖職者がキリスト教徒すなわちキリスト教会の構成員（つまり人々）から受け取った権威によって行動するなら、その際、その人々が彼に授権する権限をもつ。……さらに、入会許可権限が人々にあるならば、その結果、（神自身がそれを規定しなかったとしても）彼らの入会権を指定する権限も人々にあることになる。そして人々が十字印のこの儀式を指定しなかったならば、それを用いる聖職者は権限外で行動することになる。……A〔Author 著者〕はイエスの名におけるお辞儀の要請においてわれわれの教会を擁護し、こう語る。イエスの名におけるお辞儀は、鐘の響きで教会へ行くのと同様であり、礼拝は、キリスト以外の名の響きに対しては、なさ

れない。……もしその時が礼拝時だということを示す一つの印として、あの音が発音されるなら、その音が発音されるのはあれ〔イエス〕に対してではなくなる。この定めによれば、イエスの名が発音される際にはいつもとある。……

fol.141
……私は博士から以下のことを知りたいと願う。シラの子のイエス[283] の名が教会で発音される際に、（しばしば起こることだが）心からお辞儀をする人々は、教会法を遵守する彼らの義務を果していないのか。……イエスの名がたまたま発音されることが礼拝の適切な折となるなら、その同じ功徳で、あの名〔シラの子のイエス〕でもそうなると思われる。……このことは以下のことを怪しむ正当な理由とならないだろうか。聖書の一部の箇所の誤解がこの名前へのひいきにつながり、それは尊崇の特別な印ぬきには決して発音されるべきではないと考える、そういう見解を人々の心に引き起こしたと。そのことは（もし私が博士自身の準則を見誤っていなければ）それを迷信に非常に近いものにする。……

fol.142
……宗教改革の開始時点では、人々は迷信とローマ教会のさまざまな外的様式の中で育ち、それらを本質的かつ必須の部分、否ほとんど宗教全体と信じるよう教えられてきたので、それらについての彼らの尊い見解を容易に放棄することはできなかった。そのため、できるだけの多くの改宗者を得ようと努力した教会においては、不当ではなかったものと同様に、あの儀式の多くを保持することは、当時は、教会コミュニオンを拡大するためであって、それを狭めるためではなかった。というのも、当時の人々は過剰な儀式よりも、むしろ寡少な儀式につまずく傾向があったからである。したがって、当時の儀式はその固有の目的の一つ、つまり教化の手段だっ

---

[283] 旧約聖書外典「シラ書〔集会の書〕」（新共同訳所収）は「シラの子イエスス」の祈りで終わる。イエスの名でのお辞儀が教会法上の定めなら、シラの子であるイエスの名でのお辞儀も義務付けられないか、というロックの皮肉である。

たし、儀式は教会コミュニオンに加わるよう人々を誘うものだったから、そこで彼らの導きのためによりよい配慮がなされた。だが後年の悲しい経験が、私が恐れるに、儀式を徹底し、今では変更不能にしてしまった。われわれが現在ローマ教会と並び立つならば、

fol.143

われわれの教会の人々が彼ら〔ローマ教会〕へと変節することによって、われわれの教会員が減少するだろうと気づかうことには、彼らからわれわれへと新しい改宗者を獲得することで教会員が増加すると予想する以上の道理がある。そうした改宗者の獲得は減少とは言わないまでも長い間停滞し、したがって、われわれが彼らに近寄れば、あるいはわれわれが儀礼や儀式の外的な一致において彼らに接近すれば、教会員を獲得するよりは手放す見込みの方が多い。儀式事項の保持は、それらが合法的であっても、それらの保持によって傷つきかつ締め出された者が他方の側にどれほど多くいるかを、われわれがとくと考慮するならば、その点ではわれわれの教会にとって害とならざるをえない。したがって、われわれの現在の儀式の内、可能な限り多くのものを除去することは、われわれの教会コミュニオンへ非国教徒を戻す今や適切な方法となろう。可能な限り多くのものを保持することは、宗教改革時には改宗者を作る方法だったし、当時はわれわれの教会を拡大するためのものだったが、今は逆にわれわれの教会を狭める傾向がある。わずかな事を手放せば(それらを命じる法が除去されれば、それらは非本質的なものと認識され、かつそれらを好む人々によっては今後も用いられてよい)、非国教徒は戻って教会は拡大されるだろうから、私は以下のことを尋ねたい。構成員を教会へと団結させることは、そして人々が誤謬、教派分立や分裂の下にあるとして譴責される罪に終止符を打つことは、人々の魂の救済に配慮することが彼らの職務である者達にとっては、裁量の余地のないことか、あるいは裁量事項というだけでなく、彼らに課せられる義務なのかどうか。その際、そうした罪に終止符を打つことはいともたやすく実行可能なことだ。ローマ教会の誤謬や迷信へと欺かれて導かれる人々の魂のために、われわれがいかなる善意をもとうとも、

むこう側との妥協によって多くを獲得する望みは、われわれにはわずかなものでしかない。というのも、われわれの基本箇条を放棄する以外には何事も、あれらの主義主張をもつ人々を満足させられないからであり、われわれ自身を犠牲にすること以外、彼らに与えるものはない。だが、このすべてに答えて、われわれの博士は古くさい（つまり先の本と同じくらい古くさい）理屈を用意する。<u>われわれの教会が賞賛できる儀式としてそれ（つまりイエスの名でのお辞儀等）を是認するので、それ自体において不当だと立証されるのでなければ、われわれはそれを拒否すべきではない。</u>これに対して私は、古くさい分かりきった私の回答をしよう。それが良俗、秩序または教化に役立つのでなければ強制されるべきではないと。……

fol.144

……⊕ [284] これらの儀式は作られ、作られ続けて、キリスト教会のコミュニオン条件となるに違いないが、他方、生活の聖性や節制は考慮されなくなる。私は誰もに対して以下のことを考えてもらいたいと思う。札付きの飲んだくれや<u>堕落した人間</u>でさえ、彼がイエスの名でお辞儀をし、他の強制された外的儀式に熱心にしたがいさえすれば、あの教会かつ同じ教会の〔？〕のよき構成員となるような、そんな教会規律を救世主キリストは許しあるいは承認するだろうか。そのかたわら、福音の全準則に〔？〕誠実な服従をする〔？〕熱心かつ敬虔なキリスト教徒は、イエスの名でお辞儀できないという理由で狂信者とみなされる。……法やわれわれの教会がそんな区別をしているとは私は言わないが、彼らの生活がどうであれ、制定された儀式に熱心な人々にのみ教会の真の子の資格を、教会の主だった人々が主張し付与するならば、彼らの愛すべき人々が誰か、彼ら自身の法

---

[284] 以下の文は ⊕ の印で始まり、左欄外に 'From ⊕ to ☿ is to be left out here and put at the end of all that is sd of Ceremonys'「⊕ から ☿ まで、ここは削除されるべきであり、儀式について語られたすべてに終止符を打つべきだ」とある。☿ の印は、三紙葉後のfol.147 の末尾に登場する。本文はロックの手だが、左欄外の書き込みは彼の手ではない。ここから fol.147 の末尾まで、いったんロックによって書かれたものの、その激しい国教会批判の言辞に留保が提案されたと考えられる。次注参照。

か救世主の法かどちらに非常に熱心かを知るのは、まったくたやすい。他方、教えにしたがって信じ、救世主の模範によき生活で一致する（福音への真の一致である）人々のみを、救世主が彼自身のかつ彼の教会の構成員だとみなすならば、あの教会のよき子らであることと、キリストのそれの構成員であることとは、二つのまったく異なった事項となることは明白だ。キリストから任務を直接受けたと主張する人々は、どうやってそのことを彼〔キリスト〕に対して申し開き、あるいは人々の良心に対して正当化するのか。

fol.145

……われわれが病的興奮抜きにこの問題で真実を語ろうとするなら、私が確信するに、このことが分離の一大原因であり、まじめな人々が、イングランド教会の聖職者でさえもが、それを歎くのを、私はしばしば見てきた。……われわれが彼の議論や類似の論考をよく考察すれば、人々がいったんキリスト教徒に、かつ何らかの教会の構成員になれば、そのことはあたかも以下のことを意味するように思われる。彼らは彼ら自身の救済をこれ以上求めるべきではなく、当該団体への入会に際して、入会の原因となったあの永遠の幸福への配慮を放棄するべきであり、かつ教会統治者の恣意的権力と管理に彼ら自身を全面的に委ねるべきだと。そこでは、なぜ強制が彼らに課されるのか、またそのために彼らが教会員となるあの唯一のこと、すなわち強制は彼らの永遠の幸福に貢献するのかを、疑いまたは尋ねる自由を彼ら自身に残すことさえしない。……

fol.146

……私が述べたとおりならば、何も<u>それ自体不当</u>だとは否定できない教会であっても、人はそこから去ってよいし、各集会や礼拝儀式で使用される言語をよく理解できないからという理由だけで、そこを離れてよい。明白なことは、ある教会において自身の向上を実際に期待できず、あるいはよりよい教会や他のものがあるという十分な確信があれば、人は他に何の理由がなくても自己の分離を正当化できる。というのも、それはその人が自分の義務であることを行っているにすぎないからである。……このことを

われわれの現状に当てはめ、ある教会の無頓着な構成員として長い間生きてきた人が、あの世や彼の永遠の状態について真剣に考え始めたとしよう。……外的かつ安易な行動で面目を保てる教会では、彼はそれらを許容する何らかの口実に依存し、かつそれゆえにそうした行動を抑制できないという、だらしない傾向を自身に見出すならば、……彼がそういう団体では、彼自身の本性的腐敗に大きくごまかされ、その腐敗がたやすく統御されることはないと考えるならば、私は以下のように言おう。彼はこんな団体を去ってよいのではないか、そしてより適切な救済策があると考えるどこか他の教会へと出かけてもよいのではないか。そうした救済策は、
fol.147
教義や説教におけると同様に、その団体の共通見解や実践にも存在しうるだろう。人間本性について、そしてそれが動かされる方法について、ほとんど何も知らない者は、……人生の全行程を最も強力に統御するものが世評であることを認めない。世評が人々に仲間を与え、自分達が進んで加入した団体を維持する。人々の見解というものが、説かれうるあらゆる道徳準則や議論以上に、彼らを意思疎通可能かつ〔？〕にする。言葉で人々に押し付けられた事項が、それらを語る者達の真の評価を伴わない場合には、道徳準則や議論は気取った暮らしぶり、あるいはせいぜい人間の側での機知や義務の行使にすぎないものに見える。このことは、イングランド教会にいたあの多くのすぐれた説教者に責任転嫁するものではないし、彼らへのとがめ立てを意味するのでもない。……彼らの説教は非国教徒によってさえ太鼓判を押される。彼ら〔非国教徒〕の多くは宗教上〔？〕に見えるが、彼ら〔イングランド教会聖職者〕の説教を自分達の教化のためになると考え、われわれの教会へ来てさまざまな聖職者の説教を聴く。とはいえ彼ら〔非国教徒〕は、外的コミュニオンの参加については、同じような教会の使い方をしない。だが、彼らは私にこう白状するに違いない。彼らの驚嘆すべきかつ信念ある議論さえ、彼らの会衆のどこにおいてもなおも、かくも多くの形式的かつ皮相キリスト教徒を残してしまう主たる原因は、彼らの〔？〕の多くが外的信従への熱意に満足し、そこに見出す

充足と賞賛に黙従するからであると。……☿285

fol.148

……イングランド王の臣民が世俗的平和（そして彼の王国の団結）を守りうるのは、自分達の準則によって運営されるさまざまな団体や組合が、王の法に服従することによる。それと同様に、キリストの王国の臣民がさまざまな団体における互いの間の平和と団結を守りうるのは、キリスト教の共通の利害におけるキリストの法への服従、及び臣民仲間としての相互の愛による。ロンドンに組合が複数あっても、それらは静穏に共存できる。ならば、そこでの教会が……他を妨害し、辱め、破壊しようとするそんな騒動を引き起こすとは、誰も言えないだろう。……われわれの教会が求める、名付け親と呼ばれるゴッドファーザーとゴッドマザーによる洗礼時の儀式は、

fol.149

それ自体非本質的な他の儀式と同様に、先に言及された福音における、そうした事項を規定した準則にもとづいて調べられなければならない。……ゴッドファーザーとゴッドマザーという名付け親の利用に至れば、子供は彼らを通じて信仰と悔い改めを約束すると考えられることになる。子は実際には約束することはできず、それと同様に生まれながらにして悔い改めまたは信じることもできない。また、名付け親を通じたとしても、子は約束できないし、同様に悔い改めや信仰もできない。……もし名付け親が子のかわりに約束し、しかし教会はそうしないなら、名付け親は自分達が責任を負えないことを引き受けることになる。……彼〔スティリングフリート〕が言うには、その意味は、子が悔い改め信仰するよう名付け親が努力を約束するということであり、それだけが彼らの権限内にあると。これは、われわれの教会が洗礼に求められる条件に関して言明すること、そして洗礼されるべき人物に何が求められるか？という、教理問答の問に対する解答と両立しないだろう。……かくも聖なる礼典執行において、子が悔

---

[285] ここに☿の印がある。これは前注の記載にある fol.144 上の ⊕ の印を受ける。

い改めるよう、子の名付け親が努力を請合うという厳粛な約束に人々を関わらせることに、どんなキリスト教徒も良心のとがめを感じるのが当然ではなかろうか。そんな約束を実行するのは彼らの権限内にはない。……実践と福音にもとづけば、他のすべての者に先立って、彼ら〔子の実の両親〕の方がふさわしく、かつ義務付けられるべき事項から彼らを排除することが、良俗、秩序や教化の内のどの目的に資するのか。……

fol.150

……もし博士が（彼は間違いなくわれわれの教会史によく通じている）この論争の熱狂の中でわが身を少しでも振り返ったなら、われわれの改革者がわれわれの教会において儀式を保持する大きな理由は古代教会への尊崇の念である、などと彼は絶対に言いはしなかったろう。彼が毎日手にする本〔共通祈祷書〕の序文において、彼ら自身は、エドワード六世時の祈祷式文に書かれ前置きされた序文とはひどく異なったことを言い、かつ教会の礼拝と儀式の両方について、まさに今日至るまでそれらを続けたからである。彼が言明するに、彼らが加えた変更の大きな理由及びそれに伴う主なねらいは人々の教化だった。その際、大きな理由があるとはいえ、彼らは教会の古代教父に注目した。しかし、それは教化というあの大きな役割に、教会の教父が従事した限りでのことだった。そうでなければ、それら自体においては無垢だとはいえ、最古の教会儀式の多くは人々への利益よりもむしろ重荷になると彼らが疑った際に、彼らがそれらを学ぶ必要はなかった。さらに聖書読誦、しかも周知の言語での読誦を〔礼拝式で〕再び用いることについて、彼らはこう言う。つまり、<u>人々は神を知って継続的にますます利益を得るだろうし、かつ神の真の宗教への愛で一層熱心になるに違いなく</u>、したがって、多くの<u>唱和句、祈祷節、空虚な反復、記念祭、そして教会会議</u>

fol.151

<u>聖歌、〔？〕やそうしたものを、聖書の継続的な読書を妨害するものとして</u>除外したと。私が思うに、A〔Author 著者〕はこれらすべてがそれ自体において不当だとは言わないだろう。だが、彼らが挙げる理由は、それ

らは礼拝を困難かつ複雑なものにし、聖書読誦というより益あるものを押しのけた、ということだった。そして儀式に関して彼らはこう言う。教会で使用され、その始まりが人間の設立にあるそうした儀式は、最初は信仰篤い意図と目的で工夫されたが、ついには無益かつ迷信となった。(これでは、それ自体において正当なばかりでなく、最初の設立において神聖な事物さえ、不当となりうることが明白だと私は思う。) 一部は無分別な敬神によって教会へ入りこみ、それはその無益さのゆえばかりでなく、人々を大いに盲目にし神の栄光を曇らせたという理由で、切り捨てられ拒否されるにふさわしい。他については、それらは人間によって工夫されてきたものの、依然それを擁するのが適切と考えられる。それらは教化のためになると同様に、教会の穏当な秩序のためになるからであり、使徒が教えるように、教会における万事がそういうことのために配慮されるべきである。私がこの文から明白だと思うことは、人間が工夫したどんな儀式であれ、その一部または他が教化にも資するのでない限り、良俗と秩序という口実によってさえも神礼拝に加えられるべきでないということである。／さて、われわれが宗教改革を一望し、その穏当かつ真摯な進捗を見るならば、神の知識と真の宗教の実践へと人々を導くというこの大準則と目的にとって、改革者がその運営上どれほど堅実だったかが分かるだろう。(バーネット博士が言うように) これらの著名な主教や神学者がなした最初の歩みは、これ(すなわち聖餐式)を改革することだった。しかし、彼らはそのために必要なあらゆる事を直ちに〔?〕せずにミサ式を残し、それを聖餐式にするものを追加するだけだった。そして……誰もが自身の良心にしたがうことで満足し、神の気づかいの対象にはならない事項で他人を裁くことがないよう、皆が慈愛の準則を守るべきことが付け加えられる。一部の儀式や礼拝方法で異なる人々の間では、平和は明らかに慈愛によって守られうると信じること、これが、新しい礼拝式となるべきものが決まったその後に、彼らが拠って歩む準則だった。……

fol.152
……その結果、儀式のいくつかは人々の望みに応じてのみ受け入れられ、

かつ制約を伴って許された。／この年つまり 1550 年の終わりまたは翌年の初めに、B〔バーネット〕博士が言うには、<u>共通祈祷書の改訂があった</u>。……ここで彼が言うように、<u>最も重要な追加は日常礼拝におけるそれだった。それらは罪の集団懺悔に関する非常に短い、だが非常に簡素にして厳粛な形態を用意し、それには集団赦免が付加された</u>。……<u>他の追加は聖餐式におけるものであり、自分の罪に対する深い反省を人々に引き起こすよう、それはキリストの命令の厳粛な卓越性で始まるべきものだと彼らは命じた</u>。……その結果、われわれが見る追加は非常にわずかなもの、かつ人々の教化のために非常に必要なものだった。……

fol.153
……ヘイリン博士は（儀式問題ではとうてい無頓着ではありえない人物だ）エリザベス女王の初年の頃でこのことを大々的に記し[286]……<u>教皇主義者につまずきや妨害を与えないよう大きな配慮がなされたとする</u>。……<u>音楽は教会で保持され、かつ昔ながらの祝祭もすべて守られ、こうした従順さと、上で記した章句の除去によって、祈祷書は教皇主義者の間でも通用可能となり、その結果 10 年間、彼らは〔？〕や支障なしに自分達の教区教会に赴いた</u>（それは教皇が特別な勅書によってそれらを禁じるまでのことだったが）。これらの経過において、何があれらの賢明かつ敬虔な改革者を統御したのか、私はこうして詳細に明らかにした。その際、一貫して彼らに押し寄せた大困難は、改宗者を減らさずにいかに儀式を減らせるか、ということだったとわれわれは見てよい。

fol.154
彼らが相手にしなければならなかった人々は、われわれが見るに、〔？〕を好み儀式を手放すの嫌がった。そこで彼らは、できるだけの多くの儀式を維持し、エドワード六世時に用いられなくなった一部の儀式をエリザベ

---

[286] 左欄外に 'Hist: of Reformation, p.283' とある。Peter Heylin or Heylyn (1599 – 1662 年) の *Ecclesia Restaurata The history of the Reformation of the Church of England* (1661) が念頭にあるか。

ス女王の治世において再び付加した。それはそういう人々を満足させるため、かつかつわれわれのコミュニオンに彼らをとどめ、またはそこへ来させる適切な手段としてである。その際、彼らは明らかに聖書の準則を厳守し、それを自分達に課して教化のために万事を行い、さらに万人に対して万事となった聖パウロの命令が訓戒となった。聖パウロは一部の人々を獲得できたかもしれない。だが、この事例は現在のわれわれに妥当するだろうか。多量の正当な儀式によって、教皇主義者の間に新たな改宗者を得、彼らをわれわれのところへやって来させるという希望を、われわれはもてるだろうか。私はもてないと思う。かくも長い間その反対を経験した後に（かつ、彼らはトレント会議によって、今やまったく異なった基本箇条に立つので）、そう期待するのが妥当だと現在考える人など、私は誰も聞いたことがない。だが他方でプロテスタント非国教徒は、われわれと同じ原則に立つ党派のかくも大きな一部となり、教義上われわれと完全に一致し、かつわれわれのコミュニオンから排除される。それはより多くを求める願望によるのではなく、われわれが教会においてもつこれらの儀式の多くに対する良心上のつまずきによる。宗教改革の当初は人々をとどめておくためだったというその理由が、現在はその厳格な強制を正当化すると、誰が言えるのか。しかもその際、改革者達は儀式を求めてというよりも、それに反対して闘ったのである。私は博士自身に尋ねたい。もしあれらの賢明かつ有用な人々が新しい礼典や儀式の改訂を今再び行おうとするなら、古代教会のさまざまなものを放棄したのと同様に（かつて彼らが保持していた礼典式の内、堅信と叙任を放棄したのと同様に）、今や洗礼時の十字も放棄しようとするのではないか。それとともにわれわれの儀式の他のさまざまなものも放棄しようとするのではないか。彼らがさほど好まなかったさまざまな儀式を保持すれば、それを守って影響を受けそうな人々の感情を損なわないよう配慮せざるをえなくなるが、それと同様に、さまざまなものを放棄すれば、われわれの非国教徒の兄弟の弱さと多分誤りにも応じ、それによってわれわれのコミュニオンに一部をとどめ、他を獲得することになるだろう。[287]誰もがこうした考えをもつに違いないし、一層

の慈愛とキリスト教的耐忍、一層の注意と配慮が、プロテスタント非国教徒よりも教皇主義者の魂の救済のために用いられるべきだなどと、誰も言わないだろうと私は思う。……

fol.155
……少なくとも宗教事項において服従することになる人々は理性的被造物だと認められるはずなので、その事物が非本質的であり、かつ為政者が強制したいからという理由で、遵守を人に義務付けるのは十分ではない。理性的被造物としての認定を結果するのは彼の服従行為だが、その服従行為には、あの事項で道を示すべきあの目的が伴わなければならない。そうした服従は服従のための服従では決してなく、その目的は教会団体やそのあらゆる制度のために、神が定めたものだからである。秩序と良俗が唯一その目的に則ったものになる。教会で恣意的に制定され、あの目的に役立たないものは何であれ、強制者の権威を超え、構成員の誰にも及びえない。また救世主が制定を許さないコミュニオン条件には、誰も拘束されない。私が思うに、この点の根本的な間違いこそ、儀式に関するこの論争において信従を提唱する人々が、それについて神授の権力を得ているかのように大ざっぱに教会について語り、当の目的のためにだけその使用が許される事物が、実際に当の目的にとって適切かどうかを考えずにすむ理由となる。これにより、われわれの構成員は（それが教会の寛大さの印となるかどうか、私は言うまい）、事物が適切かどうか、したがってそれを指定するかどうかを考えずにすみ、教会が指定してそれを適切とすれば十分だと言うことになる。神や〔？〕（われわれの慈悲深い父）がそうした場合にそんなことをするのか、私は疑わざるをえない。私が確信するに、こんなことは無限の存在以外の何ものにも可能ではなく、それゆえに、事物を恣意的権力によって<u>必須</u>とすること、そして指定された当の目的が達せられた際にも必須としてそれらを継続することは、牧者と群れの比喩を拡大しすぎて、本気で人間を野獣のように扱うことである。……

---

[287] この辺りは as well as が複数使われ、文章の構造を正確に把握できなかった。

fol.156

……〔スティリングフリートによれば〕非国教徒が非難されるべきことは、われわれの教会コミュニオンの特権を手放すという選択における頑固さ以外の何ものでもないが、〔ロックが考えるに〕それを彼らは正当になしうる。……彼の答えはこうだ。もしそれ〔教会〕がそれ〔儀式〕を同じ根拠〔信徒の維持・増加〕で強制すると想定するなら、われわれの教会が強制してきたもの以外の他の儀式を強制するだろうと疑うのは、道理に合わない。というのも、エドワード六世の第一及び第二礼拝式規定を比較する誰にとっても明白なように、教会は儀式を増やすよりむしろ減らしてきたからであり、かつその時以来、新しい儀式は何一つコミュニオン条件として求められてこなかったからである。／教会は宗教改革当初にもった儀式をこの20年間同じ根拠で保持してきた、と博士が証明できるなら、道理に合うそうした〔儀式強制の〕疑念はありえないだろうと私は認める。だが、あの根拠が妥当しなくなっても儀式がなおも保持され、またかつて強制された儀式を保持する人々の意志以外に、他の根拠は何一つ残されていないとすれば、彼がもち出す、エドワード六世時以来許された儀式はほとんどなかったという議論は、そうした疑念の方を道理あるものにするだけである。というのも、儀式が最初に強制された根拠がとっくの昔になくなっているのに、儀式の強制を保持する人々は、儀式の増加を抑制するものを、何か偶発的な妨害以外には何も残さなかった、と同じ道理で疑われてよいからである。とくに、われわれの教会主教が、命じられる以上の多くの儀式を実践かつ奨励し、かつこれらの新しいかつ自主的な追加が昇進の条件だと理解されるならば。法はそれらを未だコミュニオンの条件としていないが、現行教会は儀式を増やすことはなさそうだと博士が立証しても、現在のイングランド教会がそれら〔儀式の減少〕で大きな得をする、あるいは教会が相当の譲歩をするとは、非信従派は（私が確信するに）思わないだろう。なぜならば、エドワード六世時には

fol.157

教会は自身が指定した儀式を吟味し減少させたが、そのことはわれわれに

こう語るだけである。当時の教会は2年後には十全な改革に向かう、つまり自身の体制を吟味し、かつ人々の現在の気質や時代の〔？〕が許すだけの儀式を減らそうとしたが、2年経っても決して改革はなされなかったと。あの教会とこの教会はイングランド教会というまさに同じ名前をもつが、私が想像するに、狂信者ならば、はるかに異なる教会人の下にあると考え、かつ現在のこれらの人々の行動と当時のあれらの人々の行動は、両者同じ道をたどっているのか、という疑いを大いにもつだろう。……私は以下のことは本当だろうと思う。もしローマ教会が、便宜の判定者であるばかりでなく無謬であると言い張っても、教会コミュニオンの構成員にその強制の検証を控えさせることができなかったならば、便宜の判定者だと主張する教会は、そうした事項が便宜かどうか、したがって利用すべきかどうかを検証することを、つまりそれらについての自由を、その構成員の誰に対してであろうと、もはや妨げることはない。……

fol.158
……そしてこの分離をなす主因が何であれそれは、あれらすべての耐え難い欠陥がわれわれとローマ教会との間にもたらしうる以上に、われわれと彼ら〔長老派〕との間の亀裂を広げるきっかけとなる。彼らは教義上全面的にわれわれと合致しているので、誰もその理由では彼らを非難しないと私は思う。彼らが異を唱える儀式は、われわれの教会のそれらであって、（少なくともそれらの大半は）非本質的事項にすぎないと認められるものであり、その点に彼らの分離におけるこの大きな原因が横たわる！　私は、彼らの統治が監督制でないという、このこと以外には何も見出せない。……そしてこのことが、<u>キリストが決してそうしなかったものを救済に必須とする、人々の良心への暴虐行為</u>となるようなものかどうかは、（博士はここでそれをわれわれの分離の理由の一つとするが）、考究に値するだろう。

fols.159, 160 は白紙。

fol.161
絆　　独立派教会において彼らの牧師に与えられる絆は、この論争におい

215

て、教会がいかに鳥かごのように作られているかを明らかにする。それは引き窓があって、日頃は野生の空の住人であろうと、他の鳥かごから逃げたものであろうと、あらゆる鳥が自由に入ってこれる。だが、いったん鳥が入ってしまうと、そこに閉じこめられ、外へ出る自由はもはやない。その理由は、もし外出が許されればわれわれの鳥かごは意味をなさず、ここの鳥どもの幸せは飼い主の関知するところではないからである。

目的[288]　儀式に関する論争において、われわれの教会人はあたかも彼らの教会が神の力をもつかのように語る。教会は、何かの儀式がその利用目的に適しているかどうかを考える必要はなく、さらに何が適しそれゆえに何を指定すべきかを考える必要もなかったが、実際には、指定することでそれらを適したものにする、と言うことになる。それが神自身が指定したことかどうか、私は疑わざるをえないが、無限の力以外には何もそうすることはできないと私は確信している。

負担　それ自体において不当ではないからという理由で、儀式の強制を正当化するのは十分ではなく、その数や不都合によっては、それらは負担であり、強制する人々は正当化されえない。これが、負いきれなかった軛だとして、ペトロが使徒言行録15章10節で割礼に反対して用いた理由だった。あるいは、それらが指定された目的が遂げられた際にもそれらを<u>必須</u>として継続することは、牧者と群れの比喩を少々拡大しすぎることになる。割礼自体は非本質的であり、パウロがティモテを割礼したように、そこに十分な目的があるところでは、福音の時代に用いられてもよかっただろう。だが、使徒言行録15章のように、もしその命令が重荷と判明するか、<u>あるいは</u>それが〔不〕必要だという見解があったなら、それは不当になった。

分離　非本質的事項であっても、それらを強制する人々が強制権限をもたないのであれば、それらを強制する教会から分離することは不当ではな

---

[288] この項目の文章は手稿上では×様の線で削除されているが、判読可能かつキング卿は掲載している。以下は山田が手稿から読み下して訳したものである。

い。というのも、強制する権威のない人々によって強制されることは、何人にもそれを行うよう義務として課すことができないからである。したがって、人々はそうした強制がないところへ行ってよく、強制を継続し強制に反発するよりも、この方が教会の平和のためになる。世俗為政者とともにであれ、あるいはそれ抜きであれ、教会会議は全イングランド人に対して強制する権限をもたない。／われわれの教会から分離したという非難は、その一員ではもともとなかった個々人の多くに及ぶものではない。

諸教会　　私が想像するに、人は長老派、独立派あるいはユグノー教会において救われるかもしれない。これらはすべて現在イングランドにあり、イングランド教会とは別教会であるものもあれば、そうでないものもある。イングランド教会とは別教会ではなく、なおもイングランド教会の一部をなせば、分離だと非難されることはない。イングランド教会とは別の教会であれば、ある人が長老派教会の一員であり、もし彼がそこから分離して独立派教会へ行くならば、彼が長老派教会における罪深い教義や儀式を明確にしなければ、〔分離の〕罪をとがめられるのだろうか。もしそうならば、彼があの教会から分離してイングランド教会へやって来れば、彼は同じ罪に問われるだろう。[289] というのも、彼が去るあの教会の教義や規律に罪がないならば、博士の準則によれば、彼がそこから分離することは罪となるからである。両方の教会が教義と規律において無垢だと想定されるなら、彼が分離に向かうかどうか、博士の基準に立てば、両者の間にある唯一のこれらの違いを決するものは国法だろうが、国法は昇進と報酬における以外には、われわれの教会に他を上回る権威も利得も与えられないことを、私は明らかにしてきたと思う。そして教会は現にそれを得るが、支配も得ることがない限り、それに満足しない。だが、われわれの儀式や規律がよりよいものだからという理由で、彼らが罪なくしてわれわれの教会へやって来れる、と博士が言うならば、その結果、よりよい教化を目的として、そのコミュニオンに何の罪もない一教会から正当に人は分離でき

---

[289] この辺りは if 節が連続し、文章の構造を正確に把握できなかった。

るということになるだろう。われわれが推測するに、彼らは教義に同意するが、それらは救済のよりよい手段だからこそ、よりよいものだからである。イングランド国が再度教皇主義を、あるいは異教徒や何か他の考えを採用し、〔イングランド教会への〕信従を義務付けるあらゆる世俗法を取り去ることになるとしよう。博士の根拠に立つなら、長老派教会を分離して監督制へ赴くことは、

fol.162
監督制を棄てて長老派へおもむく以上に大きな罪となるだろう。

ノヴァティアン[290] ……フリギア人はより厳格な魂をもつキリスト教徒として、ノヴェルトゥスにしたがった。多くのノヴァティアン主教がいた。フリギアのパチにおけるノヴァティアン主教の会合は、ユダヤ人が行うようにイースターが守られるべきだと命じ、このことは彼らと西方の信徒仲間との間に一層の分裂を引き起こした。……ノヴァティアンはコンスタンティノープルに教会をもち、彼らと正教会は同じ教会に集い、アリウス派迫害の間は非常に親密だった。しかし、ノヴァティアンは正教会とコミュニオンをもとうとしなかった。……サンガルムでノヴァティアン主教の会議があった。……この会議で彼らは、誰もが好むように自由にイースターを遵守すればよいとした。……コンスタンティノープルの正教会主教ネクタリウスはノヴァティアン主教アゲリウスと、当地におけるアリウス派との論争について協議した。……

主教　コンスタンティノープルのノヴァティアン主教区で、アゴリウスはリシニウスを彼の継承者に命じ、その後、人々が嫌ったのでマルキアヌスを命じ、最初にマルキアヌスに、次にリシニウスにものを言え、と人々に告げた。……

---

[290] ローマ帝国におけるキリスト教迫害に際し、棄教したキリスト教徒でも迫害終了後はキリスト教会に復帰できるとする人々に反対して、ローマの司祭ノヴァティアヌス（ここではノヴェルトゥス、Novatianus ? − 257/8）は、復帰には十分な悔い改めを要するとして、厳格な立場をとり教会分裂の原因を作った。彼はフリギア出身と言われている。

寛容　　テオドシウスはノヴァティアンとアリウス派に寛容を認めた。
……

fols.163, 164 は　　白紙
fols.165 – 166 は　　索引
fol.167 は　　　　白紙

あとがき

　本書は数年間にわたり広島法学等に発表した論文等を基礎にしているが、一書にまとめるにあたり、書き直し等の大幅な編集を行った。とくに資料編の抜粋日本語版は大幅な追加等を行った。基礎になった論文等は下記である。

1　「ジョン・ロックと復古体制危機」、『広島法学』、32(2)、2008年
2　「エドワード・スティリングフリートの教会論」(上・下)、『広島法学』、32(3・4)、2008・2009年
3　「ジョン・ロックのエドワード・スティリングフリート論―復古体制危機時の教会論をめぐる一史料」(上・下)、『広島法学』、33(2・3)、2009・2010年
4　「ジョン・ロックの教会論」、『啓蒙と社会―文明観の変容』(佐々木武・田中秀夫編著)京都大学学術出版会、2011年、第2章
5　「ジョン・ロックにおけるフランス旅行の衝撃」、『複合国家イギリスの宗教と社会―ブリテン国家の創出―』(岩井　淳編著)ミネルヴァ書房、2012年、第6章

　本書は、2006年に公刊した『ジョン・ロック「寛容論」の研究』以降のロック研究をまとめたものである。『寛容論』の研究の「結び」で指摘した課題の一端に答えるとともに、『統治二論』研究への助走となる書である。今後は『統治二論』の研究に専念したい。
　本書で使用したラヴレース・コレクション MS Locke c.34 は、英語を母国語とするロック研究者すら忌避する文書である。実際、この文書の解読に挑戦していると Mark Goldie 先生(ケンブリッジ大学、チャーチルカレッジ)に伝えた時には、'impossible, so stressful' と心配そうな表情で反

対されてしまった。無謀と分かっていて解読に挑戦したのは、それがロックの教会論を読み解くカギとなる文書であると確信し、誤読だらけの不完全な解読になっていても、私の解読の問題点を、今後の研究者が乗り超えてくれることを期待したからである。先行作業があれば、その後の同種の作業がずいぶん楽になる、ということは私自身の実感である。

　資料編も含め本書に対して、読者の皆様からご教示、ご指導をいただければ幸甚である。

　本書の成立にあたっては、多くの方々のご指導やご協力をいただいている。ここでその一部のお名前をあげさせていただき、お礼を申し上げたい。むろん、本書の内容についての全責任は私にある。

　下記のように、本書は通算五年にわたる科学研究費補助金交付による研究成果であり、とくに (2) の研究過程においては、研究代表者の岩井淳氏、さらに共同研究に集った研究者から多くの助言をいただいた。第 4 章のもとになった論文は、田中秀夫先生の薦めにより、水田洋先生の卒寿記念に相当する論文集に収録していただいた。第 2 章のもとになった論文執筆の準備として、モンペリエでの現地調査の際には、哲学アグレジェの Guy Boisson 先生、及びロックのフランス旅行日誌の翻訳者 Marie Rivet 先生から懇切な案内等をいただいた。エロー県公文書館 (Archives departementales de l'Hérault) は、ロックの滞在先等について詳細な情報を提供してくれた。本書の基軸となる MS Locke c.34 については、ボードリアン・ライブラリーの迅速な資料提供に感謝したい。

　渓水社の木村逸司氏からは、本書の出版に関わり、読者の利便を重視した懇切な御配慮をいただいた。

　本書は、そのもととなる論文の執筆過程で、以下の科学研究費補助金の

あとがき

交付を得ている。
(1) 平成19〜20年度　基盤研究（C）（研究課題番号19520079　研究代表者：山田園子）「ジョン・ロック寛容思想における「不寛容」論の展開」
(2) 平成19〜21年度　基盤研究（B）（研究課題番号19310159　研究代表者：岩井淳）「複合国家イギリスの社会変動と宗教に関する地域史研究：学際的アプローチ」
(3) 平成21〜23年度　基盤研究（C）（研究課題番号21520085　研究代表者：山田園子）「君主制強化策としての社会契約論―ジョン・ロック『統治二論』の新解釈」

2013年10月28日
山　田　園　子

索　引

ア行

アーロン、リチャード I.（Aaron, Richard I.）　33
アシュクラフト、リチャード（Aschcraft, Richard）　35, 36, 93-95, 106, 112,
アリウス派　48, 51, 153, 218, 219
按手　18, 47
アンタンダン　39-41, 43, 49
イエズス会、イエズス会士（ジェズイット）　42, 44, 45, 50, 72, 86, 133,
異端者　36, 44, 45, 48-51, 56, 93
井上公正　34, 35, 93, 94,
イングランド教会　「国教会」を見よ
ウールハウス、ロジャー（Woolhouse, Roger）　33, 93, 94
鵜飼健史　34, 35, 49
エキュメニカル　102, 103, 138
エドワード六世　24, 209, 211, 214
エリザベス一世　24, 211
オウエン、ジョン（Owen, John）　35, 64, 71, 81, 93, 170
オランダ　7-9, 31, 115, 147

カ行

鍵の権力　82, 84, 87, 88, 97
加藤　節　117, 118
カトリック（ローマ・カトリック）教、カトリック（ローマ・カトリック）教徒　「教皇、教皇主義、教皇主義者」を見よ
カルヴァン派　138, 147
監督、監督制　「主教、主教制」を見よ
寛容、寛容策　7, 12, 17, 26, 27, 29, 35, 36, 38, 48, 52-55, 57, 60, 62, 65, 70, 72-74, 85-88, 93-98, 105-108, 113-115, 117, 131, 135, 141, 144, 147, 190, 219
緩和法案　17, 23, 25

跪座（聖餐時における）　53, 65, 73, 143-145
木崎喜代治　41, 42
祈祷書、共通祈祷書　25, 209, 211
ギブ、ジョスリン（Gibb, Jocelyn）　33
教区　41, 43, 57, 66, 67, 70, 72, 73-79, 86-88, 97, 98, 100, 145, 149, 151, 153, 162, 174, 176, 177, 197, 211
教皇、教皇主義、教皇主義者　7, 13-26, 28, 29, 31, 34, 36, 38, 39, 41-47, 50-53, 56, 57, 60, 65-68, 70, 72-74, 79, 80, 84-88, 92, 96-98, 101, 102, 104-108, 111, 113, 116-118, 127, 129, 131-135, 141-143, 146, 148, 149, 152, 154, 156, 160, 169, 170, 173-175, 180, 184-186, 193, 200, 202-204, 211-213, 215, 218
キング卿（Lord King）　32, 90, 123, 125, 126, 216
クエイカー、「内なる光」　52, 108, 111, 114, 141, 151, 170, 184, 193
倉島　隆　20, 34, 35
君主制　8, 15, 18, 24, 28, 59, 96, 115, 118, 119, 173
原始教会　63, 69, 70, 75-77, 81, 84-88, 97-99, 100, 104, 146, 172, 174, 179-181
コヴェル、ジョン（Covel, John）　33, 36, 53, 55
広教主義（Latitudinism）、広教主義者　11, 62
国王、王、国王大権　13, 15-18, 20, 22-30, 36, 40-57, 59, 73, 78-84, 87-89, 95-98, 100, 108, 115-119, 143, 152, 153, 169, 184, 194, 196, 208
国教会　7, 8, 11, 12, 15-19, 23, 25-29, 35, 37, 53-55, 57-60, 62-89, 92-94, 96-98, 100, 101-108, 110, 113, 114, 116-118, 126, 129, 131-133, 135, 136, 138, 139, 145,

147-149, 153, 157, 158, 162, 170, 171, 174, 185-195, 197, 199-201, 206, 207, 214, 215, 217, 218
コミュニオン（霊的交わり）　48, 49, 65, 66, 68, 73, 74, 77, 85, 87, 96, 101-104, 107, 108, 110, 117, 130, 133, 136, 138, 141, 143-146, 148, 159, 151-154, 156, 157, 159, 162, 163, 177, 194, 195, 203-205, 212-214, 218
コモンウェルス　49, 81, 139, 167, 181, 184
ゴルディ、マーク（Goldie, Mark）　20, 21, 29, 33, 90, 95, 123-125, 127

サ行

使徒、使徒継承（継紹）　18, 20, 28, 59-60, 63, 68-70, 71, 75-78, 85-88, 97, 98, 100, 116, 129, 154, 155, 165, 173, 175, 176, 178, 179, 181, 196, 210, 216
シモンズ、A．ジョン（Simmons, A. John）　95, 106, 112
シャフツベリ伯（初代、Anthony Ashley Cooper）　19, 21, 22, 24, 25, 37, 38, 45,
シャフツベリ伯（第三代）　21, 37, 38
ジャンセニスト、ジャンセニズム　40, 43-46
十字（洗礼時）　73, 136, 144, 145, 162, 200-202, 212
修道会　42-44
主教、主教制、主教区　16-21, 24-29, 39, 54, 57-60, 62, 63, 71, 72, 74-89, 96-102, 104, 109, 110, 112, 114-116, 124, 130, 145, 146, 156, 160-162, 170, 172-181, 190, 191, 193, 196, 198, 210, 214, 218
叙任　20, 24, 26, 47, 52, 56, 77, 98, 100, 115, 170, 175, 181, 212
信仰許容宣言　16, 17, 23, 72
審査法　16, 17
神授権、神授権説　18-21, 24-28, 39, 59, 60, 96, 100, 108, 109, 115-118, 131, 160, 170, 171, 181, 192, 213
スコット、ジョナサン（Scott, Jonathan）

13, 14, 28, 59
スタントン、ティモシー（Stanton, Timothy）　91-95, 123, 127, 171
スティリングフリート、エドワード（Stillingfleet, Edward）　第三章，第四章；8, 11, 15-17, 27, 29, 31, 35, 36, 57, 58、115, 116, 119, 123-126, 129, 154, 170, 172, 174, 179, 180, 197, 208, 214
ステュアート、M．A．（Stewart, M.A.）　123, 127
スパー、ジョン（Spurr, John）　16, 18
聖職者支配（Clericalism）、反聖職者支配（Anticlericalism）　7, 31, 40, 51, 54-58, 95, 98, 111, 113-119
ソシニアン　164

タ行

ダン、ジョン（Dunn, John）　14, 33
「ダンビ審査」法案　19, 21, 22-28, 60
ダンビ伯（初代、トマス・オズボーン、Lord Danby）　16, 19, 22-24, 26
タンプル（フランスプロテスタントの礼拝所）　42, 48, 52, 102, 161, 177
チャールズ二世　13, 14, 16, 96,
チャンピオン、ジャスティン（Champion, Justin）　93-95
長老　46-48, 52, 69, 76-79, 87, 97, 99-102, 104, 110, 113, 161, 173-181, 184, 190, 191, 193, 196
長老派　20, 23, 26, 92, 104, 108, 111, 131, 133, 136, 145, 147-149, 151, 152, 170, 184, 186, 215, 217, 218
塚田　理　63, 84
抵抗権　22, 30, 95, 98, 106, 112-114, 119
ティレル、ジョン（Tyrell, John）　8, 90, 124, 127
デュハースト、ケネス（Dewhurst, Kenneth）　33
ドゥ・クレイ、ゲリィ（De Krey, Gary S.）　23, 62
ドゥ・ビア、E.S.（De Beer, E.S.）　32-33

226

索引

ドゥ・ボンジ、ピエール （De Bonzi, Pierre） 40-42, 50
等族会議 （地方等族会議、地方三部会） 39-43, 49
独立派 104, 108, 111, 114, 136, 149, 151, 170, 184, 215, 217
ドラゴナード 41, 42, 50, 116

ナ行

名付け親 144, 208, 209
ナント勅令 （王令） 42
ニコル、ピエール （Nicole, Pierre） 45, 46, 51
ヌオヴォ、ヴィクター （Nuovo, Victor） 90, 93, 123, 125-127, 166
ノヴァティアン 218, 219

ハ行

バーネット、ギルバート （Burnet, Gilbert） 173, 210, 211
排斥危機 「復古体制危機」を見よ
バクスター、リチャード （Baxter, Richard） 12, 62, 71, 73, 74, 77, 78, 80-82, 93, 170, 172
バプテスト、アナバプテスト 108, 111, 151, 170, 184
破門 48, 78, 100, 110, 134, 136, 139
パリ 31, 37, 53, 161
ハリス、イアン （Harris, Ian） 33, 93
非国教徒 （dissenters） 7, 11, 12, 15-17, 19, 23-27, 29, 35, 37, 52, 55, 57-59, 60-68, 70-73, 79, 85, 86, 88-90, 93, 96, 98, 102, 103, 104-108, 113-116, 123, 125, 132-134, 141, 142, 144, 151, 185, 190, 204, 207, 212-214
非信従、非信従者、非信従派 （nonconformity, nonconformists） 36, 66, 90-93, 123, 125, 214
非本質的事項 54, 106, 131, 133, 143, 145, 154, 159, 162, 163, 192, 193, 202, 204, 208, 213, 215, 216

フィルマー、ロバート （Filmer, Robert） 14, 28, 117, 118
フェル、ジョン （Fell, John） 38
フォックス・ボーン、H.R. （Fox Bourne, H.R.） 32, 90, 123, 125, 126
フォン・ライデン、W. （Von Leyden, W.） 33
復古体制危機　第1章；32, 54, 57, 59, 60, 63, 64, 71, 86, 89, 96, 115, 116
普遍 （Catholick、Universal） 19, 67, 75, 80, 84-87, 97, 104, 160, 174, 186, 188, 201
ブラウン派 147
フランス　第2章；17, 21, 98, 108, 116, 119, 136, 138, 157, 184, 187
プルースト、ジャック （Proust, Jacques） 34
プロテスタント 16-18, 24-27, 29, 34, 36, 37, 39, 40-57, 60, 66, 70, 72, 84-89, 93, 96, 97, 102, 105, 107, 108, 131-134, 136, 139, 143, 146, 152, 156, 157, 161, 177, 212, 213
分離、分離派 17, 26, 27, 29, 35, 57, 60-74, 85, 86, 88-90, 92, 96, 102-104, 106, 107, 113, 114, 124, 129-131, 133, 135-137, 143-147, 151-154, 156-159, 172, 195, 206, 215-218
ヘンリ八世 44, 84
包容 （包括、包摂）、包容策 7, 12, 17, 26, 27, 29, 36, 38, 53-55, 57, 60, 72-74, 87, 88, 93, 94, 96, 98, 105-108, 113-115, 117
ポーコック、J.G.A. 7, 117
ホカート、アーサー M. （Hocart, Arthur M.） 118
ホッブズ、トマス （Hobbes, Thomas） 14, 95
ボノ、ガブリエル （Bonno, Gabriel） 34, 50
ボワソン、ギー （Boisson, Guy） 32, 34

マ行

マーヴェル、アンドルー（Marvell, Andrew） 22
マーシャル、ジョン（Marshall, John） 35, 36, 90, 93-95, 127
マホメット教 163, 164, 170, 193
ミルトン、ジョンR.（Milton, John R.） 19, 21, 23, 90
モンペリエ 第2章；102, 161, 177

ヤ行

八代 崇 18
ヤンセニスト、ヤンセニズム 40, 43-46
ユグノー 44, 184, 217
ユダヤ人、ユダヤ教、ユダヤ教会 53, 154-156, 161, 167, 168, 170, 175, 193, 218

ラ行

ライシテ 34
ラフ、ジョン（Lough, John） 32
リヴェ、マリー（Rivet, Marie） 32
理性 93, 146, 147, 171, 178, 213
ルター派 138, 144, 147, 170, 184

ロック、ジョン（Locke, John）「アトランティス」 35, 49
ロック、ジョン（Locke, John）『寛容書簡』（第一） 12, 31, 35, 126
ロック、ジョン（Locke, John）『寛容論』 9, 12, 17, 19-21, 24, 28, 31, 38, 54, 55, 60, 115, 126
ロック、ジョン（Locke, John）『貴顕の士からの手紙』（筆記、本文では『手紙』と略称） 12, 19-25, 28, 37, 54, 60, 115
ロック、ジョン（Locke, John）「刑罰法の強制力」 35-36, 51
ロック、ジョン（Locke, John）『統治二論』 8, 9, 14, 15, 28-31, 34, 36, 49, 57, 58, 89, 93, 95, 98, 106, 114, 117-119
ロック、ジョン（Locke, John）『道徳論集』（翻案） 45, 51
ロック、ジョン（Locke, John）『人間知性論』 11, 59
ロック、ジョン（Locke, John）「ワインとオリーヴの栽培に関する考察、及び絹の製造、果実の保存」 38

著 者

山田　園子（やまだ　そのこ）

1954年生まれ。広島大学大学院社会科学研究科教授
主要著書・論文：『イギリス革命の宗教思想』（御茶の水書房　1994）、『イギリス革命とアルミニウス主義』（聖学院大学出版会　1997）、『ジョン・ロック『寛容論』の研究』（渓水社　2006）

ジョン・ロックの教会論

平成25年11月25日　発　行

著　者　山田　園子
発行所　株式会社　渓水社
　　　　広島市中区小町1-4（〒730-0041）
　　　　電話 082-246-7909／FAX082-246-7876
　　　　E-mail: info@keisui.co.jp
　　　　URL: www.keisui.co.jp

ISBN978-4-86327-241-5 C3014